정격正格과
역진逆進의
정형 미학

이 도서의 국립중앙도서관 출판시도서목록(CIP)은 e-CIP 홈페이지
(http://www.nl.go.kr/ecip)에서 이용하실 수 있습니다.
(CIP 제어번호 : CIP2014016646)

정격正格과 역진逆進의 정형 미학

2014년 6월 5일 초판 1쇄 발행
2014년 12월 10일 초판 2쇄 발행

지은이 | 유성호
펴낸이 | 孫貞順
펴낸곳 | 도서출판 작가
      (120-866)서울 서대문구 북아현로 22나길 13-8
      전화 | 02)365-8111~2 팩스 | 02)365-8110
      이메일 | morebook@morebook.co.kr
      홈페이지 | www.morebook.co.kr
      등록번호 | 제13-630호(2000. 2. 9.)

편집 | 김이하 손희 이정은
디자인 | 오경은
영업 | 손원대
관리 | 이용승

ISBN 978-89-94815-44-2 03810

* 잘못된 책은 구입하신 서점에서 바꾸어 드립니다.

값 17,000원

정격正格과
역진逆進의
정형 미학

― 우리 현대시조의 깊이와 너비

유성호 시조 비평집

작가

| 책머리에 |

　우리가 잘 알고 있듯이, 현재 정형시가 문학적, 제도적 위상을 확보하고 있는 곳은 일본이다. 중국만 해도 자신들만의 고유 양식인 정형시가 그리 활발한 외관을 보이지 못하고 있다. 연변에서는 시조가 많이 씌어지고 있지만 이른바 '현대시조'로의 환골탈태는 아직 부족한 것 같다. 그 점에서 동아시아 전체를 통해 일본 하이쿠의 지속적 전성은 매우 이례적인 것이다. 주지하듯 '하이쿠(俳句)'는 자연과 계절에 대해 선명한 이미지로 노래하는 한 줄짜리 단형 시 양식이다. 일본에만 애호가 100만을 헤아린다고 하는 이 정형 양식은, 지금도 그 울타리를 세계적으로 넓혀가고 있다. 하이쿠에 대해 한 비평가는 "시적 경험 그 자체, 시 이외의 아무것도 아닌 것 같은 독특한 경험을 향해 마음과 몸을 여는 능력을 증대시키는 것"(이브 본느프아)에 그 생명력이 있다고 평가한 바 있다. 또한 하이쿠의 대표 시인이라고 할 만한 마쓰오 바쇼(松尾芭蕉)가 자신의 문하생들에게 "모습을 먼저 보이고 마음은 뒤로 감추어라."고 말했다고 하는데, 이때 우리는 '하이쿠'가 추구하는 양식적 목표를 분명하게 알 수 있다. 말하자면 그것은 사물의 모습을 선명한 이미지로 드러내고 시인의 마음은 적절하게 생략하거나 숨김으로써 시적 효과를 얻는 데 있다. 이러한 '드러냄'과 '숨김'의 긴장을 통해 이 단형의 정형 양식은 자신만의 존재 이유를 얻어간 것이다. 여기서 우리는 이러한 하이쿠의 기율과 우리의 현대시조의 그것이 충실하게 접점을 형성할 여지를 발견하게 된다.

　하이쿠의 전성과 궤는 다르지만, 우리 현대시조는 매섭고도 활달한 자기 갱신과 확장과 진화를 통해 한국 시단의 중추를 이루어가고 있다. 작가군이나 매체군의 양적 증가는 물론, 시조의 속살을 읽어내고 평가하는 비평적,

학문적 시선도 성숙의 극을 달하고 있다. 이 점, 동아시아 정형 미학의 또 다른 정점이라 할 수 있을 것이다. 잘 알듯이, 우리가 시조 문학의 본령을 형식에서의 정형적 기율과 내용에서의 고전적 주제에 두는 관행은 전혀 낯선 것이 아니다. 왜냐하면 서정적 주체의 개별화된 내면 경험의 자율성보다는, 선험적 율격과 전통적 시상의 완결성을 충족시키는 것이 이 오래된 전통 시형의 중요한 관건이 되어왔기 때문이다. 물론 고시조가 현대시조로 몸을 바꾸면서 다양한 현대적 감각이 시조 미학의 외연 확대를 가져오기는 했지만, 그럼에도 시조 미학의 근간이 정형성과 고전적 주제에 있다는 사실이 흔들리지는 않는다. 여전히 시조는 '정격正格'이 가져다주는 진중함을 취할 때 자기 정체성을 확보할 수 있다는 결론을 유추할 수 있는 것이다. 그리고 시조 안에 담기는 주제 역시 세계와 인간의 통합성과 동일성에 바탕을 두는 것이 그 본령일 것이다. 그만큼 시조 양식의 본령은 정형의 질서 안에 담겨 있는 세계의 통합성 그리고 주체와 사물 사이의 동일성에 있다. 이러한 좌표는 드러냄과 숨김의 변증법에서 자기 위의를 확보하고 있는 하이쿠와는 다른 우리 현대시조만의 고유한 자산일 터이다. 그리고 이때 비로소 우리 시조도 하이쿠가 누리는 대중성과 예술성을 탄탄한 고전적 격조를 통해 성취할 수 있을 것이다.

그런가 하면 시조는 역진逆進의 미학을 한결같이 지향한다. 정형 양식은 다양한 분기와 확산으로 치닫는 현대 사회의 상황에 대한 가치 판단과 그 정서적 반응을 다채롭게 담아내기에는 한정된 형식적 외관을 취하고 있지만, 오히려 그 '자발적 불편함'을 통해 근대에 대한 발본적 성찰과 '새로운 오래됨'의 양식으로서의 역할을 다하고 있다. 그것이 법고창신法古創新으로서의 정형 양식의 존재론적 위의가 되고 있는 것이다. 이는 현대시조가 자유시형과 거의 구별이 안 되는 파격과 해체 시형으로 완성되기는 어려울 것임을 뜻하고, 그것이 오히려 시조의 정체성을 훼손하는 일이 될 것임을 강력하게 시사한다. 그래서 우리는 지속적으로 "왜 유독 '시조'인가?"라는 질문을 던져보아야 한다. 근대 자유시로도 표현 가능한 것을 왜 '시조'로써 표현하려 하는가? 첨단 디지털 시대에 이 오래된 양식의 존재 이유는 무엇인가? 시조가 아니면 안 되는 고유한 표현 형식과 자질이 그 안에 있는 것인가? 이러한 질문에 대한 실물적 응답으로서 현대시조는 자기 안에 부여된 일정한 양식적 구속을 더욱 정교화하고, 그 안에 동시대인의 현대적 감각과 애환을 동시에 구현함으로써, 고시조와는 다른 '현대성'과 '시조성'을 양면적으로 구축해가야 한다. 그래서 우리는 '다른 목소리the other voice'를 통한 전언 방식과 소재의 다변화를 꾀하면서 동시에 우리 시대의 결핍 요소들을 채워가는 이른바 '역진逆進'의 방식을 취할 수 있는 입지를 현대시조가 가지고 있다고 말할 수 있을 것이다.

우리 근대 100년을 통해 현대시조의 역사는 이러한 정격과 역진으로서의 미학을 추구하고 성취해왔다. 물론 그것이 '근대'에서 태동했다고는 하지만, 그것은 근대가 가지는 여러 파열음과 상처들은 극복하고 '새로운 오래됨'을 꿈꾸는 양식으로 거듭나고 있다. 이러한 기율이 지속되면서 현대시조의 새로운 100년은 우리 민족 시형의 면면함을 통해 이어져갈 것이다. 이 책은 이른바 '정서적 연루emotional involvement'를 통해 현대시조 텍스트에 반영된 이러한 정격과 역진의 미학을 분석하고 옹호하고 질서화한 것이다. 이러한 믿음과 경험의 독해 결과를 총론, 작가론, 작품론 등으로 나누어 집성해보았다.

생각해보니, 이 책으로 10여 년간 시조 비평에 진력해온 하나의 마디를 정리하는 셈이다. 시조에 애정을 가지고 비평을 수행할 수 있도록 해주신 무산 스님, 이우걸 한국시조시인협회 이사장님께 깊은 감사를 드린다. 그다지 풍요롭지 못한 환경 속에서 시조 사랑의 외길을 걸어가고 계신 이 땅의 시조 시인들께도 외경의 마음을 표한다. 그리고 작가출판사 손정순 대표와 오경은 선생께, 언제나 그랬듯이, 사랑과 신뢰의 마음을 전하고자 한다.

2014년 늦봄에
유성호

【 차례 】

책머리에 5

1부
현대시조의 미학적, 제도적 전망 13
현대시조와 모더니티의 양상 22
현대시조에 나타난 자연 형상 33
현대 시조 비평의 역할과 전망 46
시조의 세계화, 그 양방향의 과제 54

2부
인간 존재에 대한 구경적究竟的 탐색 61
― 김제현론
꽃과 더불어 숨쉬는 언어의 심미적 풍경 76
― 이상범의 새로운 시조 작품들
서술성을 통한 현대시조의 양식론적 확장 91
― 윤금초론
돌올한 선의 미학과 시적 형이상성 106
― 『조오현문학전집』에 부쳐
생의 근원을 향해 번져가는 그리움 122
― 박시교 시집 『獨酌』

3부
시간의 선명한 얼굴 127
― 이우걸 시집 『나를 운반해온 시간의 발자국이여』
'사랑'과 '근원'과 '시'를 상상하는 심미적 서정 136
― 김영재론
서정의 높은 격과 너른 품 151
― 정해송의 시조 미학

격정과 내성을 결속한 심미적 감각 168
— 이승은의 시조 미학

견고함과 솟구침, 그 역동적 결속 180
— 박기섭 시조에 관하여

실존적 성찰과 구원의 테마 191
— 이정환론

4부

천진성과 사랑의 시학 213
— 이지엽의 시조

고졸古拙과 내성耐性을 넘어 219
— 정수자 시집 『허공 우물』

서정의 원형과 현실 감각의 결속 230
— 김복근론

'시'와 '시간'의 연금술 241
— 김연동론

감각과 사유의 진화 253
— 홍성란 시선집 『명자꽃』

폐허 속의 보법步法, 현실과 서정의 결속 266
— 권갑하의 시세계

정형 양식 안에 담긴 사유의 깊이 278
— 구중서의 시조 미학

5부

감각·시간·기억 295
— 현대시조에 나타난 '서정'의 양상과 계기들

서정抒情과 우의寓意의 균형 감각 306

'정형의 꽃'으로서의 단수 미학 314

율律을 지킨 감각과 사유의 운행 327

반反근대성으로서의 정형 미학 339

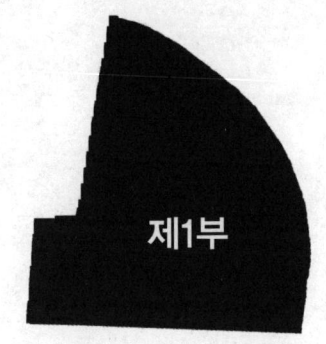

제1부

현대시조의 미학적, 제도적 전망

1.

 벌써 3년여의 시간이 흘렀지만, 2006년을 기해 우리는 '현대시조 100년'이라는 획기적 명명을 내린 바 있다. 이러한 시기적 명명을 통해 우리는 '시조時調'라는 역사적 양식에 대한 성찰과 전망의 기회를 몇 차례 가진 바 있고, 이 자랑스러운 민족 시형을 어떻게 하면 온전하게 유지하고 발전시켜갈 것인가를 수차례 고민하기도 하였다. 외관으로 드러난 사례도 적지 않았다. 가령 한국의 대표적 시조시인들의 작품을 갈무리한 '현대시조 100인선'을 태학사에서 발간하였고, 7월 21일을 '시조의 날'로 제정하고 선포하는 기념식을 치렀고, '세계 민족시 포럼'을 비롯한 시조 관련 세미나 행사들을 다채롭게 열기도 하였다. 이벤트 중심이라는 지적이 뒤따르기는 했지만, 그래도 우리 시조 역사에서 찾아볼 수 없었던 기념과 반성의 이중적 활력이 그런 대로 이어졌다고 할 수 있다. 이 일을 위해 만해사상실천선양회나 한국문화예술위원회의 적지 않은 후원과 관심이 있었고, 여러 분들의 그야말로 남다른 노고와 열정이 따른 것은 말할 것도 없다. 각 매체에서도 이를 기념하기 위한 특집을 많이 선보였다.

필자 역시 현대시조 100주년 세미나에 참여하여 현대시조에 대한 일단의 견해를 피력한 바 있다. 주로 비평적 견지에서 현대시조의 양식적 위상을 살피는 것이었다. 거기서 필자는 '여적餘滴'이라는 별항別項을 따로 마련하여 논의거리를 만들어보기도 하였다. 여기서는 그 관점을 충실하게 이으면서, 현대시조가 창작하면서 주력해야 할 문제점과 전망에 초점을 맞추어보려고 한다. 이를 통해 '현대시조'라고 범주화할 수 있는 언어적 실체들을 창작하고 소통하고 수용하는 일이 더욱 활력과 다양성을 얻는 데 참고적인 표지標識 쯤은 되지 않을까 생각해본다.

2.

한국 현대문학사에서 '시조時調'가 차지하는 권역은 여러 면에서 주변부에 해당하는 것이었다. 그것은 개인 내면의 자율성과 사회 현실의 구체성을 매개하고 통합하려 했던 근대문학의 일반적 속성을 충족하기 어려운 전통과 형식을 가지고 있었던 데다, 근대문학의 장場에 그것을 복원하려고 했던 이른바 '시조부흥운동'조차 현저한 수세를 띠고 있었기 때문에 근대적 주체들로부터 한결같은 외면을 받아왔던 것이다. 또한 근대문학으로서의 '시조'는 이미 창사唱詞 기능에서 많이 벗어나 율독律讀을 통해서만 정형성을 느낄 수 있게 되었고, 작품에 대한 평가는 시조 자체의 양식적 요소보다는 시적 발상과 표현이라는 시 일반론적 요소에 의존하게 됨으로써 정형 양식으로서의 독자성을 상당 부분 상실하게 되었다. 그래서 근대 시조는 율격 측면에서는 정형 양식에 속함으로써 정해진 형식적 제약을 감내해야 하고, 한편으로는 서정 양식이라는 점에서 근대 자유시와 다를 바 없는 발상과 이미지를 견지함으로써 자신만의 고유한 특장을 잃어버리게 된 것이다.

하지만 이러한 이중적 조건이 '시조'로 하여금 한 시대의 주류 장르로서의 시효를 마감하게 한 주主 요인으로 작용하였다 하더라도, 근대문학으로서의 '시조'의 양식적 위의威儀와 가능성은 오히려 우리 시대에 점증漸增하고 있는 것으로 보인다. 왜냐하면 우리 시대는 바로 그 '근대近代'에 대한 반성을 토대로 하여 우리가 잃어버린 원형原形에 대해 탐색하는 이른바 반反근대의 열정이 어느 때보다 두드러지고 있기 때문이다. 또한 시조의 양식적 가능성은, 율격의 해체나 무분별한 이완에 가까운 근대 자유시에 대한 일정한 반성의 몫도 띠고 있기 때문이다. 그래서 우리는 시조의 역사를 눈여겨보아야 하고, 앞으로 시조가 지향해가는 몫을 애정 깊게 바라보아야 한다.

이런 점을 참고할 때 시조가 가져왔던 양식적 동일성을 건실하게 유지하면서도, 현대성에 때로는 발맞추고 때로는 맞서면서, 현대시조는 꾸준히 창작되고 수용될 것으로 보인다. 근대의 극점에 다가가면 갈수록 현대시조가 가지고 있는 고유한 언어적 섬광이 긴요하게 요청되는 역설의 지점을 확인하게 될 것이기 때문이다. 이러한 현대시조의 섬광이 위안과 독려의 시너지를 갖게 하기 위해, 우리는 현대시조에 수반되는 여러 문제들을 심층적으로 생각해보아야 할 것이다.

3.

먼저 현대시조의 양식적 정체성에 관한 문제를 생각해보자. 말할 것도 없이, 모든 시조는 정형시이므로 자유시가 가지고 있는 언어적, 형식적 자유를 누릴 수 없다. 그렇기 때문에 엄격한 형식을 지키면서 그리고 자수字數를 견고하게 지키면서 씌어지는 것이 옳다. 그 점에서 현대시조에 요청되는 '현대성(modernity)'이란, 형식 일탈이나 확장보다는 시인의 복합적 시선과 사물 해석의 새로움 그리고 언어의 세련됨에서 찾아져야 한다. 특별히 시조의 중장에서 의미를 확장하고 종장에서 그 시상詩想을 수렴해들이는 기율은 섬세하게 지켜져야 한다. 사설 양식이 일정 부분 필요하기는 하겠지만, 그것이 현대시조의 본류가 될 수는 없다. 이처럼 이른바 '정형'에 대한 존재론적 질문은 앞으로도 간단없이 계속되어야 할 것이다. 그것이 시조의 존재 방식에 대한 메타적 성찰로 이어져 현대시조의 존재 의의를 설명해줄 것이기 때문이다.

앞에서도 암시하였듯이, 사대부를 창작 주체로 하였던 '고시조'의 양식적 속성은 현대시조에 와서도 크게 훼손되지 않고 지속되고 있다. 더구나 현대 자유시가 율격을 등한시하면서 현대시조의 이러한 양식적 동일성은 커다란 대안적 가치를 지니게 되었다. 그 점에서 무한하게 열린 구조로 존재하는 자유시의 대극적인 위치에서 현대시조는 양식적 구심력을 한층 더 유지하고 강화해야 한다. 말할 것도 없이, 독자의 입장에서 현대시조를 읽을 때는 대부분 그것을 '시조'라고 생각하고 읽는다. 그래서 자유시가 놓치고 지워버린 어떤 것들, 예컨대 정격에 충실하면서도 다양하게 변용된 율격, 시상의 견고한 안정성, 우리 것에 대한 새삼스런 발견 등을 현대시조가 회복할 때 그 같은 독자들의 '기대 지평'이 충족될 수 있다. 현대시조가 다시 근대문학의 주류로 오를 수는 없겠지만, 현대인의 삶을 내용으로 하되 시상의 완결성과 율격을 지키면서 시조만의 역할을 수행할 때 이 같은 양식적 독자성은 견고하게 지켜질 것이다.

다음으로 현대시조가 당면하고 있는 시의적時宜的인 문제 가운데 하나는, 차기 교육 과정에서 정형시가 얼마나 수록되고 예우를 받을 수 있는가 하는 점이다. 제7차 교육 과정 교과서에는, 자유시 쪽에서 최근 시인들까지 포함한 다수의 시편이 수록된 반면, 현대시조는 몇몇 고전적 시인들 외에는 철저하게 외면당하였다. 사실 교과서에 수록된 현대시조는 수록 비율이나 입시 반영 비율 그리고 교사들이 중요도를 인지하여 가르치는 비율에서 모두 열악하기 그지없다.

물론 이는 현대시조가 우리 시대에 걸맞지 않는 양식이기 때문에 생겨나는 필연적 현상이 아니라, 현대시조에 대한 몰이해에 바탕을 두고 있는 부정적 현상이다. 가령 중학교 교과서에는 얼마 전 돌아가신 김상옥 선생의 「봉선화」, 유재영 선생의 「둑방길」 등 두 편이 실려 있고, 고등학교 국정교과서에는 이은상 선생의 「가고파」와 정인보 선생의 「자모사慈母思」 일부분이 실려 있다. 물론 검인정 문학 교과서를 포함하면 좀 더 많은 작품들이 실려 있을 테지만, 이런 사례만으로도 우리는 교과서를 위시한 교육 현장에서 현대시조가 차지하는 위상의 빈약함을 얼마든지 짐작할 수 있다. 또한 선정되는 시편들도 문제가 될 수 있는데, 예컨대 「자모사」의 경우, 우리 사회의 가장 전통적 가치이자 구심적 통합 원리인 가족의 중요성과 어머니의 사랑을 다루었다는 점에서, 다소 전통적인 교육 지표를 감안한 선정이었다고 할 수 있다. 보다 더 완미한 미학과 생활적 구체를 경험할 수 있는 작품들의 선정이 광범위하게 요청되는 대목이 아닐 수 없다. 자유시와 정형시의 균형을 놓고도 여러 가지 지적이 있을 수 있겠지만, 비록 교과서 수록 편수가 적더라도, 현대시조가 오늘날에 왜 필요한가 하는 사실을 분명하게 경험케 하는 것이 교육적으로 중요하다는 점을 차기 교육 과정 교과서가 담아냈으면 한다. 이를 위해 다각의 노력이 필요할 것이다.

또 한 가지는 '번역'에 따르는 문제이다. 시조는 선험적 율격에 바탕을 두고 있기 때문에 그 양식적 고유성을 살려 번역한다는 것은 사실상 불가능하다. 영어는 어휘적 자질이 강한 특성을 지닌 반면, 시조는 독특한 우리말의 율격을 가지고 있기 때문에 영어로 시조 율격을 살려내는 것이 용이하지 않기 때문이다. 그래서 번역에 임할 때는, 시적 의미나 이미지를 최대한 강조해서 옮기는 수밖에 없게 된다. 최근 장경렬 교수는 시조의 시상 전개 방식에 초점을 맞추어 번역하는 것이 가장 좋은 방법이라는 제안을 내놓았는데, 시조의 문학적 특성과 서양 언어의 특성 사이에서 접촉점을 선명하게 가질 수 있는 탁견이라 생각된다.

우리가 알고 있듯이, 일본 하이쿠의 경우는 감각적 이미지를 병치하여 세계 문화 속으로 다가갔다. 하지만 우리 시조는 시적 의미(meaning) 쪽에 더욱 중심을 두어 창작되고 소통되었다. 그 점에서 번역의 어려움은 자동적으로 수반되었다고 할 수 있다. 다만 NHK 같은 데서 하이쿠 공모 제도를 실시하고 광범위한 국가적 번역 후원을 수행하는 것처럼, 우리도 국가 권력이 매개되는 시조 대중화와 번역 사업이 활성화되기를 소망해본다. 그때서야 비로소 시조의 세계적 전파가 현실성을 띠게 될 것이다.

필자의 경험에 의하면, 한국문화예술위원회에서 시행하는 우수 작품 후원 프로그램에서도 현대시조는 치지도외되고 있다. 심지어 선정위원 가운데는 현대시조를 빼는 게 어떻겠냐는 의견을 낸 이도 있다. 우리 실정에서는, 현대시조를 자유시와 별개 영역으로 독립하여 일종의 '할당제'를 실시하는 게 옳다. 자유시와 정형시의 인적 구성과 매체 여건을 현실적으로 살펴, 그에 비례하여 수혜 지분을 할당하는 것이 현단계에서는 가장 적실한 방법이라는 말이다. 문화관광부나 한국문화예술위원회에서 하는 사업에서 현대시조를 따로 독립시켜 대상자를 선정한다면, 우리는 '자유시'와는 다른 장르 種으로서의 위상 확보를 할 수 있고, 창작 주체들로 하여금 시조의 시조다움을 강화하면서 질적 제고에 힘쓰게 할 수 있지 않을까 조심스럽게 생각해본다.

그리고 문화관광부나 한국문화예술위원회 같은 데서는 우수 시조 시인들의 전집全集 간행을 후원해야 한다. 원래 '전집'은 전문 연구자들의 착실한 자료 수입과 검증 그리고 좋은 출판을 통해 그 가치를 인정받게 된다. 얼마 전 김상옥 선생과 정완영 선생의 전집이 중후하게 완성되어 당분간 믿을 만한 정본 텍스트로 활용될 수 있을 것으로 보이는데, 근대 이후 뛰어난 성취를 보인 시조 시인들의 전집 간행이 일정하게 국가적 후원을 얻을 수 있는 기회를 만들어야 하지 않을까 한다.

다음으로는 현대시조에 종사하는 구성원들의 문제이다. 경험적으로 말하는 데서 오는 한계는 있지만, 우리 시조단의 구성은 아직도 전근대적 지연과 인맥에 크게 의존하고 있다. 근대적 대학 제도에서 '시조'를 독립적 범주로 삼은 사례가 없기 때문에, 다른 문학 장르보다 시조에서 현저하게 학연의 영향력이 약화되어 있다는 점은 기록할 만하다. 그 대신에 동일 언어권의 경험을 매개로 하는 지연이나 사제 간(조금 범위를 넓히면 심사위원과 당선자)으로 연결되는 인맥에 의해 창작과 비평 그리고 매체 수용과 문학상 수상 등이 규정되고 있는 경우는 적지 않다. 이는 시조단의 인적 구성이 그리 크지 않은 데서 발생하는 것이기도 하다. 이를 단기간에 광정匡正하는 데는 적지 않은 어려움이 따르겠지만, 점진적으로 그러한 인적 결속과 그로 인한 배타적 권역을 허물어가는 노력이 요청된다고 할 수 있겠다.

마지막으로 문학상과 관련된 것은 매우 예민한 문제가 아닐 수 없다. 필자의 경험에 1990년대 중반까지만 해도 문인들이 만나 '상賞' 이야기를 입에 올리는 일은 매우 드물었다. '상'이란 문단의 어른들이 으레 돌아가면서 받는 공로패 같은 것이지, 젊은 문인들로서는 언감생심 바랄 수 있는 것이 아니었기 때문이다. 또한 누가 '상' 받으려고 문학을 한단 말인가 하는 윤리적 염결성도 한 몫 하였기 때문이다. 그런데 최근에는 문인들이 모이는 자리에서 '상'에 관한 이러저러한 후일담이 자못 왕성하다. 한 걸음 더 나아가 문인들 스스로도 '상'으로 인한 이러저러한 상처를 과도하게 받고 있다. 예외적 개인에게 부여된 '축제'의 장場이 누구나 가능한 '성취'의 장으로 바뀌면서, 문학 외적 균열과 봉합 그리고 관계 설정이 생겨나고 있는 것이다.

물론 '상'이란 제정해서 시행하는 쪽이나 수상의 영예를 안은 쪽이나 퍽 기분 좋은 일에 틀림없다. 문학적 성취에 대한 정당한 예우가 부족한 우리 풍토에서, '상'이 주는 망외의 기쁨은 더할 나위 없이 정당하고 또 필요한 것이다. 그래서 '상'은 주어지면 고마운 마음으로 받고 다른 이에게 주어지면 (다소 질투가 나더라도) 그 기쁨에 경의와 축하로 동참하는 게 정답이다. 그럴 때만이 그로 인해 빚어지는 숱한 스캔들에서 부분적으로나마 자유로운 영혼이 될 수 있다. 필자도 예외가 될 수 없는 노릇이지만, 우리 모두 한번 '상' 욕구의 과잉과 그로 인한 불필요한 균열과 상처의 연쇄 작용을 염려해볼 때라고 생각된다. 물론 이는 시조단에만 해당되는 문제가 아니고, 문학계 혹은 예술계 전체에 걸쳐 있는 문제일 것이지만 말이다.

4.

자유시 쪽에서 이미 일가를 이룬 오세영 시인은, 언젠가 미국 아이오와대학 창작 프로그램에 참여했을 때의 경험을 들려준 일이 있다. 아이오와대학 강좌는 그 대학 국제 창작 프로그램에 초청되어 온 외국 시인들이 강의한 것을 학점으로 인정해주는 관례를 유지하고 있었는데, 처음 한국 현대시를 강의했더니 반응이 영 시원치 않았는데 '시조'를 얘기해주었더니 굉장한 반응이 있더라는 것이었다. 학생들은 '시조'가 한국 고유의 것이냐고 묻기도 하면서 커다란 관심을 보였다는 것이다. 이러한 경험이 그로 하여금 시조에 관심을 갖게 하였다는 것이다. '현대시조'의 위상과 미래에 대한 암시를 주기에 족한 선명한 삽화가 아닐 수 없다.

최근 씌어지고 있는 현대시조는, '동일성의 원리'에 압도적으로 기대고 있다. 물론 이는 '시조'가 전통적이고 고전적인 정형 양식이라는 점에서 쉽게 이해되는 측면이 없지 않다. 그렇다 하더라도 우리 시대에 빈번하게 목도할 수 있는 주체와 대상 사이의 균열이나 모순 같은 데 눈을 돌리지 않음으로써, 그 자체로 인식의 단면성을 드러내고 있다는 점은 현대시조의 협애한 권역으로 지적될 만하다. 따라서 이는 우리 시대의 현대시조가 치르고 있는 존재론적 명암明暗이기도 하다.

그 점에서 우리 시대의 시조 시인들이 '동일성의 원리'를 적극 추인하면서도 실로 다양한 '서정'의 계기들을 마련하고 있다는 점은 주목할 만하다. 이들은 사물의 외관을 감각적으로 묘사하면서 거기에 자신의 정서를 덧입히는 방법, 근대적 시간 의식을 뛰어넘으면서 신화적·역사적·체험적 시간을 재구성하는 방법, 사물의 안팎에 흔적으로 새겨져 있는 기억의 흔적들을 거슬러 올라가는 방법 등을 통해 다양한 서정의 양상을 구현하고 있다. 이제 우리 현대시조는 내용과 형식 사이에 상존하는 긴장과 상충을 감안하면서, 검증된 양식적 미덕과 개척해가야 할 현대성 사이에서 완미한 정형 미학을 이루어가야 한다. 이를 위해 시조단의 많은 분들이 남다른 열정과 공력을 축적해갈 것이다.(2009)

현대시조와 모더니티의 양상

1. 양식적 동일성과 역사성

우리가 창작하고 수용하는 시 양식 가운데 가장 외연적 규정을 많이 받고 있는 것은 아무래도 현대시조일 것이다. 하지만 우리의 전통적 민족 형식 중 거의 모든 갈래가 사멸의 길을 걷거나 다른 장르로 흡수 통합되어버린 데 비해, 현대시조는 다양한 자기 갱신을 통해 여전히 우리 민족 문학의 장자長子 노릇을 톡톡히 하고 있다. 따라서 '정형'이라는 현저한 외적 제약에도 불구하고, 현대시조는 원초적 통일성을 회복하려는 시 장르의 본래적 지향을 잘 체현해내고 있다고 할 수 있다. 특히 과거의 고시조들이 유교 이념에 대한 계몽적 욕망이나 주객합일의 소박한 자연 친화적 경향을 드러내는 데 골몰한 것에 비해, 현대시조는 주체-대상간의 섬세한 무늬를 묘사하는 데 적공積功을 들임으로써 근대문학 일반이 추구해온 모더니티에 접속하고 있다 할 것이다.

물론 우리 시대는 주체와 세계간의 균형과 조화보다는 그 사이의 미세한 균열과 갈등이 첨예화되어 있는 시대이다. 주체의 내적 원리와 세계의 원리가 서로 소통하고 화응和應하는 계기가 태부족이고, 주체는 세계의 운동 원리에 대해 명료한 판단과 의식을 가지기 어려운 시대이기도 하다. 따라서 우리가 쓰고 읽는 시에 주체와 대상 사이의 화음和音보다는 그 사이에서 이는 파열음이 빈번하게 등장하는 것도 어쩌면 자연스러운 일일 것이다. 그렇다고 모든 시가 파열음을 낼 필요는 없을 것이다. 오히려 그 일상화된 파열과 균열의 양상 속에서 아직도 순간 속에 드러나는 사물의 '충만한 현재형'을 포착하고 표현하는 것이 시의 기능 중 다른 무엇에 양도하기 어려운 것이기 때문이다. 서구적 특수성에서 자라난 여타 역사적 장르와는 다른, 우리의 언어적, 세계관적 특성을 토양으로 발전되어온 시조를 우리가 더욱 애정 있게 계승해야 하는 까닭을, 우리는 이러한 시조문학의 양식적 특성에서 찾을 수 있을 것이다. 이때 우리는 프리드리히 슐레겔(Friedrich Schlegel)의 다음 발언을 시사적으로 경청하게 된다.

문학 장르는 작가들이 자기네 사상을 표현하기 위하여 채택하는, 초시간적으로 존재하는 주형鑄型이 아니다. 장르는 작품 자체와 함께 발전하여 작가에게 재래의 문학사를 제공해주고, 앞으로 발생할 수 있고, 확장될 수 있고, 다른 장르와 잡종이 되고, 뒤집어지고 개작될 수 있는 형태를 공급해준다. 그러나 선구자 또는 선례가 없는 것처럼 느닷없이 발명되는 일은 거의 없다.

이는 장르의 불가피한 역사성을 설명해주면서 우리 현대시조가 "작가에게 재래의 문학사를 제공해주고, 앞으로 발생할 수 있고, 확장될 수 있고, 다른 장르와 잡종이 되고, 뒤집어지고 개작될 수 있는 형태를 공급해"주는 원천임을 시사한다. 그것이 바로 현대시조가 양식적 동일성을 유지해오면서도 장르적 역사성을 가지는 이유를 설명해주는 것이라 할 수 있을 것이다.

2. 동시대의 현실 감각으로서의 현대성

우리가 '시조'를 정형의 율격에 안정된 시상詩想을 담는 전통적인 시가 양식으로 인식하는 관행은 매우 익숙한 것이다. 그래서인지 시조 문학에는 이미 '공통 감각'에 속하는 정격正格의 정서와 형식이 담기는 것이 가장 어울려 보이고, 전통적인 정서로부터의 파격破格이나 그것의 전복顚覆을 꾀하는 해체 지향의 언어들이 담기는 것은 다소 불편해 보이는 것이 사실이다. 따라서 시조 미학은 그동안 사물과의 불화보다는 화해, 새로운 것의 발견보다는 익숙한 것의 재확인, 갈등의 지속보다는 통합과 치유 쪽으로 무게중심을 할애해왔다고 해도 지나친 단견은 아닐 것이다. 그래서 우리 시대처럼 '단순성'이 아닌 '다양성'의 시대, 그리고 '서정'의 일원성보다는 '아이러니'의 복합성이 미학적 주류로 기능하는 후기 현대의 시대에 전통적 형식인 시조가 가지는 한계가 비교적 명백하다는 인상은 지우기 쉽지 않다. 다시 말하면 "새 술은 새 부대에 담아야 한다."는 유명한 정언에 비추어볼 때, 다양성과 복합성으로 상징되는 모더니티의 징후들을 정형의 양식에 담는 것은 자연스럽게 그 한계를 노정하지 않겠는가 하는 의문이 드는 것이다. 하지만 우리 시대의 시인들은 동시대의 진실을 노래함으로써 현대시조가 사회적 모더니티와 접맥할 수 있는 개연성을 마련해주고 있다.

이우걸 시인은 완미한 정형 양식의 완결성에 새로운 모더니티를 접목하려는 노력을 일관되게 수행해왔다. 그만큼 그의 시조는 서정과 사회성의 결속으로 그 주제 영역을 채워간다는 특성을 견지한다. 그만큼 그의 시는 예술적 완성도와 비판적 정신의 치열함 사이에서 태어나는 세계이다. 이처럼 이우걸 시인은 우리들 생의 형식을 복합적이고 비판적으로 성찰하여 새로운 단계로 나아가려는 모더니티의 의지를 보여준다. 따라서 비록 현실에 대한 비판적 독법을 택하고 있다 하더라도 그는 근본적으로 낙관적 비관주의(optimistic pessimism)의 시인이라 할 것이다. 왜냐하면 그는 한 사회의 어두운 폐부를 비판적으로 응시하면서도, 생의 역설적 비의秘義에 대한 믿음을 저버리지 않기 때문이다. 이처럼 이우걸 시인의 시적 사유는 완미한 정형 속에 담긴 모더니티 속에서 완성되고 있다. 다음 시편은 우리 사회의 그늘진 아픔에 대해서 깊은 성찰을 행함으로써 동시대의 시적 진실에 가 닿은 실례이다.

8월 하순 다 낡은 국밥집 창가에 앉아
온종일 질척이며 내리는 비를 본다
뿌리도,
없이 내리는
실직 같은 비를 본다

철로 건너편엔 완만한 산자락
수출처럼 난만하던 철쭉꽃은 지고 없는데
살아서 다졌던 생애의
뼈하나 묻히고 있다

― 이우걸, 「산인역」 전문

실직이나 수출 같은 비시적非詩的 어휘가 죽음이라는 실존적 상황과 어우러지면서 이 작품은 우리 시대의 가장 어두운 내면 하나를 사회성과 결합시켜 형상화하고 있다. 이처럼 극도의 절제와 함축을 본령으로 삼는 시조 양식과 비판적 인식을 결합시키려는 그의 시적 비의는 우리 시조단에서 가장 이채로운 모더니티의 음역으로 기릴 만한 것이다. 그래서 그는 시조 양식의 고착된 재확인보다는 모더니티를 적극 끌어들이는 열린 태도로 새로운 도전을 계속 하고 있다. 이 모두가 현대시조의 양식적 확충을 이루려는 시인의 일관된 의지에서 나온 것이라고 할 수 있다.

 또한 권갑하 시인 역시 현실 감각을 자신의 시조 미학 안에 적극 들여 앉힘으로써 서정의 확장에 기여하고 있다. 말하자면 그는 타자에 대한 감각을 충실하게 복원하면서, 시간에 대한 시적 경험을 통해 인간의 궁극적 존재 형식에 대한 관심을 보여준다.

 울렁이는 욕망들이 굽은 등마다 흘러나오는

 지워진 먼 길 끝에선 아우성도 몰려온다

 허물을 덮어주려면 몰래 별도 띄워야겠지

 은밀한 갈증들은 발만 동동 구르고

 해진 상처 감추려 지친 바람 분주하지만

 실직의 허기진 강은 눈물에도 젖지 않는다

 안간힘으로 굴린 공은 어디로 굴러 갔나

 홀로 깬 기다림은 파도소리로 훌쩍이는데

 쓸쓸한 작별의 행방은 시치미를 떼고 있다

제 가슴 속 불을 밝혀 외따로 돌아가는

어둠을 건너는 외등의 경건한 고독이여

아득한 혼잣말처럼 문득 빗방울이 환하다

— 권갑하, 「외등의 시간」 전문

　현대인의 실존적 피로와 고독을 아름답게 그린 이 시편은, '외등'이라는 감각적 소재를 시적으로 호명하여 사람들의 "울렁이는 욕망들"이 고독 속에 침잠해 들어가는 과정을 실감 있게 보여준다. 하지만 그 피로와 고독은 "갈증"과 "상처"를 가진 구체적인 것이기도 한데, 말하자면 그것은 살아가는 동안 마주치는 본질적인 것이기도 하면서 동시에 "실직의 허기진 강은 눈물에도 젖지 않는다"는 표현을 통해 구체적 연원을 가진 것으로 나타나고 있기도 하다. 그래서 "안간힘으로 굴린 공"도 사라지고 "쓸쓸한 작별의 행방"만 남은 외등의 시간은, "제 가슴 속 불을 밝혀" 외따롭게 돌아가는 화자의 발걸음과 "어둠을 건너는 외등의 경건한 고독" 속에서 환하고도 쓸쓸하게 빛나고 있는 것이다. 이러한 구체적 현실성의 결합이 권갑하 시편으로 하여금, 타자에 대한 감각을 복원하면서도 시간에 대한 시적 경험을 통해 인간의 궁극적 존재 형식에 눈 뜨게 하고 있는 것이다. 이처럼 이우걸, 권갑하 시인의 시적 가능성은 시조가 가질 법한 구투舊套를 훌쩍 벗어나 동시대의 현실 감각으로서의 생생한 모더니티를 담아내는 데 기여한 사례로 기억할 수 있을 것이다.

3. 율격과 음악성

'시'라는 언어 형식을 규율하고 거기에 일정한 구심력을 부여해온 개념 가운데 으뜸은 아마도 '음악성'에 관련된 속성들일 것이다. 문학예술을 오랫동안 '운문'과 '산문'으로 구획해온 원리 역시 이러한 음악성의 충족 여부에 따라 이루어진 것이다. 그 가운데 가령 시는 운율을 핵심적 원리로 하는 양식이고 소설이나 희곡은 줄글로 씌어짐으로써 산문 양식에 속한다는 분법이 오래도록 통용되어온 것도 우리의 기억 속에 선명하게 녹아 있다. 이처럼 정형시와 자유시를 포괄하는 시는 음악성의 적자嫡子로 우리에게 오래도록 각인되어 있다. 하지만 정형시와 자유시 사이에도 음악성을 중심으로 한 분화가 역사적으로 있어왔다.

우리가 잘 알고 있듯이, 정형시와 자유시 사이에 개재하는 가장 주된 차이는 이른바 율격의 원리에 있다. 예컨대 정형시에는 일종의 선험적 율격 원리가 주어지게 마련이다. 그것을 충족하지 않으면 정형시가 될 수 없는 최소한도의 충족 요건이 있는 것이다. 반면 자유시의 경우에는 그 어떤 선험적 원리도 주어지지 않고, 시를 쓰는 이의 내적 호흡에 따른 자유로움만이 사후적事後的으로 부여된다. 물론 자유시 안에도 자유로운 율격이 있는 것이지 율격이 전혀 없는 것은 아니다. 그런데 최근 씌어지는 자유시는 줄글로 씌어지는 산문시 양식이 범람하는 데다 최소한의 내적 호흡에 바탕을 둔 운율마저 사라지는 경우가 많아, 율격 훼손의 한 극점을 드러내는 경우가 적지 않다. 이때 우리가 정형 양식인 '현대시조'를 메타적으로 성찰하는 일은 매우 중요한 의미를 띤다.

그 점에서 자유시와 거의 구별하기 힘든, 또는 전통적 시조 양식을 충격적으로 해체하려는 파격의 양식들이 다양하게 선보이고 있다는 점은 매우 문제적이다. 이 또한 시조 양식의 다양한 분기分岐와 자연스런 진화進化를 보여주는 첨예한 현상들일 것이다. 하지만 우리는 여기서 "왜 굳이 시조인가?"라는 원론적 질문을 던져보아야 한다. 자유시로도 표현 가능한 것을 왜 시조라는 형식 구속을 통해 표현하려 하는가? 첨단의 디지털 시대에 시조라는 오래된 양식의 궁극적 존재 이유는 무엇인가? 이러한 질문들과 마주할 때, 우리는 시조에는 어떤 고유한 표현 형식과 자질이 있다는 점에 상도하게 된다. 가령 시조가 노랫말로서의 창사성唱詞性을 벗어나 이제는 문자 예술로서의 성격만 남아 있다는 점을 고려한다면, 별 필연적 까닭도 없이 율격을 함부로 파괴하는 것에 대해서는 경계할 필요가 있다는 것이다. 또한 해체 시형을 과도하게 시조의 육체 안에 도입하는 것도 정형의 울타리를 벗어나 시조의 정체성을 혼란케 하는 일로서 신중해야 한다는 점을 지적할 수 있다.

이때 우리는 시조의 고유 내력이자 자질이기도 한 '정형'이, 자유로운 시상詩想을 가로막는 불필요한 장애 요인이 아니라 그러한 형식적 특성을 통해서만 성취가 가능한 어떤 불가피한 '존재의 집'의 속성을 띠고 있음을 알게 된다. 이러한 불가피한 정형의 울타리를 통해 우리는 스케일이 큰 우주적 상상력에서부터 작고 미세한 사물들의 움직임에 이르는 다양한 서정적 경험을 하게 된다. 또한 장중하고 파장이 큰 내러티브와 함께 이른바 '충만한 현재형'에서 구축되는 순간적 정서를 다양하게 경험하게 된다. 그 상상력과 정서가 정형의 조건 안에 잘 갈무리됨으로써 우리는, 이러한 해체 지향의 시대에도 잘 짜인 고전적 감각과 인식을 경험할 수 있게 되고, 인간의 원초적이고 미분화된 정서와 통합적인 삶의 이치를 경험할 수 있게 되는 것이다. 다음 시편도 이러한 음악성의 결속을 통해 우리에게 새로운 감각을 전해주는 경우이다.

> 에워쌌으니 아아 그대 나를 에워쌌으니 향기로워라 온 세상 에워싸고 에워쌌으니 온 누리 향기로워라 나 그대 에워쌌으니
>
> — 이정환, 「에워쌌으니」 전문

이 아름다운 단시조의 '음악성'은 동일 어휘의 반복과 교차의 수사학

에서 발원한다. "에워쌌으니"를 여러 차례 반복하면서 그 주체와 대상을 '나'와 '그대'로 번갈아가면서 중첩시킨 것이 그리움의 밀도를 강화한다. 온 세상이 향기로워지는 그 그리움의 에너지 역시 반복과 교차의 음악성에 의해 감염되고 확산된다. 간결한 단시조이지만 율독의 배려가 시편의 주제와 어떻게 긴밀하게 상호 작용하는지를 명료하게 보여주는 사례일 것이다. 이처럼 우리는 정형 양식이, 거친 '파격'보다는 '정격'과 '변격變格'을 충실하게 결속하면서 경험하게 되는 음악성에서 그 위의를 확보하게 되는 것을 알 수 있다. 그런데 최근 우리가 경험하는 정형 양식 안에는, 정형 특유의 양식적 구속을 최대한 벗어나 정형 안에서의 일탈적 호흡을 누리려는 각양의 지향이 나타나고 있다. 시조의 오랜 정형적 틀을 벗어나 정형 안에서 다양한 율격적 실험을 하고 있는 것이다. 하지만 우수한 정형 시편의 경우, 그것은 대개 섬세한 율격을 지키면서 그 안에서 종요로운 감각과 사유를 보여주게 마련이다. 그래서 그것들은 한결같이 이 첨단의 해체 시대에 왜 정형 양식이 굳이 필요한가를 증언해주고 있는 것이다.

　최근 우리 시조 문학은 매우 활발한 외관을 띠면서 민족 시형으로서의 자기 위상과 미학을 회복해가고 있다. 인적 구성의 폭이나 작품의 질적 성취에서 지금의 시조 시단은 그 어느 때보다 의미 있는 활황活況을 보여주고 있다. 발표 지면이 점증한 데다 한 일간지에서 지속적으로 행하고 있는 시조 대중화 작업도 어느 정도 결실을 얻어가면서, 시조 문학은 박제가 되어버린 고사枯死된 양식이 아니라 독자적인 자기 권역을 풍요롭게 구축해가고 있는 양식으로 거듭나고 있다. 그렇다면 현대 사회의 복합적 특성과 시조의 안정적이고 화해로운 양식적 특성은 어떻게 결합될 수 있을까. 다시 강조하지만, 우리는 어떤 언어 양식이 '시조'의 육체를 입는 한, 그것이 율격적 안정성과 구심력을 섬세하게 지켜야 한다고 본다. 시조를 쓰면서 시조 고유의 율격을 해체하고 이완하는 작업은 일종의 자기 모순에 가깝기 때문이다. '정형'이라는 현저한 외적 제약에도 불구하고, 일종의 '원초적 통일성'을 회복하려는 서정 양식의 본래적 지향을 구현하면서 시적 형식의 단호한 절제를 구현하는 것이다. 물론 고시조를 지나 현대시조로 토양을 옮기면서 시조 양식의 본래적 특성들은 많은 변화를 치렀다. 왜냐하면 현대시조는 고시와는 달리, 현대인의 복합적인 정서와 인식을 담아내야 했기 때문이다. 따라서 최근 현대시조에는 때로는 장형화되고 때로는 요설과 파격을 통한 충격적 시형도 많이 나타나고 있다. 이는 시조 형식의 확산과 다양화를 위한 고육책임에는 틀림없으나, 시조의 시조다움을 훼손하는 속성을 지니고 있음을 부인하기 힘들다. 잘 생각해 보면, 시조 양식은 본래적 특성들을 잘 견지하면서 부분적으로 변용을 이루어내는 것이 온당하다는 것을 곧 알게 된다. 왜냐하면 정형시의 전통은, 오랜 세월을 축적하면서 인간의 보편적 정서를 담아내는 그릇의 역할을 충분히 해왔기 때문이다.

따라서 우리에게 주어진 여러 난경難境을 극복하는 길은, 시조의 시조다움을 더욱 첨예화하는 수밖에 없다. 그 점에서 현대시조를 쓰는 사람들은 인접 양식들과의 혼종 교배에 신경을 쓰는 것보다는, 시조의 미학과 역사를 촘촘히 궁구窮究하면서 그것을 현대적 해석이나 감각과 활발히 결속하는 데 힘써야 할 것이다. 그때 정형 양식의 위의로서의 음악성은 양도할 수 없는 실존적 조건으로 새삼 강조될 것이고, 현대시조의 모더니티가 음악성 해체나 이완에서 가능한 것이 아님을 알게 될 것이다.

4. 현대시조의 가능성으로서의 모더니티

그동안 우리 교양 체험에 깊이 뿌리내리고 있는 고시조들은 자연을 이상적 형식으로 추구하였고 성리학적 이념에 충실한 주제들을 형상화해온 경우들이 특히 많았다. 그래서 우리가 고시조를 읽을 때 그러한 주제에 동화와 투사의 경험을 흔연히 치러온 것도 매우 자연스러운 일이었다고 할 수 있다. 말하자면 고시조의 화자와 청자는 입장을 달리해 미적 균열을 일으키는 경우가 거의 없었다고 해도 과언이 아닌 것이다. 그러나 우리 사회는 합리적인 인과론, 이성에 의한 예측 가능성, 계기적인 선형적線形的 사유들이 많이 그 힘을 잃고 그 대신에 불확정성의 원리, 불온한 상상력, 입체적이고 다양한 아이러니적 사유 등이 세계의 실재에 더 가깝게 접근하는 방법이라고 보는 시각이 우세해졌다. 모든 시 창작의 근원적 동기가 자기 확인의 나르시시즘에 있다고 할지라도, 시인이 바라보고 있는 그 거울조차 반질반질하고 투명한 것이 아니라, 흐리고 어둑하며 심지어는 깨어진 거울일 경우가 많은 것이다. 그 깨어진 거울을 통해 바라보는 자신의 얼굴은, 나르시스처럼 매혹에 가득찬 모습이 아니라, 자기 연민 내지는 자기 부정의 갈등을 가져다주는 복합성의 얼굴이다. 그래서 시인들은 매혹과 몰입보다는 일정한 거리를 두면서 환경적 모순과 맞서고 있는 자신에 대해 사유하고 표현하려 한다. 이 같은 모순과 갈등의 이중적 의미를 표현하는 미학적 양식이 '아이러니'라고 할 때, 우리 시대에는 전통적이고 안정적인 정서보다는 주체와 사물 사이의 날카로운 균열과 불화를 암시하는 '아이러니'가 다소 유력한 방법이자 양식이 되고 있다고 할 수 있다. 그렇다면 이 같은 현대 사회의 복합적 특성과 시조의 안정적이고 화해로운 양식적 특성은 어떻게 결합될 수 있을까. 우리는 현대 시조의 새로운 미학적 활로는, 전통 형식과 현대적 감각을 결합하여 새로운 시대적 요청에 다가서는 데 달려 있다고 말할 수 있을 것이다. 다시 말하면 이는 전통 형식과 현대적 감각 사이의 활발한 교섭과 통합을 통해서 이루어질 것이다. 그렇게 완성된 아름답고 견고한 정형 미학이야말로, 정제된 의미론을 한없이 탈주하고 있는 국적 불명의 언어적 현실에서, 우리로 하여금 역설적 경종을 경험케 할 것이다.(2008)

현대시조에 나타난 자연 형상

1. 서정시와 '자연' 전통

잘 알려져 있는 대로, 문학은 '언어' 예술이자 '시간' 예술이다. 우리의 지각과 객관적인 실재 세계를 매개하는 것이 바로 언어이고, 그 언어가 사물의 '시간성'을 채록하는 것이니만큼 이 두 가지 규정이 문학의 핵심적 기능을 담은 것임은 췌언을 요하지 않는 일이다. 그래서 문학은 여타 예술보다도 훨씬 '역사'와 높은 친연성을 가지게 되며, 그것을 수용하는 이들에게 풍요로운 시간적 경험을 가져다준다. 우리가 문학을 삶 또는 역사의 형상적 반영이라는 차원으로 간주하는 까닭이 바로 여기에 있다.

그 중에서도 서정시는 '시간성'의 문제를 가장 커다란 인식론적·방법적 기제로 삼는 문학 장르라고 할 수 있다. 여기서 '시간성'에 대한 관심이라는 것은, 서정시가 시간이라는 물리적 실재 자체에 대해 깊은 관심을 갖는다는 것이기도 하지만, 그보다는 시간의 흐름을 둘러싼 사물 및 인간의 변화에 대한 관심을 서정시가 집중적으로 표상하고 있다는 것을 함의한다. 그 시간성의 핵심에 이른바 '전통(傳統)'이라는 요소가 놓여 있다는 것은 주지의 사실이다.

원래 전통이란 모든 창작 주체들의 상상력의 원천이자 소재의 보고寶庫이며, 창작 방법이나 양식 선택을 일차적으로 규율하는 언어 공동체의 미학적 전제이기도 하다. 이때 전통은 연속성과 보편성을 속성으로 하는, 오랜 기간에 걸쳐 공유된 형태적·문체론적·이념적 속성을 대다수의 작품에 반영시킨 역사적 구상으로 정의될 수 있다. 또한 그것은 오랜 과거가 현재에 물려준 신념, 관습, 방법 등, 오랜 역사를 통하여 형성된 한 집단의 문화를 그 집단에 속한 사람들과의 관련성 속에서 바라본 것이기도 하다. 따라서 전통은 시간의 흐름 속에 형성된 자기 규정성의 핵심적 전제이자 인자因子인 셈이다.

이러한 전통의 함의를 서정시에 적용할 경우, 우리는 어렵지 않게 우리 시사 가운데 가장 낯익은 것으로 '자연自然' 형상의 전통을 예거할 수 있다. 고대 가요로부터 중세 시가를 지나 근대시 전체 권역에서 '자연'이라는 범주가 갖는 소재적 우세종으로서의 위치는 단연 절대적이기 때문이다. 이처럼 자연은 원형성, 보편성, 체험의 직접성 등을 그 속성으로 거느리면서 모든 창작 주체의 체험 속에 광범위하고도 근원적으로 녹아 있는 소재이자 형상이다. 물론 형상화의 양상을 보면 보편적 사랑의 추구, 형이상적 관념의 대입, 자연 자체의 즉물적 묘사 등 여러 층위의 작법이 있었겠지만, 그 어느 것도 자연이 갖는 신성 불가침의 속성을 배제하거나 거부한 예는 찾아보기 쉽지 않다. 그만큼 우리 시사에서 자연 형상의 전통은 매우 깊고도 넓은 것이었다.

이 길지 않은 글은 이 같은 '자연' 형상이 고시조로부터 현대시조에 이르기까지 어떠한 변천 과정을 거쳐왔는지를 간략하게 살핀 후, 우리 시대에 왕성한 창작 성과를 보여주고 있는 시인들의 몇몇 가편佳篇들을 통해 현대시조에서 자연 형상이 어떻게 나타나고 있는지를 생각해보려 한다.

2. 이념의 상관물로부터 내면과 상응하는 풍경으로

그동안 고시조를 대상으로 하여 그 미학적 특성을 개괄한 연구 성과는 우리에게 적지 않게 주어져 있다. 그 가운데 조동일 교수는 조선 시대에 자연을 다룬 시가가 성리학 이념과 깊은 관련을 가지면서 '물아일체物我一體'의 이념을 드러냈다고 보고, 고대로부터 조선 시대까지 창작된 시가 작품 가운데 자연을 대상으로 한 시를 '산수시山水詩'라고 명명한 바 있다. 한편 정병욱 교수는 조선 시대의 시조 문학이 대상으로 한 자연이 객관적으로 존재하는 자연이 아니고, 창작 계층의 관념 혹은 이념이 형성한 자연이라는 점을 밝혔다. 그래서 그는 "시조 문학은 자연 문학이 아니라 인생시"라고 보았다. 또한 최진원 교수는 강호시조를 해명하는 자리에서, 강호시조의 정치적 동기가 당쟁하의 명철보신明哲保身이었고, 귀거래歸去來를 청풍고취清風高趣로 평가했던 것으로 보아 관념적 전통 속에 놓인다는 점을 해명하였다.

이처럼 우리 중세 시가의 전통에 나타난 자연 형상은 한결같이 창작 주체의 이념이나 관념 혹은 가치관들을 이입移入하는 상관물로 등장하고 있다. 그러니 자연 그 자체의 섬세한 묘사나 자연을 바라보는 심미적 주체의 시선은 찾아보기 어려워진다. 조선 중기의 대표적 성리학자가 남긴 다음 시편은 그 같은 이념적 등가물로서의 자연 형상을 전형적으로 담고 있다.

> 青山은 어찌하여 萬古에 푸르르며
> 流水는 어찌하여 晝夜에 긋지 않는고
> 우리도 그치지 마라 萬古常青하리라
>
> — 이황 「陶山十二曲」 중에서

여기서 이황이 대상으로 삼고 있는 '靑山/流水'의 자연 사물들은 실제 우리의 감각에 포착되는 산이나 물이 아니라, 불변의 영속성을 지닌 형이상학적 관념의 상관물로 나타난다. 말하자면 이들은 창작 주체가 희구해 마지 않는 "萬古常靑"의 의미를 환기하는 관념적 존재인 것이다. 여기서 자연은 마치 서양 철학에서 제기된 이데아처럼 구체적 경험을 초월한 보편적이고 선험적인 이념적 실재로 화하게 된다. 이처럼 중세 시가의 전형은 이념의 상관물로 등장하고 있다. 하지만 17세기로 접어들면서 이러한 관념적 공간이 상당 부분 생활 감각의 구체성으로 전이되고 있어 주목을 요한다.

平生의 낙대 들고 淸溪邊의 훗거르며
長嘯 望月하고 돌아올 길 잊었거늘
妻妾은 저녁 粥 식어가니 쉬이 오라 배얀다

— 강복중 「수월정청흥가」 중에서

이념적 공간으로서의 자연은 17세기 이후 구체적인 농경 생활이 반영된 노동의 공간으로 화하는데, 위의 작품은 관념적인 언어에서 일상 생활의 구체적인 언어가 반영되는 전가시조田家時調의 양상을 짙게 드러내고 있다. 그 안에는 선험적 관념보다는 경험적이고 일상적인 삶의 자족감이 강화되고 있다. 위의 작품에서 나타난 '淸溪邊'이나 '望月'이라는 소재는 전시기의 소재보다 훨씬 감각적 실재성을 회복하고 있는 것이다. 이러한 흐름이 19세기의 사설시조에 와서 현실주의적 전통을 형성하게 된 것은 주지의 사실이다.

이처럼 이념의 상관물로서의 자연이 생활적 구체성을 지닌 자연으로 변모하다가 근대에 이르러서는 시인 자신의 내면과 깊이 상응相應하는 자연으로 주로 나타나게 되는 것이 우리 시사에서의 '자연' 형상의 실재이다. 말하자면 화자의 이념이 투영된 규범화되고 관조적인 자연을 지나 구체적인 생활 노동의 현장을 지나 내면에서 바라보는 풍경으로 그 몸이 바뀌게 되는 것이다. 따라서 우리 근대문학사에서 씌어진 시조 작품들은 이같은 근대인의 내면과 자연을 마주 세우고, 그 안에서 유비적類比的인 정서를 형상화하고 있다고 할 수 있다.

그 가운데 조운의 시조는 우리의 눈을 밝게 하는 우수한 문학적 고갱이로 충일하다. 식민지 시대의 시조 시인인 이은상, 이병기, 이호우, 김상옥보다 한결 감각적이고 활달한 자연 형상을 선보인 그의 시적 기상은 그동안 그가 월북 시인이라는 까닭에서 평가절하되어왔다. 그러던 것이 그의 시조집의 복간을 기점으로 재평가되기 시작하여 '시조'라는 문학 양식이 고루한 중세의 산물이 아니라 근대문학에서도 얼마나 민족적 정체성과 문학적 위의威儀를 동시에 지켜갈 수 있는 장르인가를 체험케 해주고 있는 것이다.

사람이 몇 生이나 닦아야 물이 되며 몇 劫이나 轉化해야 금강에 물이 되나! 금강에 물이 되나!

샘도 江도 바다도 말고 玉流 水簾 眞珠潭과 萬瀑洞 다 고만 두고 구름 비 눈과 서리 비로봉 새벽안개 풀끝에 이슬 되어 구슬구슬 맺혔다가 連珠 八潭 함께 흘러

九龍淵 千尺絶崖에 한번 굴러 보느냐.

― 조운「九龍瀑布」전문

이 작품은 그가 그리고 있는 서정의 깊이와 국량을 말해주는 동시에, 시적 대상이 되는 자연이 역사와 현실이라는 구체적 세계를 근간으로 하

는 사유와 고민에서 나온 것임을 명료하게 알려주고 있다. 그가 그리는 인생의 스케일이나 밀도는 고전에 대한 섭렵과 당대에 대한 날카로운 현실 인식, 그리고 그것을 원형적 서정으로 꾸리면서 시조의 변형된 양식에 꾸려넣는 철저한 장인 의식에서 우러나온다.

"사람이 몇 生이나 닦아야 물이 되며 몇 劫이나 轉化해야 금강에 물이 되나! 금강에 물이 되나!"는 첫 연의 감각은 "금강에 물"과 인사人事를 연결시키는 구도이지만, "샘도 江도 바다도 말고 玉流 水簾 眞珠潭과 萬瀑洞 다 고만 두고 구름 비 눈과 서리 비로봉 새벽안개 풀끝에 이슬 되어 구슬구슬 맺혔다가 連珠八潭 함께 흘러//九龍淵 千尺絶崖에 한번 굴러 보느냐."에서는 객관 사물의 묘사와 함께 시인 내면의 단단한 의지와 심미적 견인 의식을 단단히 저며넣고 있다. 그래서 그의 시조는 난해성과 범용성을 동시에 극복하면서 감동적으로 다가오는 것이다. 우리는 이처럼 조운의 시조를 통해 현대시조에서 자연이 내면과 사물이 상응하는 세계를 구축하고 있음을 발견하게 된다.

투박한 나의 얼굴
두툴한 나의 입술

알알이 붉은 뜻을
내가 어이 이르리까

보소라 임아 보소라
빠개 젖힌
이 가슴

— 조운 「石榴」 전문

전남 영광에 있는 그의 시비에도 새겨져 있는 대표작 「石榴」는 조운의 시조 세계가 갖는 감정의 섬세함, 묘사의 절제와 사실성을 가장 명료한 감각으로 보여주는 뚜렷한 실례에 속한다. 이러한 묘사 지향의 사실적 성격은 대개의 월북 시인들이 이념 지향적 성격을 띠었던 데 견준다면, 조운만의 고유한 특장이라고 할 수 있다. 이는 물론 모국어의 아름다움과 그 시적 가능성을 극대화한 문학사적 성취이기도 하다. 여기서 석류의 외관에 대한 묘사는 고스란히 창작 주체의 내면 고백이 되며, "빠개 젖힌/ 이 가슴"이라는 실존의 표백이 되고 있다. 이러한 내면과 사물 사이의 접면(interface)은 그의 작품들 이를테면 「선죽교」나 「돌아다 뵈는 길」, 「옥잠화」 같은 시조들에서도 이어지고 있다.

같은 식민지 시대를 살았던 시인 윤곤강이 조운의 시조를 두고, "참으로 시도 여기까지 이르면 시신詩神도 감히 시 앞에 묵언의 예배를 드리지 않을 수 없을 것"이라고 한 말은 비록 친우로서의 과장이 개입하기는 했으나, 조운 시조의 미학적 탁월성을 경험적으로 말해주는 것이기도 하다. 결국 조운을 비롯한 근대 시사에서의 시조 시인들은 풍경과 내면의 접점을 마련하는 유추적 상상력 속에서 자신의 시편들을 써가기 시작하는 것이다.

3. 내면과 상응하는 심미적 자연의 형상들

앞에서도 말했듯이, 현대시조에서의 자연은 시인의 내면을 유추케 하는 유비적 형상으로 줄곧 나타난다. 이 가운데 이정환의 작품들은 사물의 구체성에서 정서의 섬세한 결을 유추하는 시적 방법론과 그것을 '사랑'의 형식으로 착근시키는 그의 심미적 시정신에 의해 형상화되고 있다는 점에서 매우 이채로운 시세계를 이루고 있다. 그만큼 그의 시편들에서 서정의 원리는 매우 구체적이고 경험적인 사물 혹은 상황에서 출발하여 '사랑'으로 표징되는 내면의 정서로 응집되고 있다. 그 '사랑'의 에너지가 사물의 이면에서 들리는 소리에 민감한 시인의 감각을 낳고 있는 것이다.

    한밤중 한 시간에 한두 번쯤은 족히
    찢어질 듯 가구가 운다, 나무가 문득 운다

    그 골짝
    찬바람 소리
    그리운 것이다

    곧게 뿌리내려 물 길어 올리던 날의
    무성한 잎들과 쉼 없이 우짖던 새 떼

    밤마다
    그곳을 향해
    달려가는 것이다

    일순 뼈를 쪼갤 듯 고요를 찢으며
    명치 끝에 박혀 긴 신음 토하는 나무

    그 골짝
    잊혀진 물소리
    듣고 있는 것이다
                     — 이정환 「가구가 운다, 나무가 운다」 전문

이 시편에서 시인은 "한밤중 한 시간에 한두 번쯤은 족히/찢어질 듯" 우는 가구의 소리를 듣고 있다. 물론 이는 시인의 미세한 감각이 듣는 상상적 환청幻聽일 것이다. 그렇다면 왜 "가구"가 우는가. 시인은 여기서 '가구'의 근원 곧 산비탈에 서 있던 한 그루 '나무'를 상상한다. 그래서 가구의 울음은 곧 나무의 울음으로 치환되고, 결국 '가구'가 자신이 원래 서 있었던 "그 골짝/찬바람 소리"를 그리워하면서 울고 있는 것이라는 시적 해석이 뒤따른다.

또한 "곧게 뿌리내려 물 길어 올리던 날의/무성한 잎들과 쉼 없이 우짖던 새 떼"는 나무가 베어지고 가공되어 가구로 만들어지기 이전의 시원始原적 풍경을 재현하고 있는 것이며, "밤마다/그곳을 향해/달려가는 것"이라는 진술은 시원과 뿌리를 향한 모든 존재의 열망을 말하고 있는 것이다. 결국 "일순 뼈를 쪼갤 듯 고요를 찢으며/명치 끝에 박혀 긴 신음 토하는 나무" 곧 가구는 "그 골짝/잊혀진 물소리"를 오래도록 "듣고 있는 것이다". 따라서 이 작품은 정형시가 갖는 시상詩想의 단아함과 시원 탐색의 주제가 잘 어울려 빚어낸 수작이라 할 것이다. 그 단단하고도 단아한 시상 속에 생명의 본원으로서의 자연 형상이 담기게 되고, 시인의 상상력은 그 안에 경험적으로 깃들이게 된다.

그런가 하면 다음 작품은 현대시조에서 '자연'이 어떻게 다루어지는가를 가장 전형적으로 보여주는 뜻 깊은 실례에 속한다.

  천천히 산을 씻고 산을 돌아 흐르느니
  성수聖水 아니래도 눈을 씻어 볼 일이다
  안 뵈던 산의 음영이
  그예 젖어 오리니.

  절로 고요도 걷힌 그런 한 때의 자연을

지줄대며 그 더러는 누워 흐르는 반석
이우는 도화 가지야 그쯤 두고 볼 일이다.

어디 금세라도 무너질 듯 장중한
청록빛 저 석산의 아득한 골짜구니를
서늘한 물길 한 자락
이어 오고 있으니.

— 박기섭 「장자莊子의 물」 전문

  박기섭의 시조는 사물을 섬세하게 관찰하여 거기에 철학적이고 가치론적인 지혜나 깨달음을 얹는 작법에 의해 전개되고 있다. 위의 시편 역시 '자연'의 형상을 빌어 자신의 경험적이고 철학적인 지혜를 형상화하고 있다. "천천히 산을 씻고 산을 돌아 흐르"는 물줄기는 "눈을 씻어 볼" 정도의 푸르름과 청정함을 품고 있다. 그래서인지 "안 뵈던 산의 음영이/그에 젖어 오"는 것을 시인은 느끼고 있다.

  이어지는 "절로 고요도 걷힌 그런 한 때의 자연"이야말로 시인의 감각이 포착한 자연이자 시인의 내면을 고스란히 유추케끔 하는 가치 지향의 자연이다. "어디 금세라도 무너질 듯 장중한/청록빛 저 석산의 아득한 골짜구니"에 이어 오는 "서늘한 물길 한 자락"은 그러한 시인의 내면이 발견한 어떤 경지라 할 것이다. 그것이 시의 제목과 병치되면서 장자莊子가 추구했던 장중하고도 서늘한 내면의 자유를 상징하고 있는 것이다.

그해 겨울 유난히
폭설 쏟아지고

희방사 가는 길은

아리도록 푸르러

흰 새들 눈시울 아프게
날아오고 있었어.

눈을 쓸며 간신히
건넜던 외나무다리

무거운 짐을 내려
이정표에 앉히고

나누던 달디단 찻잔
그런 슬픔
한 모금

— 김일연 「겨울의 동화」 전문

　김일연의 이 작품에서 소재로 채택되고 있는 '폭설/새/외나무다리' 등은 시의 제목처럼 동화적으로 들어앉아 있다. 그런데 고요하고 깨끗한 그리고 쓸쓸한 이 풍경을 시인은 "슬픔/한 모금"으로 바라보고 있다. 그처럼 "희방사 가는 길은/아리도록 푸르"기도 하고, "눈시울 아프게"도 하고, "무거운 짐을 내려" 놓게 하기도 하고, "슬픔/한 모금"을 선사하기도 한다. 한결같이 겨울의 자연 풍경들이 시인의 내면 정서와 상응하고 있는 것이다.
　우리가 몇 작품에서 살폈듯이, 현대시조에서의 자연은 시적 주체의 내적 정서와 유비적 공간을 형성하고 있다. 이는 고시조에서의 관념성을 현저하게 덜어낸 것이며, 내면으로의 일방적 칩거라는 근대시의 부정적 자폐주의를 극복한 것이기도 하다. 하지만 현대시조는 고시조의 전통에서 중요한 전통적 요소를 결하고 있다는 점 또한 지적되어야 한다. 이를테면 현대시조에서 자연은 '노동'의 구체성이 빈곤하게 나타난다. 대개 자연은 그 안에 생활의 역동성보다는 시인의 정서와 친연 관계를 이루는 배경背景으로 존재한다. 또한 현대시조는 자연을 풍경 그 자체로 그리는 것에는 매우 취약하다. 이는 자유시에서 현저하게 자연 스스로 어법의 주체가 되게 하는 작법이 많이 나타났다는 점에서 비추어 보면, 정형 양식의 특수성에서 비롯되는 측면이라고 하더라도 아쉬운 대목이다.

결국 생활 감각의 약화와 묘사 기법의 빈곤은 현대시조의 자연 형상에서 실로 아쉽게 나타나는 현상이 아닐 수 없다.

4. 전통과 근대의 대화적 통로로서의 자연

최근 일련의 탈脫근대 논의들이 민족주의적 열정과 다시 매개되면서 '전통'에 대한 반성적 인식이 강력하게 대두하고 있다. 그것은 그동안 통합된 윤리적 규범에 의해서만 전통이 지탱되었던 것에 대한 근원적 반성이자, 국수주의적 태도로의 회귀에 대한 경계를 동반한 반성이기도 하다. 이러한 반성적 인식을 통해 우리는 문학에 있어서 '전통'이 실천적인 것이라는 사실과, '전통'이 정태적이고 고정불변의 어떤 영속체가 아니라 가변적이고 역동적인 창조적 개념이라는 재인식을 얻게 되었다

결국 '전통'이란 '근대'와의 상관성 속에서 논의되고 규정되는 가변적 실체이다. 그래서 전통은 역설적으로 근대적 개념이 되고, 나아가 근대와 '대화적 관계'에 놓여 있는 것이 된다. 물론 전통이 배타적인 동일성 논리에 자신의 존재 근거와 양식을 가둠으로써 복고적 귀속성을 가질 수도 있겠지만, 그것은 근대와의 대화를 통해 자기를 갱신하고 확충할 수 있는

가능성으로 충일한 것이다. '자연'을 바라보고 형상화하는 오랜 시적 전통 역시 근대적 문학 양식 안에서도 이러한 변모된 양상을 보여준다. 따라서 자연을 바라보고 인식하는 태도는 시대와 문화에 따라 각각 다르고 또한 개인의 관점에 따라서도 달라지는 것인데, 이러한 다양한 변별성을 이해하는 것은 시에서의 '자연' 이해를 위해 중요로운 일이다.

 한때 '자연'은 우리에게 공포와 숭배의 대상이었다. 따라서 우리는 자연의 섭리에 순응하고 복종함으로써 자연의 진노를 피하는 것이 가장 올바른 삶의 방법이라고 생각했다. 또한 자연은 우리가 함께 살아가야 할 생명들의 삶의 터전이었다. 그러나 인간의 지성이 고양되고 점차 과학 기술이 발달하게 되면서 인간은 자연을 조종하고 지배할 수 있다고 생각하게 되었다. 그리고 인간은 자신의 욕망을 위하여 거침없이 자연을 허물어 나갔다. 문학은 인간의 가치있는 삶의 반영이고 보다 나은 삶을 위하여 모색하는 일이기 때문에 이처럼 인간들이 살아갈 자연이 처해 있는 위급하고 심각한 상태는 문학의 중요한 관심사가 아닐 수 없다. 우리를 둘러싸고 있는 수많은 생명들과 그 생명을 보듬고 있는 터전에 대해 우리는 어떤 마음가짐과 몸가짐을 해야 하는 것인가? 이러한 물음에 겸허한 자세로 대답을 준비하려는 움직임이 문학의 영역에서도 활발하게 일어나고 있다. 우리는 근대 이후의 시조 문학에서 전원주의와 성리학적 보편성의 전통에 침윤되어 있던 '자연'이라는 권역을 갱신하고 확충한 이러한 예들을 폭 넓게 만날 수 있다.

 우리는 결국 우리 전통에서의 자연 형상이 전근대적인 완상玩賞의 대상이나 절대선絶對善으로서의 윤리적 전거가 아니라 현재에도 늘 살아 움직이는 '상징의 숲'임을, 그리고 풍요로운 외연 못지 않게 갱신 가능한 내포적 자질을 풍부하게 가지는 것임을 알 수 있게 된다. 최대한도로 계몽적 개입을 억제하면서 그 안에 자신의 내면을 투사하면서 '자연'을 창조하고 변용한 위의 시인들의 작업은, 그 점에서 높이 평가받을 만한 것이다.(2004)

현대 시조 비평의 역할과 전망

1. 최근 비평의 다양한 속성들

해묵은 비유겠지만, 문학에서 '창작'과 '비평'은 영원한 두 개의 평행 레일로 설명되곤 한다. 이 두 행위는 '문학'이라는 마을에 자신만의 고유한 영역을 가지고 있는 친근한 이웃이자 서로가 서로를 비추는 호혜적 타자이다. 그런데 전통적 의미에서 '비평'은 '창작'이라는 1차 행위에 대하여 파생적이고 2차적인 위치의 운명을 부여받아왔다. 원천적으로 그것은 작품이나 작가 혹은 다양한 문학 현상에 대한 사후 해석과 평가를 본연의 임무로 삼기 때문에, 언제나 창작의 언어를 '향한 언어' 혹은 창작의 언어에 '대한 언어'로서의 직임을 띠게 마련이었기 때문이다. 그만큼 비평은 '문학'이라는 무대에서 늘 조연 역할을 떠맡아온 자기 역사를 가지고 있다고 할 수 있다.

주지하듯 '비평'이란, 해당 텍스트를 향한 매혹과 그것을 분석하고 평가하는 냉정한 감각이 통합되는 지점에서 발원하고 펼쳐지고 완성된다. 그 점에서 비평가는 '독자'로서의 정서적 섬세함과 '판관'으로서의 이성적 합리성을 불가결한 능력으로 견지해야 한다. 당연히 '비평'은, 그 본래적 의미에서, 뛰어난 심미적 텍스트를 분석하고 평가하는 데서 자기 위상을 온전하게 확보해왔다고 할 수 있다. 하지만 최근 우리 비평은 작품과 독자를 매개하는 2차 직능에서 벗어나 그 자체로 하나의 심미적 텍스트를 지향하는 이색적 풍경을 두루 보여주고 있다. 아닌 게 아니라 상당수 비평가들은 문학 현상의 사후 평가라는 수동적 소임에서 벗어나, 자기 고유의 문채(文彩, figure)와 시각으로 자신만의 언어 텍스트를 생산하고 있으며, 자신의 비평이 문학 작품을 효율적으로 이해하기 위한 참고서가 아니라 자신의 의식과 세계관, 무의식까지 반영하는 원原텍스트로서의 위상을 가지게끔 하고 있는 것이다. 그 안에는 비평가 고유의 문취文趣와 경험과 사유가 진하게 담겨 있고, 독자들은 비평가의 개성적인 시선과 필치를 통해 대상 작품이나 작가에 대한 해석의 묘미는 물론, 해당 비평가의 문장과 취향과 생각과 인간을 동시에 알아가게 된다. 그러니 창작의 다양성과 함께, '비평' 역시 비평가군群의 양적 확장과 더불어 다양하기 짝이 없는 개성들을 선보이게 된 것이다.

　이러한 비평의 다양성은 자연스럽게 비평적 규준의 다양화를 불러왔다. 이는 물론 하나의 강력한 담론 체계가 타자적 언어들을 억압하고 단일한 중심을 형성했던 시대에 대한 강렬한 반성 형식으로 나타난 탈脫근대적 양상 중의 하나일 것이다. 지금 시대가 다양한 문화 간의 충돌과 교섭이 그 어느 때보다 활발하게 이루어지고 있고 진영과 이념 사이에 개재해 있던 배타적 구획도 느슨해져가고 있는 만큼, 이러한 규준의 이완 및 소멸은 어느 정도 불가피한 것인지도 모른다. 하지만 비평적 규준의 다양성이 그 활발한 외관에서 나타나는 것만큼 미학적 감각의 풍요로움에 기여하는 것만은 아니다. 그것은 오히려 문학의 존재 이유, 이를테면 미학적 공통 감각이나 한 사회의 명료한 자기 이해라는 근본적 지반을 흔들 수도 있기 때문이다. 또한 저마다 제각각의 규준을 마련하여 문학(작품, 현상)을 분류, 평가하고 있기 때문에 구심적인 공론 장으로 편입되지 못하고 비평가 개인의 자기 확인에 그치는 이른바 '읽히지 않는 비평'이 되는 경우도 적지 않을 것이다. 따라서 비평 규준의 적실성과 타당성에 대해 깊이 토론하고 일정한 공통 감각을 도출해가는 과정은, 획일화된 배타적 주류 미학을 구축하는 일과는 전혀 다른, '비평'이라는 이성적 행위에 긴요한 일종의 '게임의 법칙'을 만들어내는 일이기도 하다. 이런 점에서 최근 우리 비평은, 그 외관이나 내질에서, 매체적 조건이나 인적 구성에서, 그리고 지향하는 문법이나 존재 방식에서, 여러 모로 확연한 이행기적 징후와 함께 다양한 자기 갱신 요청에 직면해 있다고 말할 수 있을 것이다.

2. 시조 비평의 현황과 과제

우리 시조 시단의 외연이 얼마나 넓어졌는지는 최근 10여 년 동안 시조 창작과 비평에 종사해온 사람이라면 누구나 경험적으로 잘 아는 바이다. 그만큼 이제는 창작과 비평을 한 사람이 겸하여 감당하기에는 여러 가지로 어려운 점이 많아지게 되었다. 그 까닭에는 우선 산출되는 작품의 양이 어느 때보다 많아져 창작을 하는 이가 다른 이들의 작품을 일일이 따라 읽기가 버거워진 측면도 있고, 창작 언어와 비평 언어가 현격한 감각의 차이를 보이면서 분화되는 측면도 있을 것이다. 아닌 게 아니라 '시조'라는 전통적이고 감성적인 형식과 '비평'이라는 근대적이고 논리적인 형식이 한 사람의 내면에서 같이 솟아나기 어렵게 된 것은 사실일 것이다. 하지만 이러한 확연한 분화 양상은, 시조를 창작하는 사람에 비해 시조를 전문적으로 논하는 비평가 그룹이 빈곤한 데서 가파른 문제점을 내장하고 있다. 그만큼 우리 시조 시단은 전문 비평가들의 다양한 출현을 대망하고 있거니와, 지금 왕성하게 창작되고 있는 현대시조 작품들을 문학사적, 미학적으로 평가해줄 엄정하고도 따뜻하고도 예리한 시선이 어느 때보다 절실해진 것이다.

이러한 차원에서 우리는 '시조 비평'의 전문성과 수월성을 마음 깊이 바라고 있다. 물론 지금 시조 시단에도 열정적 비평이 행해지고 있고 양적으로도 만만찮은 축적이 이루어져 있지만, 더욱 다양하고 중층적인 비평 언어가 생성되어야 한다는 과제는 불가피하다. 그러기 위해서는 비평가가 선호할 수 있는 문제적 작품이 많이 나와야 하며, 그 작품으로 인한 생산적 논쟁 역시 시조 시단이 회피해서는 안 된다. 시조 시단의 취약 영역인 '현실' 투시의 작품도 여럿 나와 시조만의 현실 반영에 관한 선명한 쟁점을 제공해야 하며, 이러한 흐름을 좋은 시조 관련 매체들이 선도해가야 한다. 물론 가장 중요한 것은, 시인들이 시조 비평을 적극적으로 유도할 수 있는 우수한 텍스트들을 생산하는 일일 것이다. 비평가들이 시조 비평을 일정하게 꺼리는 까닭 역시, 시조 비평서를 내기도 힘들고 낸다고 해도 인정받기도 힘들다는 외적 요인 말고도, 비평가의 정체성을 쏟아 붓기에 여러 모로 시조 작품들의 성취가 미덥지 못하기 때문일 것이다. 현대시조가 지속적 비평의 대상이 되려면, 비평 욕구를 자극하는 시조 작품이 많이 나와야 하는 것이다. 지금 우리 시조 시단이 논쟁을 파생시킬 만한 문제작으로 넉넉한 비평거리를 제공하지 못하고 있는 점을 냉정히 되돌아보아야 할 것이다.

두루 알다시피, 많은 비평가들은 현대시조 작품을 거의 읽지 않는다. 그리고 시조에 대한 자신만의 의견을 전혀 피력하지 않는다. "저는 시조는 잘 몰라서…"라면서 시조에 대한 무지를 스스럼없이 토로할 때도 적지 않다. 그 토로에 비평가로서의 자괴감은 물론 없다. 이러한 현실에서 시조 시인들끼리 비평을 주고받는 내부 소통 구조로는 앞에서 열거한 여러 과제를 감당하기 어렵지 않나 생각된다. 전문 시조 비평가들이 많이 나와서 그들이 다양한 심포지엄이나 토론회, 세미나 등에서 시조 비평을 할 수 있는 기회가 인위적으로 많아질 때, 그리고 각 매체나 단체에서 시조 비평에 대한 저변 확대를 꾀하고 각 문예지에서 시조를 싣는 것에 비례하여 시조 관련 논의 기회를 점진적으로 확대해갈 때, 이러한 과제는 하나하나 그 가능성을 보일 것이다.

그 범위가 '시조'에 한정되다 하여도, 여전히 가장 강조되어야 할 것은, 말할 것도 없이, 비평의 정확성 문제이다. 모든 비평 행위가 텍스트 혹은 텍스트를 둘러싼 각양의 문학 현상에 대한 정확한 해석을 기초로 하는 것이고, 비평의 최종적 존재 근거 역시 텍스트에 대한 적절하고도 공정한 해석력에 있기 때문이다. 그래서 '비평'은 텍스트에서 받은 주관적 매혹을 적절한 해석의 논리로 치환하는 능력에서 시작하여, 그것에 비평가의 자의식을 반영하여 엄정하고 타당한 평가로 나아가는 지점에서 완성되는 그 무엇인 셈이다. 그러니 훌륭한 비평가는 작품의 심미성을 제대로 읽어내고 그 결과를 논리적인 언어로 표현해내는 사람이 아닐 것인가. 따라서 우리는 비평이 갖추어야 할 제일의 덕목은, 문학 작품 하나하나에 대한 정확한 관찰과 해석이고, 그것의 비평적 표현과 요해이며, 시인이나 작가들의 의도가 반영된 언어적 결실이 가지고 있는 미세한 장치들을 새로운 언어로 읽어내는 데 있다고 말할 수 있다.

이러한 비평적 주체들이 가지는 비평적 자의식이란 평면적 해설 편향에 빠지지 않으면서, 자기 반성적이고 자기 투영적인 언어로 나아가게 된다. 그래서 그들의 언어는 텍스트에 이론적 체계를 부여하려는 '랑그'가 아니고, 스스로 텍스트가 되려는 자의식을 숨기지 않는 '파롤'이 된다. "도구로서의 언어와 절연한 사람"을 시인으로 본 건 사르트르(J. P. Sartre)였지만, 우리는 비평가들 역시 이러한 실존적 자의식을 바탕으로 하는 언어를 가진 미학적 모험가들이라고 말할 수 있다. 그래서 우리는, 비평의 기능이 이론의 자기 증식에 있는 것이 아니라, 텍스트의 창조적 차원을 적시摘示하면서 문학을 둘러싼 반성적 조건을 제시하는 데 있다는 점을 더없이 강조해야 한다. 그 점에서 시조 비평에 나서는 이들이라면, 시조의 정체성이 무엇인가에 대한 심각한 질문을 거듭 던져야 하고, 전통 형식과 현대 감각을 결합하여 새로운 시대적 요청에 다가서는 작품들을 적극 발견하고 해석하여 시조만의 담론적 가능성을 증폭해가야 할 것이다.

3. 자의식과 자기 심화 과정, 시조 비평의 전망

여러 번 강조하였지만, 창작에 비해 이차 담론의 속성을 가지는 '비평'은 존재의 위기 국면을 가장 민감하게 겪을 수밖에 없는 언어 양식이다. 하지만 '비평'은 문학에 대한 반성적 자의식을 가질 수 있는 유일한 언어 양식이며, 타자에 대한 배려와 관심을 전체성의 차원에서 사유할 수 있는 사유 양식이다. 이러한 비평의 심층적 존재론이 창의성과 타당성의 공정을 거쳐 우리가 읽을 만한 '좋은 비평'으로 완성될 때, 우리 문학은 더욱 성숙한 자기 표현과 성찰의 내적 구조를 가지게 될 것이다. 그렇기 때문에 더더욱 우리 시조 시단에는 비평적 자의식과 자기 심화 과정을 동시에 내장한 수준급 비평이 절실하다. 하지만 지금 우리의 시조 비평은, 앞에서도 암시하였지만, 아직까지 해설 편향과 덕담 지향 그리고 아마추어리즘의 영역을 크게 벗어나지 못하고 있다. 비평적 쟁점을 다양하게 제공하고, 생산적 논쟁을 흔연하게 치러내고, 새로운 비평 담론의 어젠다를 제출하는 데 여지없이 취약한 것이다. 그 점에서 우리는 시조 비평을 향해 치열한 자의식을 동반한 자기 심화 노력을 더욱 요청해야 한다.

그렇다면 그동안 서로가 서로를 칭송하고 배려하는 덕담 중심의 해설을 넘어서는 비평, 자의식과 자기 심화 과정을 내장한 일급 비평을 위해 우리는 무엇을 해가야 할까? 몇 가지 점진적으로 해가야 할 문제들을 말해볼 수 있을 것 같다. 크게 보아 하나는 비평의 기능 및 역할의 문제요,

다른 하나는 비평의 존재 방식에 관한 것일 터이다.

먼저 비평의 기능 및 역할에 관한 문제를 살펴보자. 일단 현상적으로 보면, 우리 시조 비평은 걸출한 시조 시인들의 겸업에 의해 상당 기간 지속되어왔다. 최근까지도 대학원에서 학위를 한 시인들의 시조 비평집이 적지 않게 출간되었고, 이분들의 공력은 가뜩이나 빈곤한 시조 비평의 외연을 크게 확장해주었다. 거기에 대학에 적을 두며 비평에만 종사하는 몇몇 강단 비평가들이 협업을 하면서 시조 비평은 그런 대로 양과 질에서 모두 적정성과 수월성을 확보해왔다. 여기까지 오기도 고단하고 어려웠다는 것이 우리의 경험이 말해주는 바이다. 하지만 이제 우리는 이분들이 정성스레 수행해온 '해설'과 '분석' 지평에서 '평가'와 '제언' 영역으로 언어의 한 축을 옮겨가야 하는 과제를 안고 있다. 물론 '비평'의 제일의적 목적이 '해설/분석'에 있음을 그것도 정확하고 정치한 '해설/분석'에 있음을 잊지 말고, 그동안 여러 제한 요인 때문에 삼가왔던 '평가/제언'의 언어를 벼려감으로써 한국 시조 비평의 질적 도약을 이루어갈 수 있을 것이다.

다음으로 비평의 존재 방식을 살펴보자. 최근까지 시조 비평은, '비평'이랄 게 별반 없을 정도로, 작품 해석과 시인론論에 극도로 치중해왔다. 문학사적 탐색 작업이 없지 않았지만, 근대 자유시의 그것과 견주어서는 열악하기 그지없는 소출을 보여왔다. 그런 만큼 우리 시조 시단의 비평 인력들은 이제 현대시조사史의 가능성과 그 현실태를 고민하고, 나아가 그것을 사적으로 구현해가야 한다. 고시조와 변별되는 현대시조만의 미학적, 역사적 고갱이들을 섬세하게 검토함으로써 우리 현대시조의 존재 의의와 갱신 가능성을 살펴가야 한다. 물론 이러한 작업에는 특정 비평가 혼자만으로는 하기 힘든 양적, 절차적 문제가 있다. 그러니까 몇몇 사람의 토론과 협업으로 문학사를 완성해가는 지혜가 필요할 것이다. 이러한 문학사적 접근과 실천이 시조 비평의 존재 방식 가운데 하나가 될 것이다. 그리고 다른 존재 방식은 시집 해설이나 문예지에 달린 사후 해설의 글이 아니라, 독립 비평으로서의 주제론이나 시조의 자기 갱신 가능성에 대한 미학적 지평을 제시하는 글이 될 것이다. 시조 미학이 자유시의 그것과도 다르고 고시조의 그것과도 다름을, 그리고 공시적으로 보아도 시조 안에 여러 미학적 지향이 숨쉬고 있음을 밝혀야 한다. 이러한 확장과 심화의 온전한 구상과 실현이 시조 비평의 전망을 밝게 해줄 것이다.

그리고 국지적인 것이기는 하지만, 짚고 넘어갈 문제가 하나 있다. 우리 주위에서 '주례사 비평'이나 '정실 비평'에 대해 우려를 제기하는 이면에는 비평 정신의 상실에 대한 안타까운 항변이 가로놓여 있다. 경청해야 하고 또한 정당한 말이다. 하지만 시집의 뒤에 붙는 이른바 '해설'까지 그 안에 비판 정신이 보이지 않는다고 지적하는 것은, '발문跋文'이라는 오래된 문학 양식에 대해 무지의 소산이 아닐 수 없다. 그것은 비판 정신만이 비평의 본령이라는 생각이 터무니없이 반영된 편견인 것이다. 당연히 비평의 기능에는 작품의 장점을 개괄하고 논리화하여 그쪽을 신장시키는 방향으로 시인에게 주문, 격려하는 몫이 들어 있다. 특별히 오랜 지인知人의 창작물에서 성의 있게 장점을 찾아내 그것을 질서화해주는 것은 '발문'이라는 문학 양식의 전형적인 몫이 아닌가. 따라서 굳이 말하자면 시집 발문은 모두 한결같이 '정실 비평'인 것이다. 그래서 우리는 '비평이 곧 비판'이라는 강박에서 벗어나, 좋은 비평이야말로 '창작'의 더없이 중요한 파트너임을 승인해야 할 것이다.

결국 시조 비평에 여타 문학 장르와 전혀 다른 배타적 원리나 기율이 존재하는 것은 아닐 것이다. 그것 역시 역사적, 미학적 공통 감각에 따른 유형화와 계보화 그리고 정예적 실물들을 찾아가는 일 등의 적정성 여부에 의해 그 의미와 가치가 갈라질 것이다. 이 점 더없이 강조되어야 한다. 그래서 우리는 공공성과 적정성과 창의성을 두루 갖춘 시조 비평, 문장이 아름답고 해석이 완미한 시조 비평, 문학사적 가치와 미래적 비전을 함께 궁구하는 시조 비평을, 지금 여기서, 마음 깊이 대망해보는 것이다.(2014)

시조의 세계화, 그 양방향의 과제

이젠 제법 오랜 시간이 흘렀지만, 우리의 기억 속에는 2006년에 거행된 '현대시조 100년' 행사가 깊이 남아 있다. 이 획기적인 행사를 통해 우리는 '시조'라는 역사적 양식에 대한 깊이 있는 성찰과 전망의 기회를 가졌고, 이 자랑스러운 민족 시형을 어떻게 하면 온전하게 유지하고 발전시켜갈 것인가를 메타적으로 고민하기도 하였다. 외관으로 드러난 사례도 적지 않았다. 대표적 시조 시인들의 작품을 '현대시조 100인선'으로 간행하였고, 7월 21일을 '시조의 날'로 제정 선포하였으며, '세계 민족시 포럼'을 비롯한 시조 관련 세미나를 다채롭게 열기도 하였다. 이 모든 것이 현대시조 100년의 시간을 일구어온 선구자들의 헌신과 정성 때문에 가능했음은 췌언을 요하지 않는 일일 것이다.

이러한 면면한 흐름 속에서 최근 우리 시조 시단은 인적, 매체적, 제도적 조건에서 그 어느 때보다 정점의 활황을 맞고 있다고 할 수 있다. 시조 시단을 구성하는 시인들 수효는 이제 헤아릴 수 없을 만큼 많아졌고, 그 기저에 등단 제도나 매체적 재생산 구조가 튼튼하게 뒷받침을 하고 있다. 시조에만 주어지는 문학상도 퍽 많아졌고 시조 관련 학술대회도 점증하여 이제 시조는 문단의 변방이 아니라 또 하나의 문단적 구심을 형성하면서 우리 문학의 중요한 바로미터가 되어가고 있는 것이다. 그 점에서 우리는 이제 이러한 확산적 흐름을 공고히 하면서도, 대외적으로는 세계 여러 나라로 시조를 성실하게 소개해가야 하는 시의적 과제에 맞닥뜨리게 되었다. 가장 '민족적인 것'을 보편적인 '세계적인 것'으로 확장해가기 위한 역설적 노력이 요청되고 있는 것이다. 그렇다면 '민족'과 '세계'는 과연 어떻게 결합할 수 있을까.

한국 근대사에서 '민족' 관념은 매우 중요한 의미를 띤다. 근대적인 제도와 인식이 채 자리 잡기도 전에 닥쳐온 '식민지 근대'는 우리로 하여금 '민족'을 탈환하고 재구성하려는 열정을 가지게 하였다. 그 후로도 우리는 단일민족 신화를 끊임없이 재생산하면서 순혈주의적 '민족' 관념을 굳건하게 형성해갔다. 최근 일정하게 탈脫민족 담론이 힘을 얻어가는 듯 보이기도 했지만, 그렇다고 민족의 동일성을 상상하고 실천하려는 에너지가 소진될 것 같지는 않다. 그것은 사람들이 자신을 민족국가(nation state)의 배타적 일원으로 귀속시키려는 의지와 열망을 여전히 양도하지 않기 때문이다. 그래서 우리 역사의 키워드가 '내셔널'에서 '인터내셔널'로 또 '트랜스내셔널'로 숨가쁘게 옮겨갔을지라도, '민족'은 여전히 큰 영향력을 가지고 있는 현실적 범주가 아닐 수 없다.

두루 알려져 있듯이, 앤더슨(B. Anderson)은 그의 유명한 저서 『상상의 공동체』에서 '언어'가 근대 민족국가를 형성한 핵심이라고 갈파하였다. 그만큼 '언어'는 민족국가의 통합과 활성에 결정적 역할을 하였다. 그런데 이렇게 '민족' 단위를 기반으로 활발하게 펼쳐졌던 언어적 실체인 근대문학이, 최근에는 민족 단위를 넘어 국경과 체제를 횡단하는 확연한 유동성을 가지게 되었다. 그래서 지금은 문학이야말로 민족을 넘어 세계로 뻗어가야 한다는 논리가 세를 얻고 있는 듯이 보인다. 그러한 기운을 '세계화'라고 잠정적으로 명명할 수 있다면, 우리는 그 방향이 두 가지가 될 것으로 생각한다. 하나가 우리 안의 힘을 외화하여 다른 민족 국가와 공유하려는 파급의 가능성이요, 다른 하나는 우리 안의 힘을 되돌아봄으로써 우리 자체의 역량을 제고하고 심화하려는 성찰의 가능성이다.

먼저 앞의 방향부터 살펴보자. 우리 문학은 21세기 들어 더욱 발달한 통신 테크놀로지나 번역 능력 등으로 인해 세계 각국으로 그 영역을 넓혀가고 있다. 이러한 확연한 흐름은 이제 시조를 '민족문학'이 아니라 '세계문학'으로서 생각해볼 수 있는 계기를 가져다주었다. 그 점에서 최근 시조가 활발하게 번역되고, 외국어로 씌어진 시조집까지 나오고 있는 사실은 퍽 시사적이다. 그만큼 우리는 더욱 역동적인 인적, 매체적 교류와 소통을 통해 시조 창작과 보급의 권역을 외국으로 확산해갈 수 있을 것이다. 일본이 하이쿠를 세계에 전파하며 그 고유한 명성을 얻어갔듯이, 시조도 외국인들의 마음과 경험 속에 큰 영향을 끼칠 수 있는 가능성이 여러 모로 열린 것이다.

물론 여기에는 '번역'이라는 난제가 개입한다. 시조의 고유성을 위해 3장 구조를 묵수해야 하는 과제가 번역의 용이성을 상당 부분 제한한다. 더구나 우리 시를 다른 외국어로 번역할 때 특별히 어려움이 많은데, 특히 시조의 경우는 율격 문제 번역에 따르는 문제가 만만치 않다. 결국 우리는 시조가 선험적 율격에 바탕을 두고 있기 때문에 그 양식적 고유성을 살려 번역되는 것이 매우 어렵다는 의견에 상도하게 된다. 영어는 어휘적 자질이 강한 반면, 시조는 독특한 우리말 율격을 가지고 있기 때문에 영어로 시조 율격을 살려내는 것이 쉽지 않기 때문이다. 그래서 번역에 임할 때는, 의미나 이미지를 최대한 강조해서 옮길 수밖에 없다. 최근 장경렬 교수는 시조의 시상 전개 방식에 초점을 맞추어 번역하는 것이 가장 좋은 방법이라는 제안을 내놓았는데, 시조의 문학적 특성과 서양 언어의 특성 사이에서 접촉점을 선명하게 가질 수 있는 탁견이라 생각된다. 이런 점을 더욱 깊이 논의하여 시조 번역의 기율과 방법론에 대한 심화된 결실을 얻을 수 있기 바란다.

  우리가 잘 알듯이, 하이쿠의 경우는 감각적 이미지를 병치하여 세계 문화 속으로 다가갔다. 하이쿠는 오랫동안 일본의 전통시가로 명맥을 이어오면서 그 특유의 서경적 순간성 때문에 집중성과 선명성을 가질 수 있었다. 시조는 하이쿠와 늘 비견되어왔고, 또 적극 상통하는 존재론적 조건도 가지고 있다. 하지만 우리 시조는 의미 쪽에 중심을 두어 창작되고 소통되었다는 점에서 번역의 어려움이 자동적으로 수반되었다고 할 수 있다. 그리고 NHK 같은 데서 하이쿠 공모 제도를 실시하고 광범위한 국가적 번역 후원을 수행하는 것처럼, 우리도 국가 권력이 매개되는 시조 세계화와 번역 사업이 활성화되기를 소망해본다. 그때서야 비로소 시조의 세계적 전파가 현실화할 것이다.

  다음으로 두 번째 가능성을 살펴보자. 세계를 향해 나아가는 것이 세계화의 원심적 방향이라면, 우리 시조의 내적 조건과 가능성을 성찰함으로써 우리 자체에 대한 사유를 넓혀가는 일은 세계화의 구심적 방향일 것이다. 주지하듯, 우리가 '시조'를 정형 율격에 안정된 시상을 담는 전통적 민족문학 양식으로 인식하는 관행은 꽤 오래되었고 그만큼 익숙한 것이다. 그래서인지 시조 미학은 사물과의 불화보다는 화해, 새로운 것의 발견보다는 익숙한 것의 재확인, 갈등의 지속보다는 통합과 치유, 외래적인 것보다는 민족적 특성 쪽으로 무게중심을 할애해왔다고 해도 틀린 말은 아닐 것이다. 그래서 많은 이들은 다양성과 복합성으로 상징되는 현대성의 징후들을 담기에는 '시조'라는 정형 양식에 한계가 따르지 않겠느냐면서 시조의 현재적 가치나 가능성에 대해 회의하는 경우도 없지 있다. 심지어는 현대시조의 소통 현상 자체를 시대착오적인 복고주의나 국수주의 정도로 간단히 폄하해버리는 무지의 시선도 존재하니까 말이다.

  따라서 우리는 정형 양식이 가지는 가능성과 한계에 대하여 깊이 생각하면서 "왜 시조여야만 하는가?"라는 본질적이고 재귀적인 질문을 적극

던져야 한다. 요컨대 고시조와는 달리 현대 사회의 주류 미학으로 기능하기 어려울 것이 분명한 현대시조를 어떻게 우리가 이해하고 활용해야 하는가에 대한 근원적 성찰이 필요한 것이다. 그 점에서 우리는 시조의 양식적 속성이 우리가 양도할 수 없는 고유하고 배타적인 민족적인 것임을 깊이 논증하여 시조 자체가 우리에게 얼마나 중요하고 호환 불가능한 것인지를 깊이 각인해가야 한다. 서둘러 해외에 소개하는 것만이 능사가 아니고, 우리 안의 가능성과 한계 그리고 미학적 심화를 위해 구심적 성찰에도 인색하지 않아야 함을 이로써 알 수 있다.

우리가 만나고 경험한 서구인들의 상당수는, 한국 시 양식 가운데 '시조'에 대한 큰 관심을 가지고 있는 경우가 적지 않다. 그리고 그들은 시조가 하이쿠에 비견되는 생명력과 자기 갱신력을 가진 양식이라고 이해하고 있다. 물론 시조가 가창적 장치들을 모두 덜어버리고 오직 문자 예술로서의 위상만 지키게 되면서 근대문학의 주류 자리를 자유시에 내주게는 되었지만, 우리는 이제부터라도 그 문학사적 공백을 깊이 반성하면서 '시조'에 대한 역사적이고 미학적인 탐색을 지속해가야 한다. 그것이 한국문학의 자연스런 세계화를 위해 우리가 그려야 할 확연한 내적 밑그림일 것이다. 이러한 양방향의 과제를 충실하게 감당해감으로써, 우리는 시조의 세계화를 위한 남다른 적공을 쌓아갈 수 있을 것이다.(2014)

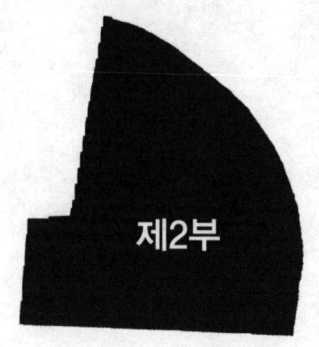

제2부

인간 존재에 대한 구경적究竟的 탐색

김제현론

1.

　김제현 시인의 시적 출발은 1960년, 그러니까 그의 나이 약관弱冠의 시절에 시작되었다. 이미 초등학교 시절 윤두서의 시조 작품을 붓글씨로 써 옮기면서, 그때부터 시조를 통해 삶의 귀감을 삼게 되었다는 시인은 노산鷺山 선생의 눈길과 손길을 통해 시단에 진출하게 된다. 마침『조선일보』신춘문예가 처음으로 시조 부문을 공모해서 작품을 보냈는데, 덜컥 노산 선생 추천으로 입선이 되어 등단한 것이다.
　그가 공들여 펴낸 첫 시집『동토凍土』(1966)에는, 바로 이때의 등단작「고지高地」를 비롯하여 그의 초기 시편들이 빼곡이 망라되어 있다. 그의 초기 시편들을 일별할 때, 우리는 그 안에서 민족 현실 탐구와 인간 존재의 구경적究竟的 탐색을 병행하는 세계를 발견할 수 있다. 또한 우리는 여기서 20대 시인이 쓴 것이라고 하기에는 너무도 성숙한 현실 인식과 언어적 매무새를 발견하게 된다. 우리가 그의 등단작을 통해 살필 수 있는 것 역시 그러한 현실 인식과 언어 감각의 견고한 결합일 것이다. 박재삼 선생은 김제현 첫 시집 『凍土』를 두고, "時調에 대한 在來的 認識은 終章에 詩的 클라이맥스를 얹는다는 것인데, 金兄의 時調는 거기서 많은 變革을 꾀하고 있다는 點이 한 特徵"(「跋」, 『凍土』)이라고 말한 바 있는데, 이는 그의 시 전편에 흐르는 현실 인식과 언어 감각이 종장에 와서 시적 발화의 정점을 구현하곤 했던 재래 시형을 극복한 점에 점수를 준 긍정적 평가일 것이다.

줄줄이 뻗힌 山脈
沈?에 잠겨 있고
苦難의 歲月을 겪어
타다 남은 高地에서
오늘도 외로운 祖國은
방황하고 있는가.

北쪽 하늘 매운 바람
감겨드는 이 아픔에
노여워 입술 물고
銃口를 매만지면
숨가쁜 가슴에 지는
푸른 꽃잎 하나…… 둘……

간밤에 내린 눈이
鐵帽 위에 쌓였구나
塔처럼 우뚝 서서
별을 헤는 까만 눈에
새벽 빛 맑은 神明이

눈부시게 퍼온다.
─「高地」전문(시집 『凍土』, 1960년 『조선일보』 신춘문예 등단작)[1]

오랜 '침묵'과 '고난'과 '외로움'으로 서 있는 산맥의 '高地'가 조국을 상징하는 표상으로 제시되고 있다. 마치 백수白水의 대표작 가운데 하나인 「祖國」의 "청산아 왜 말이 없이 학처럼만 여위느냐"라는 구절을 연상케 하는 커다란 스케일의 이 시편은, "北쪽 하늘 매운 바람"에서 생겨난 역사의 통증과 노여움 그리고 숨가쁨을 시적으로 재현해낸다. 그 안에서 총부리를 마주 대고 있는 동족의 비극적 살풍경을 차분하게 제시하고 있다.

결국 시의 화자는 가슴에 지는 푸른 꽃잎들의 하염없는 낙화 속에서, 철모 위에 간밤에 내린 눈을 털면서 "새벽 빛 맑은 神明"이 눈부시게 다가옴을 느끼게 되는데, 이처럼 침묵의 어둠에서 "맑은 神明"으로 이월되는 그 순간에 '高地'의 아침이 밝아오는 것이다. 역사의 어둠을 극복하고 새로운 아침을 당기려는 젊은 시인의 예지가, 갓 스무 살의 시상詩想이라고 하기엔 매우 숙성된 인식 및 감각과 결합한 가편佳篇이라 할 것이다.

뿔 어린 사슴의 무리
神話 같이 살아온 山.

서그럭 흔들리는
몸을 다시 가눈 곳에

이 고장 마음색 띠고
도라지꽃 피는가.

---

1) 인용되는 시편은 모두 『김제현 시조전집』(경기대학교 연구지원팀, 2003.)에서 뽑았고 그 표기법을 따랐다. 마지막 인용 작품인 「우물 안 개구리」만 『문학사상』 2007년 4월호에서 인용하였다.

呻吟과 祈禱 위로
선지피 뚝뚝 듣던 산.

이대로 이울고 말
목숨인가 말이 없이

먼 하늘 머리에 이고
도라지꽃 피었다.

―「도라지꽃」 전문(시집 『凍土』)

역시 사슴의 무리가 '神話' 처럼 살아온 "山"이 이 시편의 무대가 되고 있다. 그 "呻吟과 祈禱 위로/선지피 뚝뚝 듣던 산"에는 그 고장의 빛을 띤 채 '도라지꽃' 이 피고 있다. 거기서 시의 화자는 비로소 흔들리는 몸을 다시 가누면서, 먼 하늘 머리에 인 '도라지꽃' 의 개화를 선명하게 들려준다. 이때 그 '도라지꽃' 은 비록 "이대로 이울고 말/목숨"이지만, 그 위로 푸른 하늘을 인 채 어김없는 시간의 순환 질서와 생의 심층을 들려주는 시적 상징이 된다. 자연 사물을 통해서, 그리고 전통적인 형식을 통하여, 시인은 우주적 스케일의 가장 근원적인 감각과 질서를 보여준 것이다.

이처럼 김제현 초기 시편은, 참신한 비유를 통해 민족 현실을 탐색하고, 가장 미세한 생명의 움직임을 포착함으로써 인간 존재에 대한 구경적 천착을 다양한 감각으로 표상하고 있다. 이를 두고 박목월 선생은 김제현 첫 시집을 상재하는 자리에서 "보다 예리한 현대적인 의식으로써 생활에 밀착된 면에서 시조의 새로운 영역의 개척에 노력"(「序文」, 『凍土』)하였다고 평하였을 것이다.

2.

　김제현 시인이 그야말로 오랜 침묵을 버린 후에 출간한 제2시집 『산번지山番地』(1979)에는, 신산한 젊은 날을 겪어온 시인의 고통스런 자기 고백과 그것을 원숙한 시선으로 초극하고 질서화하려는 시적 의지가 가득 배어 있다. 그래서 시인은 오랜 자신의 '보행'을 성찰하면서, 불혹不惑을 맞는 특별한 감회를 스스럼없이 내보이고 있다. 다음 시편은 그 같은 내적 성찰과 감회가 짙게 착색된 결실일 것이다.

　　나의 오랜 보행은
　　허공에 한 발
　　지상에 한 발

　　생애의 體積은
　　바람에 날리고

　　무시로 바닥이 닳는 발은
　　허공에 떠 있다.

　　뒤뚱 발이 기울면
　　따라 기우는 세상

　　맥이 다 풀린 발은
　　무릎을 꿇는 비굴이 된다.

인간 존재에 대한 구경적 탐색 65

이윽고

발이 확인한 지상엔

딛고 설

하루가 없다.

—「步行」 전문(『山番地』)

우리는 여기서 표제가 되고 있는 '步行'이, 삶의 여정 곧 그가 살아온 젊은 날에 대한 비유 형식임을 어렵지 않게 알 수 있다. 먼저 시의 화자는 자신의 오랜 '步行'이 "허공에 한 발/지상에 한 발"을 둔 채 걸어왔던 노정이었다고 술회한다. 그동안 "생애의 體積"은 바람에 날려왔고, 발은 허공에 뜬 채로 기울어져 있었다고 말이다. 그렇게 기운 발을 따라 세상도 기울어갔고, 맥이 풀려버린 발은 "무릎을 꿇는 비굴"로 이어지기도 하였다. 그러한 바람과 허공의 세월을 지나 이제야 "확인한 지상"으로 회귀하였지만, 화자는 "딛고 설/하루"가 없다고 노래함으로써, 아직도 험난한 생의 여정이 앞에 놓여 있음을 암시하고 있다. 그야말로 깊이 있는 인생론적 성찰과 다짐이 서려 있는 시편이라 할 것이다.

山속에서 어둠이 내려와

꽃밭의 빛갈을 서서히 거두고 있다.

(아, 묵묵한 반환)

아내는 나무마다 발등에 물을 붓는다.

어느새 꽃들은 저 거뭇한 하늘

깊이를 휘저어 가고,

아내는 뜰에 찬 바람을 한아름 안고
긴 瞑目에 잠긴다.

― 「해질녘」 전문(『山番地』)

　원래 석양이 질 무렵은 대상의 시각적 판단이 물러서고 청각적 충실성이 힘을 얻는 시각이다. 그때 모든 사물들은 현란했던 외현外現의 시간을 거두고, 스스로의 안으로 침잠함으로써 존재의 본성을 회복한다. 이 해질녘의 시간에 시의 화자는 "山속에서 어둠이 내려와//꽃밭의 빛갈을 서서히 거두고" 있는 존재의 풍경을 부조浮彫하면서, 그 점진적 과정을 "묵묵한 반환"이라고 명명하고 있다. 그때 비로소 "나무마다 발등에 물을" 부으면서, 어느새 검어진 하늘을 바라보고 "뜰에 찬 바람을 한아름 안고/긴 瞑目에" 잠기는 아내의 형상이 부각된다. 이때 아내가 행하는 '瞑目'이란, 눈을 감은 채 어떤 생각에 잠겨 있는 상태를 뜻한다. 모든 감각이 조용히 가라앉았을 때, 존재의 본성에 대한 구경적 탐색을 수행하는 시인의 지속적 특성이 나시 한빈 빛을 발하는 순간이 아닐 수 없다.
　언젠가 김제현 시인은 자전적 시론詩論에서 자신의 시편들이 "민족적 체험과 역사적 비극성을 배경으로 출발"(「生의 기도와 意志」, 『山番地』) 했다고 말한 바 있다. 그러한 출발이 첫 시집 『凍土』에서 폭 넓게 구현되었다가, 두 번째 시집에 이르러서는 신산한 삶 속에서 굴절되고 변형되어 삶의 심원한 묵상과 인간 존재에 대한 깊은 탐색의 지경地境에 이르게 된 것이라고 할 수 있을 것이다.

3.

　세 번째 시집 『무상無上의 별빛』(1990)에 이르러 김제현 시인은 불교 사상을 비롯한 차원 높은 사유의 지경을 풀어놓게 된다. 그야말로 "생명과 존재에 대한 물음을 계속해왔고, 전통 정신과 현대 감각의 조화를 통한 시조의 현대화에 노력을 기울여"(「自序」)온 자신의 지극한 성과들이 즐비해 있는 것이다. 그 점에서 『無上의 별빛』은 김제현 시학의 정점을 눈부시게 보여준 값진 성과라고 할 수 있을 것이다.

댕그렁 바람 따라
풍경이 웁니다.

그것은, 우리가 들을 수 있는 소리일 뿐,

아무도 그 마음 속 깊은
적막을 알지 못합니다.

卍燈이 꺼진 산에
풍경이 웁니다.

비어서 오히려 넘치는 無上의 별빛.

아, 쇠도 혼자서 우는
아픔이 있나 봅니다.

―「風磬」 전문(『無上의 별빛』)

산사에 울려 퍼지는 '風磬' 소리는, 일차적으로는 우리의 감각이 포착 가능한 물질적 음향일 것이다. 하지만 그것은 "아무도 그 마음 속 깊은/ 적막을 알지 못"하는 신비로운 소리를 그 안에 풍부하게 안고 있다. 시의 화자는 그 신비로운 소리들을 온몸으로 감각하면서 "卍燈이 꺼진 산"에 서의 풍경 소리를 섬세하게 담아낸다. 그런데 더욱 중요한 것은 화자가 거기서 "비어서 오히려 넘치는 無上의 별빛"을 환기한다는 점이다. "쇠도 혼자서 우는/아픔"이 있다는 사실에 깊이 상도想到하면서 화자는, 신비로 운 '風磬' 소리를 존재 깊숙한 곳에서 울려나오는 존재의 내밀한 '풍경風 景'으로 치환하고 있는 것이다.

이처럼 마음 속 깊은 곳에 존재하는 '적막'과 비어서 오히려 넘치는 '별빛'을 상상하는 화자의 사유 방식은 일종의 불교적 상상력에서 발원 하는 것이라 할 수 있다. 그 결과 화자는 '무상無上'의 별빛을 '무상無常/ 無想'의 상태로까지 끌어올리고 있는 것이다.

바람은 처음부터
세상에 뜻이 없어

이날토록 빈 하늘만
떠돌아 다니지만

눈 속의 매화 한 송이
바람 먹고 벙근다.

매이지 말라 매이지 말라
무시로 깨워주던

포장집 소주맛 같은
아. 한국의 겨울 바람.

조금은 안됐다는 듯
꽃잎 하나 떨구고 간다.

—「바람」 전문(『無上의 별빛』)

이 시편에서 떠돌고 있는 '바람'이라는 소재는, 그 물질적 유목성으로 인해 우리들 생의 형식을 은유하는 매재媒材로 널리 원용되어왔다. 그래서 '바람'은 불가피하게 우의적寓意的 옷을 많이 입게 된다. 이 시편에서도 화자는 '바람'에 인격을 부여하여, '바람'이 세상에 뜻을 두지 않고 "빈 하늘"만 떠돌면서 "눈 속의 매화 한 송이"를 피워냈다고 상상하고 있다. 그 '바람'은 살아가는 동안 화자에게 "매이지 말라 매이지 말라"고 무시로 일깨워주었다. 그 "포장집 소주맛 같은" '바람'의 위의威儀 앞에서 화자는 "조금은 안됐다는 듯/꽃잎 하나 떨구고" 가는 것을 바라보고 있는 것이다. 결국 이 시편은 '꽃잎'의 조락凋落과 '바람'의 유목성이 결합하면서 삶의 어떤 존재론적 비의秘義를 충실하게 보여주는 작품이 아닐 수 없다.

'정형'이라는 현저한 외적 제약에도 불구하고, 김제현 시조 미학은 이처럼 일종의 '원초적 통일성'을 회복하려는 본래적 지향을 잘 체현하고 있다. 특히 과거의 고시조들이 유교 이념에 대한 계몽적 욕망이나 주객 합일의 소박한 자연 친화적 경향을 드러내는 데 골몰한 것에 비해, 그의 시편들은 주체-대상간의 섬세한 무늬를 묘사하는 데 적공積功을 들여왔다. 사물의 순간적 이미지에서 포착해내는 시인의 상상력과 묘사력이 그러한 세계를 가능케 한 것은 말할 것도 없다. 이처럼 그의 시적 정점에 오른 시편을 갈무리한 『無上의 별빛』에는, "생명에 대한 섬세한 응시"(김

재홍)와 함께 그의 독자적인 인간 존재에 대한 근원적 시선이 같이 나타나고 있는 것이다.

4.

『김제현 시조전집』의 4부에서는 1990년, 그러니까 『無上의 불빛』 이후 씌어진 시편들을 다수 싣고 있다. 말하자면 1990년 이후 전집이 나오기까지 씌어진 그의 후기 시편들이 거기에 대부분 실려 있는 것이다. 이 작품들을 통해 시인은 자신이 살아왔던 생의 상처를 수습하고, 일종의 불교적 상상력을 통하여 존재와 부재의 변증법을 탁월하게 수행하면서 인간 존재에 대한 구경적 탐색의 심층을 겨냥한다.

보내지 않아도
갈 사람은 다 가고

기다리시 않아도
올 사람은 오느니

때없이 서성거리던 일
부질없음을 알겠네

산은 귀를 닫고
말문 또한 닫은 강가

느끼매 바람소리,

갈대 서걱이는 소리뿐

한종일 마음 한 벌 벗고자
귀를 닫고 서 있네

　　　　　　　　　　―「산, 귀를 닫다」전문

　초기 시편에서 생명 현상을 가능케 하는 공간이었던 '산'은, 이제 스스로 생명을 얻어 생각하고 행동하는 주체로 다가선다. 시의 화자는 "보내지 않아도/갈 사람은 다 가고//기다리지 않아도/올 사람은" 온다는 그만의 독자적인 인간 관계론을 펼친다. 그러니 자연스럽게 "때없이 서성거리던 일"들의 부질없음이 새삼 다가드는 것이 아닌가. 그런데 '산'은 스스로의 귀를 닫고 말문마저 닫은 채 강가에 서 있을 뿐이다. 이때 '산'이 바로 그러한 인간 관계론에 도달한 화자의 또 다른 형상임은 물론이다. 그는 다만 바람 소리만을 온몸으로 맞으면서 "한종일 마음 한 벌 벗고자/귀를 닫고 서" 있는 것이다. 여기서 "마음 한 벌"을 벗는다는 탈각脫殼의 정신은, 몸에 가득한 세월의 무게를 떨어내리고 가벼워지려는 사유의 한 방식이 아닐 수 없다. 비워냄으로써 가득 차려는 정신, 곧 존재와 부재의 변증법을 탁월하게 보여주는 실례라 할 것이다.
　다음 시편은 김제현 시인의 우의 시학이 한 개가를 올린 결과로서, 세계시조사랑협회(이사장 조오현)가 제정한 제2회 한국시조대상 수상작으로 선정된 작품이기도 하다.

암록색 무당개구리
우물 안에서 산다

바깥 세상 나가봐야

패대기쳐서 죽을 목숨

온전히 보존키 위해
우물 안에서 산다

짝 짓고 알 슬기에
깊고 넉넉한 공간

이따금 두레박 소리에
잠을 설치고

별들의 전갈을 기다리며
눈이 붓도록 운다.

— 수상작 「우물 안 개구리」(『문학사상』 2007. 4.)

　심사위원들은 이 시편을 두고 "좁은 공간을 통해 본 우주적 세계관으로 시대상을 반영한 스케일 큰 작품"이라면서, "시조의 전통성에 일정 부분 기대면서도 그것을 새로운 감각과 의식으로 변용하는 솜씨가 돋보인다."라고 이 작품을 높이 평가하였다. 시인 역시 수상 소감을 피력하는 자리에서 "형식을 지키면서도 새로운 율격의 창조가 절실하게 필요한 시점"이라고 강조하면서, "어떤 개구리들에게 우물은 최적의 생존 공간입니다. 실제로 낮은 수온에서 사는 무당개구리는 서늘한 우물 속을 좋아합니다. 그래서 생각했습니다. 우리는 개구리 입장에서 생각해본 적 있던가. 개구리의 눈으로 보면 우물 밖의 인간이 오히려 아집의 우물에 빠져 있는 것으로 비칠 수 있습니다."라고 회고한 바 있다. 시야가 좁은 사람을 은유해왔던 '우물 안 개구리'는 비로소 그의 시선에 의해, 생각의 감옥에 갇혀 타자他者를 성찰하지 못하는 세태에 대해 비판적 우의寓意의 형상으로 탈바꿈되는 것이다.

우물 안에서 살고 있는 암록색 '무당개구리'는, 자기 자신의 몸을 유지하느라 '우물'이라는 공간을 벗어나지 않는다. 사실 우물이야말로 "짝 짓고 알 슬기에/깊고 넉넉한 공간"이 아닌가. 그 의식주가 보장된 협착한 공간은 또 얼마나 아늑하기만 할 것인가. 그래서 개구리는 다만 "이따금 두레박 소리에/잠을 설치고//별들의 전갈을 기다리며/눈이 붓도록" 울 뿐이다. 이때 화자는 '우물 안 개구리'라는 부정적 현상을 적극적으로 전도顚倒하여, 밖에서 밀려오는 소리에 놀라고 그 밖에서 들려오는 "별빛의 전갈"을 기다리는 형상으로 바꾸어낸다. 이러한 김제현 시인의 작법作法을 두고 "알레고리에 대한 통념을 뒤집음으로써 시의 깊이를 성취해낸 경우"(엄경희)라는 평가가 이미 있었다.

이처럼 김제현의 근작近作들 또한 인간 존재의 표층과 심층을 깊이 탐색하면서, 그 안에 선명하게 실재하는 존재론적 본성에 대해 구경적 탐색을 지속하고 있다. 그 점에서 그는 아직도 젊은 진행형의 시인이다.

5.

이제 김제현 시인은 시력詩歷 반세기를 눈앞에 두고 있는 한국 시조 시단의 대표적인 중진이다. 오랜 시적 이력에 비해 그가 그다지 많은 작품을 썼다고 할 수는 없을 것이다. 하지만 그는 언제나 선 굵은 음역音域과 간단없는 자기 갱신의 의지로 깊은 사유와 감각을 우리에게 현대시조를 통해 보여온 우리 시대의 장인匠人이다. 평론가 강상희 교수는 그의 이러한 시적 이력에 대하여 다음과 같이 적절하게 요약한 바 있다.

시조 형식의 고착성을 유연하게 풀어헤치고, 현대적인 조사措辭로써 현대시조의 시어 뭉치들을 새로이 축적하는 한편, 존재의 비의秘義와 현대적 삶의 지난한 문제들을 전통에 뿌리를 둔 세계관과 통찰력으로써 깊고 넓게 탐구해왔다.[2]

존재의 비의와 현대적 삶의 지난한 문제들을 탐색해온 그의 이력이 잘 정리되어 있다. 여기에 덧붙여 그가 조선 시대 사설시조의 산문 정신과 형태적 특성을 현대시조에 발전적으로 접목한 공로도 인정되어야 하리라. 이러한 그의 시학적 다양성이 "무위에서 건져올린 선적禪的 고결함의 격조"(이지엽)와 긴밀하게 통합하면서, 김제현 시학의 폭과 깊이를 탄탄하게 구성해온 것이라 할 수 있을 것이다. 현대시조에 가해지는 현대성 반영의 요구가, 일정한 양식적 구속에도 불구하고 다양하게 표출되는, 자유시와는 전혀 다른 심층적 전언傳言으로 응답되어야 한다는 점에서, 이제는 우리가 김제현 시학을 그 충실한 범례範例로 기억해야 할 차례이다.(2008)

---

2) 강상희, 「떠남과 머무름의 순환, 그 균형과 절제의 미학」, 『열린시조』 1999. 가을.

꽃과 더불어 숨쉬는 언어의 심미적 풍경

이상범의 새로운 시조 작품들

1.

이상범은 우리 시조단을 대표하는 원로이자, 자신의 작품에 대해 언제나 젊은 활력과 항심恒心을 잃지 않는 시인이다. 가령 그는 시조와 그림을 결합시키는 시화詩畵 양식의 실험을 꾸준히 펼쳐 시화집『하늘의 입김 땅의 숨결』(1987) 등을 펴낸 바 있고, 서예를 통해 자신의 남다른 예술적 조예와 취향을 한껏 보여주기도 하였다. 이처럼 고답의 언어 예술 안에 갇혀 있지 않고 '시'와 '그림'과 '글씨'를 통해 양식적 갱신을 지속해온 그가, 이번에는 시와 사진을 병치하는 진경進境을 선보인다.

시인은 사진을 통해 '꽃'의 여러 모습들을 미시적으로 정성스레 옮겨 놓고는 그 옆에 나란히 시를 심어놓는다. 그야말로 "꽃 속에 우주의 섭리가 숨쉬고"(「시인의 말」) 있다는 사실을 사진과 시로 동시에 보여주는 것이다. 이를 위해 그는 2년여의 시간을 꼬박 야생화와 원예종의 꽃을 두루 섭렵하는 데 들였다. 다시 말해 꽃의 아름다움을 포착하고 그것을 사진에 담아 시 곁에 옮겨놓는 과정을 위해 실로 오랜 시간을 투자한 것이다.

그런데 이렇듯 사진과 시를 찍고 쓰는 작업은, 우주의 비밀을 '눈(사진)'과 '귀(시)'로 동시에 보고 듣는 멀티 예술의 형식을 띠게 된다. 개별적으로 피어 있는 무수한 '꽃'들에게 바치는 헌시獻詩 형식의 시편들은, 한편에서는 아름다운 자연의 풍경첩이 되고 있고, 다른 한편에서는 우리 모국어의 심미성이 가 닿은 한 고처高處를 보여주는 뜻깊은 실례가 되고 있는 것이다. 이처럼 언어가 다른 물질 형식과 결합하면서 이루어낸 일종의 '언어를 넘어서는 언어 예술'이 이번에 선보이는 이상범 시편의 새로운 면모라 할 것이다.

우리가 잘 알듯이, 고대 가요로부터 중세 시가를 지나 현대시 전체 권역에서 '꽃'이 갖는 소재적 우세종으로서의 위치는 단연 절대적이다. 근원적으로 '꽃'은 원형성, 심미성, 생명성 등을 표상하면서 시인들의 경험 속에 광범위하게 녹아 있는 사물이기 때문이다. 물론 형상화 양상에서는 감각적 심미성으로부터 형이상학적 관념의 대입에 이르기까지 여러 층위가 있지만, 그 어느 것도 꽃이 가지는 긍정적 맥락을 거부한 예는 찾아보기 힘들다. 그만큼 '꽃'의 형상은 우리 시에서 매우 깊고 오랜 전통을 갖고 있는 것이다. 하지만 이번 시집에 제시된 '꽃'은, 앞에서도 암시하였듯이, 사진과 시로 동시에 복합적으로 제시됨으로써 시각과 청각, 객관과 주관, 묘사와 고백 등이 그 안에 결합되어 나타나게 된다. 그럼으로써 꽃의 심미적 긍정성이 극대화되고 있다는 점이 특징적이라 할 것이다. 이처럼 우리는 노경老境의 한 시인이 보여주는 밝고 활력 있는 사진과 시를 통해, 관조의 시선과 활달한 노래가 공존하고 친화할 수 있다는 실증을 경험하게 되는 것이다.

2.

원래 사물에 대한 심미적 관조는 시인의 주관을 배제한 채, 사물이 갖고 있는 즉물성을 담아내는 정물화의 양상을 불러온다. 이를 두고 우리는 '묘사描寫'라는 방법적 명명을 내려왔다. 이처럼 시인의 주관을 가능한 한 배제하고, 대상 자체의 생리랄까 리듬이랄까 그 고유한 속성을 고스란히 재현해내는 상상력은, 사물을 인간적 문맥으로 치환하지 않고 그들의 속성대로 바라볼 수 있는 감각을 제공한다. 시에서 관조와 묘사가 중요한 까닭은 바로 여기에 있다. 또한 우리는 묘사를 통해 사물의 가장 감각적인 직접성과 만나게 되는데, 그것은 시인이 사물의 외관을 감각적으로 생생하게 재현하기 때문이다. 이상범 시인은 그 묘사와 재현의 역할을 최대한 사진에 부여하고 시는 다시 그것을 묘사하는 방법을 택함으로써, 사진과 시 가운데 어느 하나가 다른 하나의 종속물로 전락하거나 어느 하나가 다른 하나를 번안飜案하는 것이 아니라 서로 대등하게 결속하고 친화하는 멀티 예술로 거듭나게 하고 있다. 그 감각의 풍경 속에서 우리는 '언어를 넘어서는 언어 예술'의 한 극치를 경험하게 된다. 그 같은 경험을 부여하는 시편들을 구체적으로 만나보자.

산간의 솔나리 산의 정기 저울로 단다

청정도 함께 달아 무거운지 흔들흔들

삼림욕 느긋한 계곡 끄덕이는 솔나리

―「저울 ― 솔나리에게」

「저울」 옆의 사진에는 분홍빛 나리꽃이 빠알간 저울추를 여러 개 달고는 가볍게 흔들리고 있다. 그 흔들림은 사진 속에 고이 담겨져 정물의 한 순간으로 멈추어 있다. 시인은 그 솔나리가 저울이 되어 산의 정기와 청정을 모두 달고는 흔들리고 있다고 묘사한다. 이로써 무거움과 느긋함으로 산간에서 흔들리고 끄덕이는 '솔나리 저울'이 탄생한다. 즉물적 묘사를 넘어 우주적 상상력으로 확장되는 과정이 선명하다.

몇 잔 술 했다고 스스로를 잃지 않아

꽃술의 잠망경을 살짝 올려 세상을 본다

산발한 화상이지만 볼 건 죄다 보며 산다
—「잠망경 — 술패랭이에게」

분홍빛 잠망경 두 개를 마치 곤충의 눈처럼 치켜들고 있는 술패랭이는, 그 잠망경으로 세상을 바라보고 있다. 약간의 취기 속에 자신을 놓아도 세상의 비밀을 엿보는 긴장을 놓치지는 않는다. 비록 '산발한 화상'을 하고 있지만, 그 '꽃술의 잠망경'은 여전히 세상과 만나는 아름다운 창구로 남는다. 이렇게 술패랭이를 잠망경에 비유한 것처럼, 시인은 다른 시편에서 예컨대 두 개의 꽃송이가 벙글어진 '가슬송'이 두 개의 전등을 단 '외등'으로 비유한다든지, 정말 신기하게 타조의 머리를 닮은 암동제비를 '타조 떼'로 비유한다든지 하는 광경을 보여준다. 하나 특기할 것은, 이러한 비유가 도덕적이고 교훈적인 알레고리로 변형되지는 않는다는 점이다. 이 점 묘사의 기율에 충실한 시인의 장인匠人 의식이 일관되게 관철되고 있는 대목이 아닐 수 없다.

허공을 바라보던 눈길 돌려 들꽃을 본다

떨고 있는 꽃술 위에 하늘 또한 떨고 있어

눈부신 꽃들의 순수가 하늘임을 알았다

—「하늘 — 달맞이꽃에게」

이호우는 「개화開花」라는 시조 작품에서 "마침내 남은 한 잎이 마지막 떨고 있는 고비"를 노래한 바 있는데, 이상범 시편은 그 고비의 순간을 노오란 꽃술 위에서 파아란 하늘이 떨고 있는 찰나로 표상한다. 허공에서 들꽃과 하늘이 함께 떨고 있는 풍경을 두고 시인은 "눈부신 꽃들의 순수"가 결국에는 하늘과 등가等價임을 노래하고 있는데, 이는 "눈부신 시간의 운행"(「꽃잔디가 핀 작은 카페」)을 꽃의 순간적 풍경에서 읽어내고 그것을 다시 하늘과의 우주적 친화로 읽어낸 결과일 것이다.

악보 같은 악기로 천상의 곡을 연주한다

신운이 깃든 소리 은빛 관을 돌아 나오고

하늘이 점지한 음악 느낌으로 듣고 있다

바람이 가볍게 스쳐가는 그늘진 숲

하늘색 연주자가 불고 있는 천상의 악기

기울여 귀를 모으면 가슴에 와 실린다

—「천상의 악기 — 달개비꽃에게」

정말 하나의 아름다운 '악기樂器'의 외관을 하고 있는 달개비꽃은 일견 화려하고 일견 경쾌해 보인다. 그 "악보 같은 악기로 천상의 곡을 연주"하는 듯한 풍경은, 신운神韻이 깃들여 울리는 소리로 시인에게 들린다. 악기의 은빛 관을 돌아 나오는 "하늘이 점지한 음악"을 귀기울여 듣고 있노라니, 어느새 바람도 숲그늘도 "하늘색 연주자가 불고 있는 천상의 악기"로 가득해진다. 여기서 우리는 아름다운 꽃송이를 악기의 '소리'로 번역하는 시각의 청각화를 경험하게 된다.

　　이건 꽃이 아니라 하늘 나는 한 마리 새

　　흰 깃털의 양 날개며 쭉 뻗은 긴 목덜미

　　힘차게 비상하는 몸체 하늘길이 눈부시다

　　이건 꿈이 아닌 하늘 손이 그린 날개

　　날려도 날 수 없던 앞서 떠난 혼일 거야

　　오늘은 하늘의 호흡 큰 울림을 듣는다
　　　　　　　　　　　　　　　－「비상 － 해오라기난에게」

　사진 속에는 해오라기의 형상을 한 흰 꽃송이 둘이 파트너처럼 나란히 날고 있다. 그래서 시인은 이 꽃이 하늘을 나는 새라고 명명한다. 마치 "흰 깃털의 양 날개며 쭉 뻗은 긴 목덜미"가 힘차게 비상하는 새의 모습을 취하고 있어, 그 꽃이 차지하고 있는 허공도 새가 날고 있는 눈부신 하늘길로 변모하게 된다. 이 같은 "하늘 손이 그린 날개"를 통해 시인은 "날려도 날 수 없던 앞서 떠난 혼"을 보면서 동시에 "하늘의 호흡 큰 울림"을 감각한다. '해오라기난'을 정적 관조의 대상에서 동적 비상의 존재로 변형시키는 상상적 탄력이 느껴지는 시편이다.

멀리서 들려오는 방울소리 은방울소리

아침의 빛과 이슬 길을 놓아 옷깃 젖는

그 소리 잠을 깬 이에게 향기로 와 앉는다

은은한 파란 울림 작지만 깊이 스미고

마음과 정신을 깨워 눈을 맑힌 밝은 생각

은방울 소리에 싸여 꿈의 잠을 청해 볼까

―「은빛 방울소리 ― 은방울꽃에게」

이 작품에서도 시각의 청각화가 동원된다. 이름에도 '방울'이 달려 있는 '은방울꽃'의 사진 속에서 은은하고 맑은 동심원의 방울 소리가 들릴 듯하기 때문이다. 시인은 은방울꽃의 빛깔 속에서 "멀리서 들려오는 방울 소리 은방울소리"를 듣는다. 그 소리는 은은하게 향기로 와 앉는다. 이때 다시 감각의 전이가 이루어져 청각은 후각으로 변모한다. "은은한 파란 울림"이나 "눈을 맑힌 밝은 생각" 같은 복합 감각의 표현도 활달하게 구현되면서, 은방울 소리를 듣고 있는(실제로는 은방울꽃을 바라보고 있는) 시인의 꿈의 잠이 아름답고 달콤할 것만 같다.

우리가 살핀 것처럼, 그리고 시집 전체를 통관해보면 금세 알 수 있는 것이지만, 이번에 선보이는 이상범 시편들은 그야말로 아름다운 꽃들의 낱낱 이름들을 재현하고 그들의 생태를 선명하게 보여주는 보고寶庫가 아닐 수 없다. 사실 '가솔송'이나 '뚝갈', 그 밖에도 숱한 꽃들의 낯선 이름들을 접하고서 우리는 "우리가 살다갈 지상 눈부시고 아름답다"(「별 이야기 — 뚝갈」)는 시인의 탄성에 공감하게 된다. 일찍이 '부족방언의 예술사'라고 불렸던 미당未堂 이래, 이처럼 다기한 꽃말의 장관을 우리가 한 번에 경험한 적이 있었던가. 더구나 시인은 그 생태와 외관의 아름다움을 말로 다 할 수 없어, 이처럼 사진 속에 실물을 담아 제시하기까지 했으니, 말하자면 꽃이 시의 옷을 입고, 시는 다시 그 꽃의 옷을 입고 태어나는 과정을 풍부하게 보여준 것이다.

3.

그런가 하면 이상범 시편 가운데는 꽃의 외관을 감각적으로 재현하면서도 거기에 주체의 해석과 반응을 덧보탬으로써 부드럽고 완만한 정경교융情景交融을 연출하고 있는 경우도 많다. 말하자면 거의 모든 시편들이 감각의 충실성에 의해 쓰여지고 있기는 하지만, 시인의 유니크한 교감 방식을 통해 순결하고 단단한 정신의 몫을 실어두는 경우도 적지 않다는 것이다. 이상범 시편이 전체적으로 보면 '순수시'의 권역으로 귀속되겠지만, '꽃'이라는 순수 사물 속에서도 우리가 놓쳐서는 안 될 정신의 몫을 착색시키고 있다는 점을 간과해서는 안 될 것이다. 이때 비로소 우리는 그의 시편들 안에서 "언어들이 언어를 깎아 빛을 끌어당기고"(장경렬) 있는 것은 물론, 그 빛을 세상으로 다시 쏘이고 있는 속성을 강렬하게 확인할 수 있게 된다.

바람 부는 바위섬에 바람 타고 뜨는 물새

예리하게 굽은 부리 솟구치다 곤두박질을
두 개 섬 험난한 벼랑 점박이 알 품은 새
바람 불면 날갯짓 하나로 허공에 매여
천성으로 외로운 섬 지켜선 듯 의연한 새
우린 늘 조국이지만 새에겐 늘 고향이다
예서 나고 자라며 삶을 살다 마감하는
눈가룬가 꽃잎인가 흩뿌리는 목숨의 불티
독도엔 갈매기 있어 지상의 율 뜨겁다

― 「독도 괭이갈매기 ― 사철난에게」

  사진 속에는 갈매기의 외관을 꼭 닮은 꽃송이들이 날개를 펴고 날고 있다. 시인은 그 외관의 상사성相似性으로 인하여 독도의 괭이갈매기를 연상한다. 그 "바람 부는 바위섬에 바람 타고 뜨는" 갈매기들은 "바람 불면 날갯짓 하나로 허공에 매여/천성으로 외로운 섬 지켜선 듯 의연한 새"들이다. 우리의 조국을 독도가 표상하듯, 그 새들의 독도는 궁극의 귀환을 기다리고 있는 고향이다. 독도에서 나고 자라면서 삶을 마감하는 고향, 거기서 눈가루인 듯 꽃잎인 듯 흩날리는 사철난의 모습에서 시인은 뜨거운 "지상의 율"을 느낀다. 이때 '지상地上/至上의 율律'은 그대로 시인의 시적 율격으로 침투하면서 살아난다. '고향'이라는 근원과 '율'의 정신이 만나 심미적 공간을 형성하고 있는 것이 이 시편의 특장이라 할 것이다.

  왕과 왕비가 함께 외줄 그네를 탄다

  관을 쓴 두 알몸이 그네를 즐긴다 해도

  백성은 그러한 일에 마음 쓰지 않았다

먹고 사는 일에 아무 걱정이 없는 나라

나보다 남을 먼저 생각하는 갸륵한 나라

다음 생 있을지 모를 그런 나라 꿈을 꾼다
―「꿈 이야기 ― 러브체인에게」

귀족의 형상을 한 두 뜨거운 꽃떨기가 하늘로 솟구쳐 있다. 어떻게 보면 이들은 마치 미당의 시편처럼 "산호도 섬도 없는 저 하늘로" 밀어올려진 '추천(「鞦」)'의 형상을 하고 있다. 이름도 '러브체인(love chain)'인 이 꽃을 두고 시인은 "왕과 왕비가 함께 외줄 그네" 타는 광경으로 상상하고 있다. 그리고 "먹고 사는 일에 아무 걱정이 없는 나라"나 "나보다 남을 먼저 생각하는 갸륵한 나라"를 상상한다. 이때 왕과 왕비가 평화롭게 그네를 뛰더라도 그것에 아랑곳없이 먹고 사는 일에 고단했던 우리네 백성들의 삶을 환기하면서, 시인은 우리가 꿈꾸는 나라에 대한 갈망을 보여준다. 물론 그 나라는 "다음 생 있을지 모를 그런 나라"이고, '러브체인'의 물질성을 넘어 꿈속에 존재하는 나라이다. 그 꿈의 역동성으로 시인은 좋은 세상에 대한 말을 건넨다.

털옷의 대물림은 털실 풀어 꾸리 빗는 일

하늘색 실 붉은 색실 남녀 구분 확실했고

푼 실이 넉넉할 때면 부자 아니 부러웠다

뜨개질의 옷가지 따습긴 왜 그리 따습던지

실꾸리만 굴러가도 마음은 두근거렸다

대바늘 두 개로 엮던 어머니의 손끝 마술
—「어머니의 뜨개질 — 자귀나무에게」

붉은 실이 칭칭 감긴 실꾸리가 여남은 개 뭉쳐 있다. 거기서 시인은 어머니의 뜨개질을 생각한다. 부자도 부럽지 않았던 어떤 기억들, 그것은 "대바늘 두 개로 엮던 어머니의 손끝 마술"에서 가능했던 것이다. 뜨개질에 대한 기억을 "따습긴 왜 그리 따습던지"라는 감각으로 갖고 있는 시인은 그래서 "실꾸리만 굴러가도 마음은 두근거렸다"는 고백을 통해 어머니에 대한 가없는 회억回憶을 보여주고 있다.

이러한 어머니의 형상은 「손바느질 — 노보단에게」로 이어지는데, 빨간 복주머니처럼 수줍게 꽃품을 열고 있는 꽃송이가 눈부시다. 그 꽃떨기는 "재봉의 손 안 빌린 어머니의 바느질 솜씨"로 탄생했고, 어머니가 "누비시던 바늘 자국"에서 태어난 복주머니이다. 멋진 예술품 만드시듯 촘촘히 꿰매신 그 정성이 땀땀이 스몄던 그런 밤을 모르고 자란 자신에 대한 회한과 어머니에 대한 그리움이 점점이 박혀 있다. 그처럼 이 꽃을 만들어낸 이는 과연 누굴까 하고 시인은 묻는다. "장인의 손맛 맨 처음 튼 그이" 말이다. 어머니의 정성과 신의 솜씨가 겹쳐지는 대목이다.

어둠을 밝히려 어둠 속 무릎 꿇는다
남모르는 더듬이 손 불을 켜는 고운 영상
눈물로 닦아낸 시간의 뜨거웠던 한 줄기 빛
발아랜 세월의 갈잎 수북하게 쌓여가고

가슴 안에 고여 오른 맑은 샘 밝은 어룽
목마름 깊이 적시는 낮은 비의 귀띔소리
기도가 여물 드는 한 밤의 곧은 갈래
죄다 용서하고 죄다 이룬 만감의 별
김 서린 간절한 숨결 영혼의 말 듣고 있다
ㅡ「침묵의 기도 ㅡ 담쟁이넝쿨에게」

  푸른 담쟁이의 파도로 넘실대는 풍경 속에서 시인은 담쟁이의 "남모르는 더듬이 손 불을 켜는 고운 영상"을 바라보고, "눈물로 닦아낸 시간의 뜨거웠던 한 줄기 빛"을 발견한다. 오랜 세월 내면에 고여 있던 갈증과 그것의 해갈 과정 그리고 기도와 용서로 맑아진 "김 서린 간절한 숨결 영혼의 말"을 노래하고 있는 것이다. 침묵이 기도가 되고 있는 심미적 풍경이 '담쟁이넝쿨'로 구체화된 것이다.

큰 솔이 스크럼 짜고 서원을 에워쌌다
짙푸른 서권기를 불러 세운 솔밭 기운
청목색 죽계의 물빛 여사이 띠 품고 있다
가을 뜨락 골진 기둥 고전을 새긴 흔적
해묵은 쪽마루엔 풍류 아직 비늘 뜨고
꼿꼿한 선비는 니은 자 창호지는 밝았다
글 읽는 소리 속에 책장을 넘기는 소리
당대의 나라 운세 마름질한 그날의 논객
소슬한 솔바람 속에 파란 상소 듣고 있다
ㅡ「소수서원에서 ㅡ 큰 소나무에게」

  소수서원의 하늘을 소나무들이 떠받치고 있다. 여기서 '꽃'은 '나무'로 확장되면서 시집의 외연을 풍요롭게 한다. 큰 소나무로 에워싸인 서원에는 짙푸른 서권기書卷氣가 가득하다. 그 푸르른 솔밭 기운이 역사의 띠를 풀면서 고전을 새긴 흔적으로 역력하다. "꼿꼿한 선비"의 오랜 수련의 시간과 "글 읽는 소리 속에 책장을 넘기는 소리"가 소슬한 솔바람 속에 살아 있다. 이처럼 소나무의 묘사에 보이는 세련된 운필에는 기교를 초월한 서권기와 문자향文字香이 배어 있다. 이것이 바로 이상범 시편이 보여주는, "세상은 바뀌어가도 변치 않는 진한 향기"(「샛노란 향기 — 산국에게」)가 아닐 것인가.

우리가 보아왔듯이, 이상범 시편은 감각의 신선한 묘사가 주를 이루고 있지만, 그 안에는 단단하고 격이 높은 정신에 대한 지향이 내재해 있다. 그것은 고향(조국), 나라, 모성, 기도, 고전 등의 기운으로 변주되어 간단없이 나타나고 있다. 여기서 우리는 이상범 시편이, 감각과 정신의 균형을 통해 구현되고 있다는 점을 말할 수 있을 것이다.

4.

서양 시학에서는 시적 표현을 외재적 재현(representation)과 내재적 표현(presentation)으로 갈라 말하는 전통이 우세하다. 하지만 동양 미학에서는 시와 사물의 관계의 묘처妙處를 '부즉불리(不卽不離, 그대로 본뜸도 아니고, 그렇다고 전혀 떨어져 있는 것도 아님)'에 둔다. 그것은 서정과 묘사의 통합을 말하는 것이지만, 동일화의 논리의 하나인 '감정이입感情移入'과는 전혀 다른 것이다. 그것은 사물의 의상意象이 그 내포된 바의 깊고 얕음을 고스란히 드러내는 것을 의미한다고 보아야 한다. 거기에는 시인의 성정性情이 그대로 반영되는데, 깊은 사람이 사물에 대해 본 바는 역시 깊고, 얕은 사람이 사물에 대해 본 바 또한 얕다는 것이다. 우리는 이상범 시인이 '꽃'이라는 사물을 바라보고 그것을 사진과 시적 언어로 포착하여 병치하는 관조적 시선을 통해 깊은 성정이 깊은 바라봄을 낳는다는 실증을 경험한다. '꽃'을 통한 이러한 형상화의 의지는, 정운시조문학상(1983) 수상작인 「꽃·話頭」에서 이미 선구적으로 나타난 바 있다.

몸으로 피는 꽃은
몸으로 말을 건넨다

숨결을 뉘이며
세우며 일으키며

세상에 가장 적막한 곳을
뒤채이는 나비 나비…….

비둘기가 소리없이
공간을 때리는 波長

변방에서 몰리는
하늘의 온갖 기운이여

파열을 위한 황홀한 찰나
숨죽인 서울도 보인다.

이 작품에서도 시인은 몸으로 말을 건네는 '꽃'을 나비의 형상으로 그리고 소리의 "波長"으로 형상화한 바 있다. 그런데 이번에 그 "황홀한 찰나"를 사진으로 담아 "하늘의 온갖 기운"을 언어와 병치하여 보여준 것이다. 이를 통해 이상범 시인은 꽃이 완상玩賞의 대상으로 머무는 게 아니라 늘 살아 움직이는 '상징의 숲'임을, 그리고 아름다운 외연 못지 않게 얼마든지 의미론적 갱신이 가능한 내포성을 가지고 있는 사물임을 실증한 것이다. 최대한도로 계몽적 개입을 억제하면서 '꽃'을 감각적으로 재현하고 그 안에 순결한 정신의 힘을 빚어 넣은 그의 시편들은, 우리 시사에서 이채로운 성과로 평가받아 마땅한 세계일 것이다.

    이제 우리는 이상범 시집을 통해, 시가 영상 매체 주도의 시대에 인생론적 가치를 일깨우고 인간을 궁극의 원리로 인도하는 것임을 경험하게 될 것이다. 또한 속도전의 무모함과 자기 소모적 열정의 신화로부터 현대인의 감각과 원초적 인지 능력을 복원하는 데 필요한 경험적 시사를 얻게 될 것이다. 그만큼 이상범 시편들은 어느 작품을 인용해도 좋을 균질성으로, '꽃'을 원석原石으로 하면서 시를 그 옆에 가공하여 병치하는 과정을 통해, 사물과 시적 언어가 동시에 포착되는 예술적 경지를 열고 있는 것이다. 그리고 '꽃'과 더불어 숨쉬는 언어의 심미적 풍경을 선명하게 보여주고 있는 것이다. '그림'과 '글씨'와 '사진'을 횡단하면서 거듭 수행되는 이상범 시인의 양식적 변모와 갱신의 열정이 실로 눈부시다.(2007)

서술성을 통한 현대시조의 양식론적 확장

윤금초론

1. '서정의 확장'으로서의 서술성

윤금초 시인은 우리 시조 시단에서 일관되고도 지속적으로 시조 미학의 지평 확대 작업을 수행하고 있다. 우리가 잘 알듯이, 이미 우리 시조 시단에서 개성적 일가를 이룬 윤 시인은 평시조 중심으로 짜여져 있는 시조 시단의 주류적 흐름에 일종의 미학적 균열을 내면서 창조적인 양식 확장을 꾀해온 대표적인 시조 시인이다. 이 같은 그의 작업은 시조가 단아한 안정성에 갇혀 있지 않고 새로운 양식적 확장을 해야 현대적 장르로 갱신될 수 있다는 양식론적 자각에 기초한 것이다. 이번에 새로이 펴내는 시집 『주몽의 하늘』(문학수첩, 2004)은 이 같은 시인의 독자적인 인식과 의지가 한 자리에 집대성된 결실이라 할 것이다.

아닌 게 아니라 이번 시집은 시인 스스로 말한 대로 "서술 구조敍述構造를 기본 미덕"(「시인의 말」)으로 하는 작품들로 묶여 있다. 모두 91편의 사설로 이루어진 이 시집은, 이미 발표된 작품들과 이번에 새로이 선보이는 작품들이 섞이면서 커다란 스케일의 서술적 공간을 구성하고 있다. 이때 '서술敍述'이란 사물을 인식하는 방법이자 동시에 발화 방식을 가리키기도 하는 것인데, 이는 시인에 의해 창조적으로 재구성된 인간 경험을 일종의 담화(discourse) 형식으로 이야기하는 방식을 말한다. 물론 종래에는 서술성을 '시적인 것'과 대립되는 것으로 보는 경우도 적지 않았지만, 최근에는 이러한 서술성의 활용을 '시적인 것'의 확장을 위한 새로운 장르적 모색으로 받아들이고 있다는 점에서 시인의 작업은 '시적인 것'의 확대를 위한 방법론적 모색이라 할 수 있을 것이다. 그만큼 서정적 주체의 주관적 경험을 중심으로 한 서정시 이론만으로는 '시적인 것'이 그려내는 다양하고도 파격적인 무늬들을 다 포괄해낼 수 없는 것이다.

이번 시집에서 윤금초 시인은 '시조'라는 가장 고전적이고 정형적인 틀을 기저基底로 하여, 시조로서는 다소 파격적인 언술 방식인 '서술성'의 극치를 선보이고 있다. 윤금초 시학의 서술성은 한 공동체가 견지하고 있는 무의식을 바탕으로 하여, 공동체가 공유할 수 있는 이야기의 여러 양상을 제시하고 있다. 이러한 시조 형식을 일러 시인은 스스로 '옴니버스(omnibus) 시조'라 명명한 바 있거니와, 가령 '옴니버스 시조'는 한 편의 작품 속에 평시조, 엇시조, 사설시조, 양장시조 등 모든 시조 양식이 다 아울러지는 일종의 혼합 연형 시조를 말한다. 다시 강조하지만 이러한 '옴니버스 시조'는 서정성에서 탈피하려는 탈脫서정의 결과가 아니라 '서정의 확장'을 꾀하려는 시인의 창조적 양식 모색의 결과이다. 따라서 '옴니버스 시조'를 바탕으로 한 서술적 발화의 극대화는, 시조 양식과 현대성이 적극적으로 접목해야 한다는 윤금초 시인의 메타적 메시지를 담고 있는 것이다.

이 길지 않은 글은 이 같은 시인의 일관되고도 진지한 양식론적 모색에 대한 관견管見의 결과이다.

2. 현대시조 양식에 대한 창조적 탐색

그동안 윤금초 시인이 우리에게 보여준 시조의 양식적 확장 의지는 패기만만한 실험 정신에서 돌출된 잠정적 대안이 아니다. 오히려 그것은 시조 양식과 현대성을 어떻게 접목시킬 것인가에 대한 깊은 성찰에서 나온 미학적 고투의 산물이다. 또한 이는 현대인의 다양한 경험과 중층적 사유를 표현하기 위해서는 시조의 양식적 확장이 반드시 필요하다는 문학사적 요청에 대한 그 나름의 양식론적 응답이기도 하다. 따라서 윤금초 시인이 보여준 이 같은 고독한 일관성을 일러 우리가 현대시조의 '누벨바그' 운동이라고 명명한다고 해도 크게 지나치지는 않을 것이다.

시인은 자신이 추구해온 이러한 변형된 시조 양식을 '열린 시조'라고 부른 바 있는데, 말하자면 음보율이나 음수율에 얽매인 고전적인 평시조 양식을 '닫힌 시조'라 한다면, 폭 넓은 융통성을 가진 사설시조, 엇시조, 옴니버스 시조를 '열린 시조'라 이름한 것이다. "한 편의 시조 속에 우리 정형시의 각종 형식(평시조, 엇시조, 사설시조 등)을 두루 아우르는, 그리하여 곧잘 시조의 취약점으로 지적되는 그릇(형식)의 제약성을 뛰어넘는 작업을 시도한 것"(「자서」, 『해남 나들이』, 민음사, 1993)이라는 그의 발언은, 그의 창조적 모색이 시조 양식을 제한이나 구속이 아니라 변화와 실험을 가능케 하는 공간으로 탈바꿈시키고 있는 것임을 말해주고 있다.

앞에서도 암시했듯이, 시인이 공들여 창작하고 있는 이 같은 혼합 연형 시조에는 큰 스케일의 서술 구조가 담겨 있다. 거기에는 서술적 요소와 함께 현실에 대한 깊은 풍자와 비판 정신이 또한 깃들어 있다. 『주몽의 하늘』은 이 같은 서술성과 현실 비판의 의지가 결합되어 짜여진 구체적 결실인데, 이러한 미학적 기획은 그가 일찍이 선보였던 「청맹과니의 노래」의 양식적 특성이 전면적으로 확산된 것이기도 하다. 「청맹과니의 노래」는 봉건 암흑 사회에서 힘겨운 삶을 이어갔던 천민 계급의 저항 정신을 그린 작품인데, 일종의 노예 저항 운동이라고 할 수 있는 '만적의 난'을 역사에서 빌어 와 현재 우리가 처해 있는 현실을 우회적으로 비판한 아름다운 시편이다.

　이처럼 윤금초 시인의 시조는 그것이 비록 전통적인 제재와 어법을 채택하고 있더라도, 끊임없이 우리의 구체적 현재형으로 회귀하는 현대적 상상력을 갖추고 있다는 점에서, 문학의 궁극적 목표가 미학적 저항 의식에 있다는 자신의 시관詩觀을 일관되게 반영하고 있다. 따라서 '열린 시조'라는 형식적 특성과 현실에 대한 깊은 관심이라는 내용적 특성은 그의 시조만이 가지는 거의 유일무이한 미덕이 아닐 수 없다. 그렇다면 이 같은 미학적 성취의 가능성을 그의 대표작 중 하나인 「해남 나들이」를 통해 한번 들여다보자.

　　대흥사 장춘구곡
　　살얼음도 절로 녹아
　　마애여래상의 광배光背를 입고 서서
　　땟국을, 홍진紅塵 땟국을
　　헹궈내는 아낙들.

　　그 옛날 유형流刑의 땅 남도 끄트머리.
　　백련동 외진 골짝 고산孤山 옛집 녹우단의 겨우내 움츠린 목숨, 풀꽃 같은 백성들아. 직신 작신 보리밭 밟듯 돌개바람 휩쓸고 간 동상의 뿌리에도
　　무담시 발싸심하는 봄기별은 오는가.

　　개펄 가로지른 비릿한 저 해조음.
　　뱃머리 서성이는 털복숭이 어린것의
　　소쿠리 크나큰 공간

산동백이 그득하다.

새물내 물씬 풍기는 파장의 저잣거리.
이물진 세발낙지, 관동 명물 해우도 불티나고
텁텁한 뚝배기 술에 육자배기 신명난다.

—「해남 나들이」 전문

　모두 네 수로 이루어진 이 시조는 커다란 파격이 없이, 평시조 세 수와 엇시조 한 수를 병치하여 구축한 격정의 노래이다. 시인은 지금 "살얼음도 절로 녹아/마애여래상의 광배光背를 입고 서서/땟국을, 홍진紅塵 땟국을/헹궈내는 아낙들"이 보이는 "대흥사 장춘구곡"에 있다. 시인은 그 해남 땅을 "그 옛날 유형流刑의 땅 남도 끄트머리"로 인지하고 기억한다. 자신의 고향이기도 한 해남 땅끝은 "겨우내 움츠린 목숨, 풀꽃 같은 백성들"이 살아왔고 살고 있는 척박한 땅이다. 그런데 그 땅 위로도 "봄기별은" 오고, "해조음"과 "산동백"이 시인을 맞아준다. 이 같은 역동적 자연사물의 이미지는 시인으로 하여금, 유형의 땅에서도 어김없이 피어나는 생명의 기운을 발견하게 하는 것이다.
　특별히 "새물내 물씬 풍기는 파장의 저잣거리./어물전 세발낙지, 관동 명물 해우도 불티나고/텁텁한 뚝배기 술에 육자배기 신명난다."는 마지막 수 처리는 이 같은 시인의 역동적 상상력을 충실하게 보여준다. 곧 "파장의 저잣거리"가 가질 법한 쓸쓸함보다는 거기서 나타나는 "육자배기 신명"을 결구結句로 배치함으로써, 시인은 낙관적인 민중적 생명력을 발견하고 옹호하고 있는 것이다. 결국 시인은 「해남 나들이」를 통해서 다양한 시조 양식의 변형과 배치를 통해 율격의 자율성을 최대한 실험하면서, 그 같은 양식 변이를 시조의 주제 곧 신명나는 민중적 저항의 이미지와 결합시킴으로써 우리의 현실과 유추적 연관을 형성하는 작법을 보여주고 있다.

이 같은 서술적 방법은 시집의 표제작인 「주몽의 하늘」에서 더욱 본격화한다. 비유컨대 이 작품은 신화와 일상 혹은 역사와 내면이 부딪치고 충돌하는 상황에서 빚어지는 격정의 회오리 같은 것이다.

> 그리움도 한 시름도 발묵潑墨으로 번지는 시간
> 닷 되들이 동이만한 알을 열고 나온 주몽朱蒙
> 자다가 소스라친다, 서슬 푸른 살의殺意를 본다.
>
> 하늘도 저 바다도 붉게 물든 저녁답
> 비루먹은 말 한 필, 비늘 돋은 강물 곤두세워 동부여 치욕의 마을 우발수를 떠난다. 영산강이나 압록강가 궁벽한 어촌에 핀 버들꽃 같은 여인, 천제의 아들인가 웅신산 해모수와 아득한 세월만큼 깊고 농밀하게 사통한, 늙은 어부 하백河伯의 딸 버들꽃 아씨 유화여, 유화여. 태백산 앞 발치 물살 급한 우발수의, 문이란 문짝마다 빗장 걸린 희디흰 적소謫所에서 대숲 바람소리 우렁우렁 들리는 밤 밤 오그리고 홀로 앉으면 잃어버린 족문 같은 별이 뜨는 곳, 어머니 유화가 갇힌 모략의 땅 우발수를 탈출한다.
> 말갈기 가쁜 숨 돌려 멀리 남으로 내달린다.
>
> 아, 아, 앞을 가로막는 저 검푸른 강물.
> 금개구리 얼굴의 금와왕 무리들 와 와 와 뒤쫓아오고 막다른 벼랑에 선 천리준총 발 구르는데, 말채찍 활등으로 검푸른 물을 치자 꿈인가 생시인가, 수천 년 적막을 가른 마른 천둥소리 천둥소리…. 문득 물결 위로 떠오른 무수한 물고기, 자라들, 손에 손을 깍지끼고 어별다리 놓는다. 소용돌이 물굽이의 엄수를 건듯 건너 졸본천 비류수 언저리 오녀산성에 초막 짓고 도읍하고, 청룡 백호 주작 현무 사신도四神圖 포치布置하는, 광활한 북만北

滿 대륙에 펼치는가 고구려의 새벽을….

둥 둥 둥 그 큰북소리 물안개 속에 풀어놓고.

─「주몽의 하늘」전문

　시인은 고구려의 시조인 주몽朱蒙의 신화를 차용하여 옴니버스 시조로 재구성해내고 있다. 첫째 수는 주몽의 탄생("닷 되들이 동이만한 알을 열고 나온 주몽朱蒙")과 주몽에 대한 적대적 세력의 존재("서슬 푸른 살의殺意")를 전경前景으로 제시하고 있다. 둘째 수는 주몽이 어머니 유화를 남겨두고 탈출하는 순간을 사설시조의 형식 안에 담고 있다. 그가 떠나는 곳은 "희디흰 적소謫所에서 대숲 바람소리 우렁우렁 들리는 밤 발 오그리고 홀로 앉으면 잃어버린 족문 같은 별이 뜨는 곳"이다. 마지막 수는 주몽이 자신에게 닥친 여러 위기를 극복하고 고구려를 세우는 과정("광활한 북만北滿 대륙에 펼치는가 고구려의 새벽을…")을 유장한 호흡의 사설로 들려주고 있다. 이 작품은 고구려 건국 신화에서 소재를 차용하여, 부당한 세력을 이겨내고 찬란하고도 웅장한 영웅적 성취를 이루어낸 주몽의 서사를 서술의 줄기로 삼고 있는 것이다.

　우리가 잘 알듯이, 주몽 신화는 '주몽'이라는 영웅의 일대기를 충실하게 우리에게 보여주고 있다. '영웅英雄'이 반드시 적대적 세력과의 투쟁 과정에서 태어난다는 점에서, 영웅의 특성은 주로 서술 구조를 통해 드러나게 된다. 그런데 서술 구조 가운데 영웅의 특성을 가장 잘 보여주는 것은 시련과 그 극복을 기둥으로 하는 입사(入社, initiation)의 방식이다. 우리가 잘 알듯이, '입사'란 시련을 극복하고 일정한 완성을 성취해가는 원형적 제의祭儀 과정을 말한다. 주몽 신화에서는 이처럼 주몽이 태어나서 성장하고 고향을 떠나게 되는 입사의 과정이 중심을 이루는 데 비해, 주몽이 고향을 떠나 고구려를 건국하는 과정에서 겪는 사건은 소략하게 다루어져 있다. 다시 말하면 주몽이 천제天帝의 직접적 개입에 의해 잉태되었음을 알리려는 의도가 깊이 반영된 것이다.

그런데 윤금초 시조 「주몽의 하늘」은 주몽 신화를 소재로 하고 있으면서도, 주몽의 고난 극복과 거대한 목표 성취 과정으로 무게중심을 옮김으로써 신화의 창조적 변형을 이루어내고 있다. 다시 말하면 이미 화석화한 신화를 방금 여기에서 벌어지고 있는 듯한 서술적 이미지로 복원함으로써, 시적 긴장감과 현재적 감각을 점증시키고 있는 것이다. 또한 바람 소리를 '우렁우렁' 들린다고 하고 별을 '족문'으로 비유하는 등 감각적 이미지의 창조적 사용도 눈에 띄는데, 이는 "산울림 우렁우렁 일렁이는 소리"(「중원, 시간 여행」) 등으로 이어지면서 윤금초 시인의 시조가 굵은 선의 서사와 함께 생동하는 감각적 이미지로도 가득차 있음을 알게 해준다.

우리가 보았듯이, 윤금초 시학의 핵심은 형식에서의 절제(시조 형식의 유지)와 파격(옴니버스 시조의 다양한 변형) 사이 그리고 내용에서의 과거(역사와 전통)와 현재(현실에 대한 유추적 관심) 사이의 길항과 균형에 있다 할 것이다. 사실 전통과 창조 사이의 균형이 없다면, 시조 양식의 창조적 확대는 거의 불가능하고 또 무의미한 것이다. 이처럼 정격正格과 파격 사이를 오가는 양식 확충의 의지와 현재 우리가 겪고 있는 현실에 대한 유추적 관심이야말로 윤금초 시인이 우리에게 보여주는 현대시조 양식에 대한 창조적 탐색의 결과인 것이다.

3. '전통/역사'에 대한 복원과 풍자

또한 『주몽의 하늘』을 일별할 때 우리가 어렵지 않게 알 수 있는 것은 윤금초 시인이 전통이나 역사에 발원지를 둔 작품들을 많이 창작하고 있다는 사실이다. 「하회탈 양반의 눈웃음」이나 「질라래비 훨훨」 혹은 「청맹과니의 노래」 연작 등은 철저하게 전통에 기대고 있는 작품들이고, 앞에서 본「주몽의 하늘」이나「백악기 여행」등은 시인의 깊은 역사 의식을 담고 있는 작품들이다. 결국 전통이란 현대와의 상관성 속에서 논의되고 자기 규정되는 실체이다. 그래서 전통은 역설적으로 현대적 개념이 되고, 나아가 현대와 '대화적 관계'에 놓인다. 물론 전통이 배타적인 동일성 논리에 자신의 존재 근거와 양식을 가둠으로써 복고적 귀속성을 가질 수도 있겠지만, 그것은 현대와의 대화를 통해 자기를 갱신하고 확충할 수 있는 가능성으로 충일한 것이다. 따라서 전통은 현재형으로 변형될 수밖에 없는 속성을 지니고 있다. 윤금초 시인은 이 같은 전통의 현재적 가능성을 적극 활용하여 이 땅의 현실을 유추해내는 시인이다. 다음 작품은 전래 동요를 표제로 삼았으면서도 동시에 우리에게 지금 필요한 정신적 형질이 무엇인가를 암시하는 가편佳篇이다.

별 떨기 튀밥같이 어지러이 흩어질 때

어둑새벽 등 떠밀고 달려오는 먼 산줄기, 풍경이 풍경을 포개어 굴렁쇠 굴려간다. 자궁 훤히 드러낸 회임의 연못 하나, 제각기 펼친 만큼 내려앉은 햇살 속으로 염소떼 주인을 몰고 질라래비, 질라래비…. 이 땅의 잔가지들 손잡고 살 비비는가. 질라래비 훨훨, 질라래비 훨훨, 활개 치는 풀빛 아이들.

봄날도 향기로 와서 생금 가루 흩뿌린다.
　　　　　　　　　　　　　　　　　　―「질라래비 훨훨」전문

이 작품은 "별 떨기 튀밥같이 어지러이 흩어"지는 새벽에 대한 독특한 감각적 비유로 시작되고 있다. "어둑새벽 등 떠밀고 달려오는 먼 산줄기"

는 마치 "풍경이 풍경을 포개어 굴렁쇠 굴려"가는 듯하다. 어둠이 걷히고 미명이 밝아오는 과정을 이처럼 신선하게 비유한 예를 우리는 달리 찾기 어려울 것이다. '연못'은 "자궁 훤히 드러낸 회임의 연못"으로 자태를 드러내고 있고, "제각기 펼친 만큼 내려앉은 햇살 속으로"는 "염소떼 주인을 몰고" 있다. 모두 생명성(회임/햇살)을 선명하게 부조浮彫하는 이미지들이다. 그들은 모두 전래 동요인 "질라래비 훨훨, 질라래비 훨훨"이라는 화창和唱에 둘러싸여 있다. 이때 염소가 주인을 모는지 주인이 염소를 모는지 그것은 중요하지 않다. 그만큼 모두가 생명성 속에 하나의 몸으로 결속되어 있는 것이다.

원래 '질라래비 훨훨'은 어린아이가 두 손과 팔을 흔드는 모습이 마치 나비가 날갯짓을 하는 듯해서 붙여진 말이다. 따라서 이 시편은 "활개 치는 풀빛 아이들"이 나비가 훨훨 날듯이 팔을 흔들며 하는 소리인 "질라래비 훨훨" 노래를 차용하여 생동하는 봄날의 기운을 노래하고 있는 작품이다. "봄날도 향기로 와서 생금 가루 흩뿌린다"는 생동하는 결구는 이 같은 주제를 확연하게 각인하고 있다.

시인은 이처럼 "떡 주무르듯 떡 주무르듯 점토 이겨 올린 몸맨두리/고개 갸우뚱 입도 마냥 헤벌리고 웃는 듯 우는 듯 뭉툭한 그 눈매/한 자루/푸짐한 익살/부려 놓은 가야 사람"(「토우, 가야의 미소」)이라든가 "더러는 아승기겁 다 헤고도 남을 그런 눈웃음"(「하회탈 양반의 눈웃음」) 등 옛적의 숨결을 선명하게 복원하는가 하면, 「질라래비 훨훨」에서처럼 전통적 소재와 막 피어나는 생명의 감각을 결합시켜 노래하고 있기도 하다.

그런가 하면 시인은 역사에 대한 감각을 전면적으로 끌어들여 현실에 대한 풍자적 효과를 적극 꾀하고 있다. 시집의 5부에 실려 있는 「우화」 연작은 이전문의 「그 세월 그 사람」을 참고하였다고 적고 있는데, 부정적인 인물들을 대상으로 한 풍자 문학의 한 전형을 보여주고 있다. 밀고를 잘하고 간교했던 남곤("고변告變의 꾀주머니 남곤", 「우화·1 — 남곤」),

더 나은 벼슬자리를 구하려고 인사국장 격인 이조 낭관에게 아내를 바치려다 '고양이 소극笑劇'을 벌이기까지 한 어느 참하관(「우화・2 — 어느 참하관」), 세조의 권력에 빌붙어 수많은 이들을 죽인 홍윤성("저팔계 홍윤성은 내키는 대로 철퇴 휘두르고 목베는 일 이골 났지.", 「우화・3 — 홍윤성」), 앞일을 내다보기는 했지만 자기 운명을 바꾸거나 영달하도록 개척하지는 못했던 남사고(「우화・5 — 남사고」), "서얼庶蘖로 태어난 죄 서럽고 서러워서/없는 말 보태 넣고 있는 말 부풀"린 유자광(「우화・7 — 유자광」), 철퇴를 쥐고 행동대원 노릇을 한 이심("날뛰는 이심은 끝내 승냥이 울음 울었어", 「우화・13 — 이심」) 등이 그들이다. 시인은 부당한 권력을 행사하였거나 부정한 방법으로 세상에 우뚝 서보겠다는 야심을 가졌던 이들의 무상함을 가열하게 풍자하고 있는 것이다.

또한 「인터넷 유머」 연작에서도 시인은 풍자의 서슬을 세운다. "앞산도, 저 바다도 몸져누운 국가부도 위기"였던 아이엠에프 정국을 풍자한 「인터넷 유머・1 — IMF, 경축 국치」, "항간에 나도는 정치 서적 베스트셀러"를 정치인들과 연결시켜 한국 정치사를 풍자한 「인터넷 유머・2 — 베스트셀러」, "물살 거셀 때는 물고기 숨 가쁘고, 널뛰기 정쟁政爭 때는 그 누가 숨 가쁘냐"에서처럼 '이승만/박정희/최규하/전두환/YS' 등 정치인들을 일종의 바이러스로 풍자하는 「인터넷 유머・4 — 바이러스 & 백신」 등이 그것이다.

'풍자諷刺'는 본래 모순과 허위에 찬 대상이 갖고 있는 부정성을 예리한 비판의 수단으로 교정할 것을 목적으로 하기 때문에, 언제나 적극적인 생에 대한 가치론적 계몽주의에서 출발하는 양식이다. 이는 곧 '풍자'가 진리 옹호와 합리적인 세계를 강조하는 계몽성의 문학적 발현의 한 양식으로 인지될 수 있는 성격임을 말하는 것이다. 그러나 풍자 역시 이지적인 인식의 산물이기는 하지만, 그것은 주체의 승리를 예견하는 양식이라기보다는 주체의 예정된 패배를 전제로 그 존재의 비극성을 지적으로 승인하는 간접화의 한 양식이라고 할 수 있다. 이처럼 시인은 존재의 비극성을 역사 속에서 투시하고 현재형으로 탈환하고 있는 것이다.

그런가 하면 시인은 역사의 사표師表가 될 만한 긍정적 인물들을 기리고 있기도 하다. 계몽의 양면인 비판과 옹호가 여기서 대칭적으로 구현된다. 시대를 슬퍼하며 광인을 자처한 매월당 김시습("흉흉한 세상 물정을 미친 척 빈정대었네", 「우화·4 − 김시습」), 세상을 빗대는 농담을 즐긴 청렴한 원로 대신 이항복("세삿일 우스개로 빈정댄 얼굴 정승"「우화·6 − 이항복」), 개혁 정치에 앞장선 개혁 정치가 김식(「우화·8 − 김식」), 중종을 내세워 중흥의 길을 모색했던 정치가 성희안("성희안, 보다보다 보지 못해 모반의 불길 당기었네", 「우화·9 − 성희안」), 뛰어난 글 솜씨와 풍류로 일세를 풍미한 성현("용모는 비록 추했으나 뛰어난 글 솜씨가 그 허물 덮고도 남았네", 「우화·11 − 성현」) 청나라를 다녀와 안핵사按?使가 되어 진주 민란을 수습한 "한 시대 앞질러 간 연암 손주 박규수"(「척화파斥和派 잠재운 그가 진주 민란 잠재웠네」, 「우화·12 − 박규수」), 청노새를 타고 만주 지방에서 기세를 떨치던 누르하치好花?赤와 한판 진검승부를 겨룬 박엽("때때로 자줏빛 섬광이 번쩍번쩍 눈멀게 했다.", 「우화·14 − 박엽」), 여러 편의 절명시와 '매천야록梅泉野錄'을 남긴 황현("비통에 젖고 젖어 곡기를 밀쳐 두고 네 머리 절명시를 지었지", 「우화·16 − 황현」) 등이 그들이다. 또한 「아서라 달궁」 연작은 시인의 만인보(萬人譜)적 가능성을 보여주는데, 「아서라 달궁·1 − 줄광대 김관보」, 「아서라 달궁·2 − 땅재주 김봉업」, 「아서라 달궁·3 − 소놀이굿 우용진」 등이 그 뚜렷한 실례들이다. 그리고 이중섭李仲燮을 대상으로 한 「이중섭」 연작 역시, 일찍이 서양 미술 작품을 대상으로 하여 시조를 쓴 바 있는 윤금초 시인의 일종의 상호 텍스트적 작업이라고 할 수 있는데, 이 또한 역사 속의 긍정적 인물에 대한 시적 복원이라 할 수 있다.

이처럼 윤금초 시인은 풍자와 긍정이라는 계몽적 의지의 양면성 통해 우리 시대의 정신적 풍향계를 비판적으로 제시하고 있다. 이는, 물을 것도 없이, "이지러진 존재의 날 세우는 서늘한 비의秘義!"(「사금파리 · 1」)의 시적 반영일 것이다.

4. 자연 사물에서 읽어내는 정신적 가치

마지막으로 윤금초 시인은 자신의 시조 안에 자연 사물을 가득 안아들이고 있다. 하지만 그가 그리는 것은 자연 사물의 경관景觀이 아니다. 오히려 그는 자연과 인사人事를 병치시키면서, 그 안에서 인간이 정신적으로 보듬어야 할 가치에 대해 노래하는 시인이다.

산은 둥둥 내게 와서 뒤척이는 잔 물굽이, 일렁일렁 나울 치는 검푸른 파도 이루었네.

들쭉날쭉 다가오는 등성이며 마루터기, 겹겹이 포개지는 산그리메 불러오고 이따금 포효하는 삼각파도로 솟구치네. 살아 천년 죽어 천년 주목나무 키 재기하고 맹수의 몸짓 고사목枯死木 구릉 지나 난만한 저 꽃덤불이라니!

그 산은 나에게 와서 젖은 옷깃 여며 주네.
― 「산은 둥둥 나에게 와서」 전문

시인은 "산"이 내게로 와서 "뒤척이는 잔 물굽이, 일렁일렁 나울 치는 검푸른 파도 이루었"다고 묘사한다. 이때 산은 "들쭉날쭉 다가오는 등성이며 마루터기, 겹겹이 포개지는 산그리메 불러오고 이따금 포효하는 삼각파도로 솟구"친다. 그 산 속에서는 "살아 천년 죽어 천년 주목나무 키 재기하고 맹수의 몸짓 고사목枯死木 구릉 지나 난만한 저 꽃덤불"이 우거져 있다. 그만큼 "그 산은 나에게 와서 젖은 옷깃 여며 주"는 존재이다. 그러니 그 산은 그냥 산이 아니다. 그 '산'은 시인에게 "흙으로, 흙의 무게로 또아리 틀고 앉은 시간"(「할미새야, 할미새야」)인 것이다. 결국 시인은 자연을 통해 삶과 정신적 가치를 읽는다. 「숲」 연작에 즐비해 있는 나무들 역시 이 같은 정신적 가치의 등가물들이다.

애기똥풀꽃 꿈길 지나 꽃버짐 하얗게 물든 버즘나무,

땅 바닥 너부죽이 풀꽃 방석 편 멍석딸기, 등짐 진 사위 힘 안 들게 가는 줄기 내린 사위질빵, 건들바람에 벌벌 떠는 사시나무, 까마귀 머리 베기 알 맞은 까마귀베개, 흰 꽃 흐드러지게 피어 쌀밥 고봉으로 담은 이팝나무, 가는장구채 옆에 쭈그리고 앉아 목소리 천 개 바람 친구, 풍구 소리 웅웅대는 그 바람 친구 데불고 나선형 어지러움이라니」

늠연한 숲길은 남실 오래 된 바다 이루었네.

— 「숲·1」 전문

중장을 길게 늘인 이 시조는 생명을 그 안에 품은 자연 사물을 힘차고 숨가쁘게 나열, 배치함으로써 생명의 위대함을 내용, 형식상으로 구현하고 있다. "애기똥풀꽃/버즘나무/멍석딸기/사위질빵/사시나무/까마귀베개/이팝나무/가는장구채" 등등 "나선형 어지러움"으로 가득찬 "늠연한 숲길은" 시인에게 "오래 된 바다"로 다가선다. 그 오래됨의 가치를 시인은 시집 곳곳에 저며넣고 있다.

이러한 시인의 인식은 "다산茶山의 입김이 스민 황토 빛깔 다산초당"

(「다산초당」)을 공간적으로 끌어들이고, "은빛 서얼음 띄운/유약 바른 테 자국과/천년 잠든 고려의 바람결, 양 마구리 둥근 구멍 구슬 꿰던 그 바람결과/흰 상감象嵌 단출한 무늬 허리 두른 여름 한낮"(「여름 한낮 — 유천리 청자베개」)을 시간적으로 잡아들이면서, 우리 시대에 필요한 정신적 가치를 암시하고 있는 것이다.

 이처럼 윤금초 시인의 시조 미학은 그동안 많은 굴곡을 보여온 실험 의지와 내적 깊이로 한국 현대시조의 깊은 광맥을 형성하고 있다. 따라서 이제는 그의 이 같은 서술성을 통한 시조의 양식론적 확장의 적공積功을 예외적인 실험 정신이라 부를 수는 없을 것이다. 그의 작법은 시조가 현대성의 한 양식으로 거듭나야 한다는 미학적 요청에 대한 정공법인 까닭이다. 그만큼 그것은 곧 현대적 양식으로서의 시조의 가능성에 대한 오랜 그의 미학적 탐색의 결과인 것이다. 『주몽의 하늘』이 그 단단한 성취 위에 파랗게 펼쳐지고 있지 않은가.(2004)

돌올한 선의 미학과 시적 형이상성

『조오현문학전집』에 부쳐

1.

작년 이맘 때 김병무, 홍사성 두 시인이 '霧山禪師頌壽詩集'이라는 표제를 단 시집 『고목나무 냄새를 맡다』(책만드는집, 2012)를 펴냈다. 그 시집에는 무산선사와 나누어온 오랜 경험과 발견 과정이 여러 시인들의 빛나는 언어를 통해 풍요롭게 갈무리되어 있었다. 편자들은 이 시집을 엮는 과정에서 "스님은 평생 스스로 빛나기보다는 남을 빛내주는 일로 사신 분이다. 시를 모아놓고 보니 스님이 얼마나 캄캄한 밤하늘이었는지 더욱 실감 난다."(「엮은이의 말」)라고 말하였는데, 그만큼 이 시집은 오랫동안 시를 쓰고 시를 사유해온 이 땅의 시인들에게 무산선사의 영향과 감염이 얼마나 크고 깊었던가를 절감케 한 바 있다. 그런 와중에 '캄캄한 밤하늘'로서의 무산선사 시편들을 집성한 결실이 작년 연말에 권영민 교수의 남다른 공력으로 나오게 되었다. 『조오현문학전집―적멸을 위하여』(문학사상, 2012)가 그것이다. 권영민 교수는 흩어져 있던 조오현 시조들을 가지런히 모두 모으고, 거기에 충실한 주해를 달고, 문학사적 안목으로 그 흐름을 면밀하게 평가하여, 일반 독자들은 물론 연구자들로 하여금 무산 시조를 한눈에 볼 수 있게 해주었다. 시조 시단에서 오랫동안 "한 그루 키 큰 무영수無影樹"(「된바람의 말」)로 존재했던 선사의 시편들을 우리로 하여금 친근하게 만나볼 수 있게 해준 것이다. 이제 우리는 이 전집을 통해 선사의 "시조 창작에 대한 초발심初發心"(오세영)에서 시작하여, "조오현의 시조가 궁극적으로 지향하고 있는 것은 선禪의 경지"(권영민)라는 미학적 평가에 이르기까지, 선사가 남긴 깊은 사유와 표현과 언어를 선명하게 만나볼 수 있게 된 것이다.

우리가 잘 알듯이, 시조가 우리 문단에서 주류적 위상을 확보하기에는 그 형식적, 매체적, 인적 조건이 매우 취약하다고 할 수 있다. 그 까닭은 시조가 여타 문학 양식들보다 훨씬 선험적 강제 규정을 많이 받고 있기 때문이기도 하고, 시조가 재래의 고전 정서를 담아내기에는 안정적이지만 다양한 현대적 표정들을 담기에는 여러 모로 고색창연한 양식이라는 편견 때문이기도 하다. '정형'이라는 외적 제약과 '고전적' 이미지 때문에 시조는 늘 근대문학의 주변부적 장르로 이해되어온 것이다. 그럼에도 불구하고 과거 고시조들이 유교 이념의 계몽이나 소박한 자연 친화적 경향을 드러냈던 데 비해 현대시조는 인간의 다양하고도 섬세한 정서를 담아냄으로써 지속적인 자기 갱신을 이루어내고 있는데, 이 점에서 무산선사가 우리 시조 시단에 끼친 작품적 편폭과 양식 갱신 열정의 영향력은 매우 크다 할 것이다. 특별히 해체의 물결이 거센 요즈음, 그의 시조는 정형적 한계와 가능성을 두루 결속하면서 절제와 균형의 미학을 섬세하고도 지속적으로 벼려옴으로써 현대시조의 양식적 가능성을 크게 진작해왔다고 할 수 있다. 그 점에서 서구 미학의 박래품에 대한 적극적인 실천적 항체로의 시조 양식을 무산선사만큼 높은 예술적 위상에서 지켜간 이도 드물 것이다. 『조오현문학전집—적멸을 위하여』는 이러한 그의 문학적 자취와 위상을 한데 보여주는 선명한 실례가 아닐 수 없다.

그의 시조가 우리에게 보여주는 '선'의 미학과 시적 형이상성은 대체로 불일불이不一不二의 세계나 곡진한 깨달음의 언어로 나타난다. 가령 시인은 "밤마다 물 위로 달이 지나가지만/마음은 머무르지 않고 그림자 남기지 않는도다."(「나는 부처를 팔고 그대는 몸을 팔고」) 같은 표현에서 '달/물/마음/그림자'라는 핵심적 키워드들을 통해 이러한 사유와 감각을 집중적으로 보여준다. 그의 사유와 감각의 근간을 알기 위하여 다음 시편의 한 구절을 함께 읽어보도록 하자.

언젠가 내 가고 나면 무엇이 남을 건가
어느 숲 눈먼 뻐꾸기 슬픔이라도 자아낼까
곰곰이 뒤돌아보니 내가 뿌린 한 줌 재뿐이네.

─「재 한 줌」 중에서

시인은 자신의 생애 뒤에 남는 것은 오직 "내가 뿌린 한 줌 재"뿐일 것이라고 노래한다. 어느 숲 눈먼 뻐꾸기조차 슬퍼해주지 않을지도 모르지만, 시인은 자신이 결국에는 무無로 돌아가 천지만물과 섞여들 것이라고 예감한다. 이러한 시인의 태도와 어법은 불가적 사유를 전면적으로 담고 있는 것이기도 하겠지만, 더욱 근본적으로는 "천지만물에 대한 외경"(신경림)을 깊이 반영한 것일 터이다. 하지만 더욱 주목해야 할 것은, 이러한 만물 외경의 마음이 '역사歷史'를 향해 나타날 때도 예의 불일불이의 세계 혹은 크나큰 포용의 깨달음이 나타난다는 점이다. 앞으로 무산 시조를 운위할 때 대표작 가운데 하나로 거듭 인용될 작품이 다음에 펼쳐진다.

아무리 어두운 세상을 만나 억눌려 산다 해도
쓸모없을 때는 버림을 받을지라도

나 또한 긴 역사의 궤도를 받친
한 토막 침목인 것을, 연대인 것을

영원한 고향으로 끝내 남아 있어야 할
태백산 기슭에서 썩어가는 그루터기여
사는 날 지축이 흔들리는 진동도 있는 것을

보아라, 살기 위하여 다만 살기 위하여
얼마만큼 진실했던 뼈들이 부러졌는가를
얼마나 많은 사람들이 파묻혀 사는가를

비록 그게 군림에 의한 노역일지라도
자칫 붕괴할 것만 같은 내려앉은 이 지반을
끝끝내 받쳐온 이 있어
하늘이 있는 것을, 역사가 있는 것을.

―「침목枕木 ― 1980년 방문 2」 전문

 '침목'이란 기차선로 아래에 까는 목재를 말한다. 시인에게 '역사'라는 긴 철로를 떠받쳐온 한순간 한순간의 사건이나 인물이나 그 결과는 모두 그 선로를 가능케 한 평등한 '침목'이었다. 무산선사는 이렇게 '역사'의 어느 한순간도 의미 없는 것은 없다는 전언을 우리에게 준다. 아무리 어두운 세상의 억압을 받는다 해도, 혹은 쓸모없어 버림을 받는다 해도, 그것은 모두 "긴 역사의 궤도를 받친/한 토막 침목"의 역할을 저마다 감당해낸 것이다. 여기서 '연대'라는 말은 한 시대의 토막인 '연대年代'이기도 하고, 그 모든 움직임들이 하나로 결속하는 '연대連帶'이기도 할 것이다. 그렇게 하나의 '연대'를 이룬 침목들은 비록 태백산 기슭에서 썩어가는 그루터기일지라도 "얼마만큼 진실했던 뼈들이 부러졌는가를/얼마나 많은 사람들이 파묻혀 사는가를" 증언하는 역사적 상징으로 몸을 바꾼다. "군림에 의한 노역"이었다 할지라도 그것은 역사라는 지반을 끝끝내 받쳐온 것이고, 그 침묵으로 하여 '하늘'도 '역사'도 있었던 것이다. 비록 자신의 생애는 한 줌 재뿐일지라도 그것이 역사의 행간에 견고하게 존재하는 침묵의 형상을 취하고 있다는 시인의 사유야말로, 그의 시학을 떠받치는 두 기둥 곧 탈속과 현실의 지향성을 복합적으로 증언하는 것이 아닐 수 없다.

이번 전집에는 존재의 비의와 삶의 지난한 문제들을 탐색해온 이러한 무산선사의 시적 이력이 잘 정리되어 있다. 일정한 양식적 구속에도 불구하고 다양하게 표출되는, 자유시와는 전혀 다른 심층적 전언이 담겨 있다는 점에서, 우리는 이 전집을 우리 시조 시단 역사의 빼어나고도 돌올한 사례로 기억할 수 있을 것이다. 조오현 시조 미학은 '원초적 통일성'을 회복하려는 시조 본연의 지향을 잘 체현하면서, 사물의 순간적 이미지에서 포착해내는 상상력과 묘사력을 바탕으로 한 선적 감각과 사유를 줄곧 보여준다. 이를 통해 그는 우리 시조 미학의 형이상성을 그만의 심도와 열정으로 개척해왔다고 할 수 있을 것이다.

2.

무산선사는 1968년 『시조문학』 추천으로 문단에 나온 후 시력 반세기를 쌓아오는 동안, 오랜 삶과 찰나적 오도悟道의 순간을 형상화한 수많은 시조 작품으로 우리 시문학사에서 기억되고 있다. 그래서인지 그의 시적 전언에는 불가적 어법과 어휘 그리고 세계관이 불가피하게 반영되어 있다. 하지만 불가적 사유 자체가 언어적 표상을 넘어서고 부정하려는 속성을 가지고 있는 만큼, 조오현 시학 역시 불가적 전언의 시적 번안으로만 취급될 수는 없다. 여기서 우리가 조오현 시편들을 굳이 선승의 언어로 접근하지 않고, 시인의 언어 그 중에서도 '시조'라는 양식에 담긴 첨예한 언어로 접근하는 의식적 작업이 긴요하게 요청된다. 이때 굳이 '의식적'이라는 표현을 쓴 까닭은, 끊임없이 그의 언어가 선禪의 속성과 시의 속성을 넘나들면서 형상화되고 있다는 점에 주목해야 한다는 것을 강조하기 위해서이다. 그래서 그에게 시조는, 그만의 고유한 선의 미학과 시적 형이상성을 결합한 생생한 언어의 현장이라 할 것이다. 우리는 이번 전집에 실린 조오현 시편들을 검토함으로써, 합리성의 신화를 넘어 자신만의 인식론적, 미학적 진경을 이루어놓은 한 시인의 언어를 경험함과 동시에, 한국 현대시조가 이루어놓은 첨예한 하나의 성취를 개관하게 된다.

조오현 시학을 떠받치고 있는 가장 근원적인 원리는, 오랜 시간 속에서 모든 개념적, 경험적 경계선을 지워가는 일련의 통합적 사유 과정에 깃들여 있다고 할 수 있다. 그것은 세상의 길과 구도의 길을 한 마음으로 이어가기 위한 통합적 안목이 반영된 결과일 것이다. 말하자면 조오현 시학의 무게중심은 지상으로부터의 일방적 몰입이나 초월에 있지 않고, 세속과 탈속의 불가분리성을 증언하면서 동시에 사실과 상상이 궁극적으로 한 몸임을 시적으로 표상하는 데 있는 것이다.

나이는 뉘엿뉘엿한 해가 되었고
생각도 구부러진 등골뼈로 다 드러났으니
오늘은 젖비듬히 선 등걸을 짚어본다.

그제는 한천사 한천스님을 찾아가서
무슨 재미로 사느냐고 물어보았다
말로는 말 다할 수 없으니 운판 한 번 쳐보라, 했다.

이제는 정말이지 산에 사는 날에
하루는 풀벌레로 울고 하루는 풀꽃으로 웃고
그리고 흐름을 다한 흐름이나 볼일이다.

—「산에 사는 날에」전문

'산에 사는 날'을 마친다면 그때 어떻게 생을 완성할 것인가를 묻고 있는 무산 시편은, 뉘엿뉘엿 해가 진 인생의 길목에서 한 스님을 찾아가 "말로는 말 다할 수" 없는 세계를 경험한 것을 표현하고 있다. 그가 궁극적으로 가 닿은 것은 "하루는 풀벌레로 울고 하루는 풀꽃으로 웃고" 마치 하루살이의 온전한 하루처럼, "흐름을 다한 흐름이나 볼일"에 있다. 이 같은 조오현의 시세계를 두고 우리는 '무변의 바다'로 비유할 수 있을 것이다. 무변無邊의 깨달음 속에서, 하찮은 것들의 울음과 웃음 속에서, '흐름을 다한 흐름'처럼, 죽음과 삶을 응시하면서 생을 완성하려는 그의 시세계가 선명하게 그 육체를 드러내고 있는 것이다. 그리고 그렇게 "흐름을 다한 흐름"이야말로 그의 시적 생애를 은유한 것일 터이다.

강원도 어성전 옹장이
김 영감 장렛날

상제도 복인도 없었는데요 30년 전에 죽은 그의 부인 머리 풀고 상여 잡고 곡하기를 "보이소 보이소 불길 같은 노염이라도 날 주고 가소 날 주고 가소" 했다는데요 죽은 김 영감 답하기를 "내 노염은 옹기로 옹기로 다 만들었다 다 만들었다" 했다는 소문이 있었는데요

사실은

그날 상두꾼들
소리였대요.

― 「무설설無設設 1」 전문

    한 옹장이의 죽음을 두고 일어난 일정한 서사를 표현하고 있는 이 시조 작품은, 중장을 파격하면서 그 안에 상상적인 대화 양식을 집어넣고 있다. 옹장이 김 영감의 장례를 치르던 날 들려온 "상두꾼들/소리"를, 시인은 죽은 김 영감과 그 전에 이미 죽은 그의 아내가 주고받는 대화 방식으로 풀어본다. 여기서 시인이 강조하고자 하는 것은, 그 발화의 주체가 부부의 것이든 김 영감을 떠메고 나가는 상두꾼들의 것이든 별로 중요하지 않다는 점에 있다. 중요한 것은, 살아가면서 김 영감이 가슴에 품었을 "불길 같은 노염"과 실제의 불길 속에서 차츰 완성되었을 "옹기"의 상호 전화 과정인 것이다. 여기서 '옹기장이=승려=시인'이라는 등식이 섬세하게 만져진다. 이러한 사실과 허구 혹은 삶과 죽음의 상상적 통합 과정이야말로 온갖 분별지가 구축한 미망의 악순환을 일시에 걷어버리는 언어적 실천으로 다가온다고 할 수 있다. 시인이 다른 시편에서 "바다에 가면 바다/절에 가면 절"(「무설설 2」)이 된다면서 사물과 의식의 통합에 대한 지향을 보인 것이나, 궁극적인 사물의 이치를 알기 위해서는 "흐르는 반석 밑으로/물소리나 들을 일"(「무설설 3」)이라는 전언을 보인 것도 모두 이와 깊이 연관된다. 이처럼 무산 시조에서 더없이 확연한 것은, 사물의 존재 자체가 아니라, 그 존재를 가능케 하는 다른 사물들과의 관계 양상이고, 더 나아가서는 '부재'를 통해서만 증명될 수 있는 '존재'의 방식이 되고 있는 것이다.

3.

 조오현 시인이 종내 우리에게 들려준 발화 방식은 주객 분리나 이성적 사유에서 벗어나 직접적, 전체적으로 존재를 만나는 통전적 경험이며, 경험적, 이성적 판단을 일시에 폐기시키는 상상적 행위이다. 또한 이는 '신화'나 '역사' 같은 집체적 시간 경험이든 개인적 시간 경험이든 그 안에 담겨 있는 근대적 시간관을 부정하면서 씌어지는 시편들을 통해 드러나는 독특한 경험이기도 하다. 그 안에는 최상의 수행성을 강조해온 우리 시대의 담론적 운산들에 대한 우회적 비판이 담겨 있다. 이 같은 의식이 과정적 흐름을 통해 구체화된 결실이 바로 「무산심우도霧山尋牛圖」 연작일 것이다. 원래 '심우도'는 본성을 찾아 수행하는 단계를 동자나 스님이 소를 찾는 것에 비유해 묘사한 불교 선종화禪宗畵이다. 모두 열 개의 장면으로 구성되어 있는데 '소'는 인간 본성에, '동자'나 '스님'은 불도의 수행자에 비유된다. 이것을 시인은 '무산霧山'의 이름으로 재구성한 것이다.

 생선 비린내가 좋아 견대肩帶 차고 나온 저자
 장가들어 본처는 버리고 소실을 얻어 살아볼까
 나막신 그 나막신 하나 남 주고도 부자라네.

 일금 삼백 원에 마누라를 팔아먹고
 일금 삼백 원에 두 눈까지 빼 팔고
 해 돋는 보리밭머리 밥 얻으러 가는 문둥이어, 진문둥이어.
  ─「입전수수立廛垂手 ─ 무산심우도 10」 전문

 도주한 범인을 찾아 체포하는 상황의 비유를 통해 '나'의 행동적 표지를 세워가는 과정을 담고 있는 이 연작시편은, 위의 결구에서 보듯, 시인의 궁극적 심우 과정이 일종의 '파계' 형상으로 귀착되는 모습을 보여준다. 읽어볼수록 하나의 선화禪話적 구성을 취하고 있는 이 연작시편은 그래서 앞서 말한 세속과 탈속의 불가분리성을 다시 한 번 증언하면서 동시에 사실과 상상이 결국은 한통속임을 시적으로 표상하고 있는 것이다. 이처럼 모든 대립적 경계선이 지워진 곳에 조오현 시학의 궁극이 깃들이고 있다.

삶의 즐거움 모르는 놈이
죽음의 즐거움을 알겠느냐

어차피 한 마리
기는 벌레가 아니더냐

이다음 숲에서 사는
새의 먹이로 가야겠다.

— 「적멸을 위하여」 전문

'미물'을 통해 그리고 그것의 궁극적 사라짐을 통해 시인이 이른 곳은 '적멸'의 지경이다. 시인은 스스로를 일러 "기는 벌레 한 마리/몸을 폈다 오그렸다가//온갖 것 다 갉아먹으며/배설하고/알을 슬기도 한다."(「내가 나를 바라보니」)라고 묘사하기도 했고 "내 평생 붙잡고 살아온 것이 아지랑이"(「아지랑이」)하고도 했거니와, 이러한 "황홀한 육탈肉脫"(「봄의 불식不識 — 견춘삼제見春三題 1」) 과정이 적멸에 이르는 그만의 시적 방도가 되고 있다. 또한 "하루는 종놈 되고 또 하루는 종년 되어/무시로 음식 찌꺼기나 얻어 그냥 좋아할 일이다."(「근음近吟」)에서처럼 사라져가는 미물로 자신을 견주는 유추적 상상력은 시인을 시인되게 하는 근원적 힘이 되고 있다. 이러한 상상력이 미학적으로 빼어나게 개화한 것이 「아득한 성자?」일 것이다.

하루라는 오늘
오늘이라는 이 하루에

뜨는 해도 다 보고
지는 해도 다 보았다고

더 이상 더 볼 것 없다고
알 까고 죽는 하루살이 떼

죽을 때가 지났는데도
나는 살아 있지만
그 어느 날 그 하루도 산 것 같지 않고 보면

천년을 산다고 해도
성자는
아득한 하루살이 떼

— 「아득한 성자」 전문

이 걸출한 시편의 기본 구도는 '하루/천년'의 대립에 놓여 있다. 그리고 '삶/죽음'의 대립도 현저하게 개입하고 있다. '하루살이 떼'는 "하루라는 오늘"과 "오늘이라는 이 하루"를 온몸으로 산다. 그 오늘뿐인 하루를 사는 '하루살이'에게 과거(어제)와 미래(내일)라는 시간적 분절은 존재하지 않는다. 그네들은 "뜨는 해도 다 보고/지는 해도 다 보았"기 때문에 다시 떠오를 해를 기다지리 않는다. 그들은 온 생애를 다 살았기 때문에 그저 "더 이상 더 볼 것 없다고/알 까고 죽"을 뿐이다. 여기서 '하루살이 떼'는, 우리가 흔히 '하루살이 인생'이라고 비아냥거리는 '덧없음'의 은유를 훌쩍 벗어나, 완전한 '오늘이라는 하루'를 살아낸 '성자'로 각인된다. 그에 비해 시인은 "죽을 때가 지났는데도/나는 살아 있"다고 한다. 그리고 그 오랜 삶의 궤적이 "그 어느 날 그 하루도 산 것 같지 않"다고 고백한다. 그러한 인생이 "천년을 산다고 해도" 무슨 소용이 있겠는가. 그래서 얻은 깨달음이 과연 성스러움에 이를 수 있겠는가. 그 점에서 오직 성자는 "더 이상 더 볼 것 없다고/알 까고 죽는" 하루살이 떼뿐인 것이다. 모든 것을 보았다며 알 까고 죽는 '하루살이'의 짧은 삶과 단호한 죽음, 비교적 긴 삶을 누리면서 죽을 때가 되었는데도 살아 있는 시인, 이 선명한 대조가 이 작품을 아득하게 만들어주고 있는 것이다.

이 작품에서 가장 성공적인 시적 표현은 아무래도 '아득한'이라는 관형어에 있을 것이다. '아득함'이라는 말은, 시간적으로는 '오래' 공간적으로는 '깊이'의 맥락을 지니고 있다. 그리고 외관상으로는 어지러이 분분하는 '하루살이 떼'를 감각적으로 보여주고 있기도 하다. 그래서 "저 고려나 조선조 고승의 선시의 경지를 넘어서는 이 싯귀"(이근배)라는 표현이 가능했을 것이다. 이는 결국 불가가 지향하는 정신적 고처의 시적 전언인 동시에, 시조 양식의 끊임없는 수정과 변형을 통해 시인이 가 닿고자 하는, 다른 양식으로는 대체 불가능한 언어적 표상일 것이다.

4.

우리가 문학 작품에 나타난 주제를 추출하여 그것을 하나의 종교적 지향으로 해석할 때, 특별히 그것이 특정 종교와 밀접한 관련성을 가진다고 인식될 때, 우리는 그 작품들을 통칭하여 '종교 문학'이라 부른다. 가령 신라의 향가나 근대의 만해 한용운, 신석초 등의 시에 나타나는 불교적 성격, 김만중 소설 『구운몽』에서 감지되는 유불선적 성격, 김동리의 『사반의 십자가』나 「목공 요셉」, 김은국의 『순교자』, 이문열의 『사람의 아들』에서 보이는 기독교적 성격 등 종교적 소재에 바탕을 두거나 종교적 이념의 육화에 집중적으로 착목한 작품들은 모두 그러한 '종교 문학'의 범주에 귀속될 수 있을 것이다. 이처럼 문학의 하위 범주로서의 '종교 문학'이라는 범칭汎稱이 가능하다는 것은, 우리 문학이 끊임없이 종교적 흐름과 교섭해왔다는 첨예한 예증이 될 수 있을 것이다. 그 가운데 불교는 1,500년 전 이 땅에 들어와 오래도록 뿌리를 내린 종교로서 우리 문학의 전개에 중차대한 영향을 끼쳤다. 그래서인지 예술이나 문학 분야에서 불교를 수용한 사례는 매우 유서가 깊다. 그 오랜 흐름을 따라 우리 문학은 남다른 형이상학적 차원을 얻게 되었고, '성聖'에 대한 미적 경험을 본격화하였다고 할 수 있을 것이다. 무산선사의 시편들은 이러한 불교문학의 지향을 대표하는 실례이자, 동시에 그러한 속성을 뛰어넘는 보편적 문학으로서의 위상을 각별하게 표상하는 실재라 할 것이다.

여기서 우리가 다시 한 번 강조해야 할 것은 무산선사의 선적 사유가, 지상으로부터의 일방적 몰입이나 초월에 그 목표를 두지 않는다는 점이다. 오히려 그는 세속과 탈속의 불가분리성을 온몸으로 증언하면서 어쩌면 실재와 상상이, 감각과 사유가 궁극적으로 한 몸으로 통합되는 것임을 적극 표상한다. 그래서 우리는 그의 시편들이 지향하는 것이 불교적 명제를 시적으로 번안하는 데 있는 것이 아니라, 오히려 성聖과 속俗의 경계에서 생의 이치를 궁구하는 일종의 비승비속非僧非俗의 지경을 추구하는 것임을 알게 된다. 이때 모든 사물들은 각솔기성各率其性에 따라 저마다 존재하지만, 시인은 그것들을 통해 새로운 이치를 발견하는 '이물관물以物觀物'의 방법을 일관되게 보여주게 된다. 즉 사물들은 하늘로부터 받은 본성에 따라 살아가지만, 그 이면에 새로운 본성들을 감추고 있다는 점을 무산선사는 투시하고 있는 것이다.

물론 조오현 시인이 반세기 가까운 시작 활동 기간 동안 그리 많은 작품을 썼다고 하기는 어렵다. 선승禪僧이요 시인이라는 이중적 캐릭터를 수행하는 어려움이, 이 같은 과작의 성취로 나타났을 것이다. 하지만 그의 개개 시조 작품들은 과작인 채로 돌올한 빛을 보인다. 원래 선이란 분별하는 마음을 떠나 곧바로 마음 자체를 가리킨다. 교가 경전을 읽고 설법을 하여 부처의 뜻을 헤아리고자 한다면, 선은 마음과 마음을 통해 깨달아 곧 바로 부처가 되고자 한다. 이렇듯 선은 가르침이 아니라 내 마음 속의 부처를 드러내는 일이요, 구속이 아니라 자유를 지향한다. 그래서 이론으로 따져들거나 논리로 입증하거나 답을 제시하는 것이 아니다. 그렇게 무산 시조의 '선'은 "곧 바로 마음을 가리켜[直指人心] 자기 안의 불성을 보아 부처가 되는 길[見性成佛]'을 지향하며, 동시에 '올바름을 드러내는 것[顯正]'을 성취하는 순간에 파사 곧 '삿됨을 깨뜨리는 것[破邪]'을 이루어낸다. 전자든 후자든 깨달음조차 삿됨이라고 배격하고 끊임없이 새롭고자 하는 것이 불법의 길인데, 무산 시조는 그렇게 불교적 귀속성과 보편으로의 원심력을 그 안에 품고 있다 할 것이다.

5.

우리는 어떤 언어 양식이 '시조'의 육체를 입는 한, 그것이 시조로서의 양식적 구심력을 섬세하게 지켜야 한다고 믿는다. 시조를 쓰면서 시조 고유의 오랜 속성을 해체하고 이완하는 작업은 일종의 자기 모순에 가깝기 때문이다. '정형'이라는 현저한 외적 제약에도 불구하고, 일종의 '원초적 통일성'을 회복하려는 서정 양식의 본래적 지향을 구현하면서 시적 형식의 단호한 절제를 구현하는 것이 시조 미학 개진에 중요한 것은 그 때문이다. 물론 고시조를 지나 현대시조로 토양을 옮기면서 시조 양식의 본래적 특성들은 많은 변화를 치렀다. 왜냐하면 현대시조는 고시조와는 달리, 현대인의 복합적인 정서와 인식을 담아내야 했기 때문이다. 그 점에서 시조 양식은 본래적 특성들을 잘 견지하면서 부분적으로 변용을 이루어내는 것이 온당하다. 왜냐하면 정형시의 전통은, 오랜 세월을 축적하면서 인간의 보편적 정서를 담아내는 그릇의 역할을 충분히 해왔기 때문이다. 그래서 시조는 근원적으로 안정되고 보편적인 인생론의 경향을 띠기 쉽고, 그만큼 강렬한 해체 정신보다는 고전적인 정서의 재발견에 더 무게가 주어지게 마련이다. 그 점에서 현대시조를 쓰는 사람들은 인접 양식들과의 혼종 교배나 새로운 양식 창안에 몰두하는 것보다는, 시조의 미학과 역사를 촘촘히 궁구하여 그것을 현대적 해석이나 감각과 활발히 결속하는 데 힘써야 할 것이다. 그때 조오현 시조가 보여주는 정형 양식의 위의와 양도할 수 없는 실존적 명제들은 다시 한 번 새삼 강조될 것이다.

　우리가 지금까지 『조오현문학전집―적멸을 위하여』를 통해 읽어온 것처럼, 조오현 시학을 떠받치고 있는 가장 근원적인 원리는 오랜 시간 속에서 모든 개념적, 경험적 경계선을 지워가는 일련의 통합적 사유 과정에 깃들여 있다고 할 수 있다. 시인은 지상의 분별지가 구획지어 놓은 경계선들을 해체하면서 궁극적으로 대립성이 소멸되는 통합 과정을 꿈꾸고 있다. 말하자면 조오현 시학의 무게중심은 지상으로부터의 일방적 몰입이나 초월에 있지 않고, 세속과 탈속의 불가분리성을 증언하면서 동시에 사실과 상상이 궁극적으로 한통속임을 시적으로 표상하는 데 있다. 이러한 '사실/상상' 혹은 '삶/죽음'의 상상적 통합 과정이야말로 온갖 분별지가 구축한 미망의 악순환을 일시에 걷어버리는 언어적 실천이 된다. 이러한 사유 과정이 바로 '아득한 성자'라는 미증유의 상상력을 가능케 한 수원이었을 것이다.

근본적으로 '선'의 언어가 모순적이고 양립 불가능한 것들의 양립 양상 곧 양가성에 대한 언어라는 점은 우리가 잘 알고 있는 바이다. 이른바 우주적 존재(cosmic being)로서의 스케일을 보여줌과 동시에, 가장 하찮은 미물 속에서 거리 개념이나 주객 분리의 개념이 급격히 소멸하는 과정을 경험케 하는 조오현 시학의 '선'은 그 점에서 초월적이고 비약적이다. 그리고 우리는 '선'에서 말하는 오도 내지 견성의 경험이 종교적 신비나 초월의 한 양상으로 받아들여지는 것도 어느 정도 불가피하다고 생각한다. 하지만 조오현 시학은 이 같은 초월과 비약에 대한 항간의 의구심에 대한 가장 적극적인 미적 항체로 존재한다. 왜냐하면 그의 시학은 근원적으로 불이문자不離文字의 경지에서 구축되고 있으며, 세속과 탈속, 마이크로와 매크로, 주체와 대상, 삶과 죽음의 인식론적 구획을 활달하게 지워나가는 통합의 상상력 속에서 이루어지고 있기 때문이다. 『조오현문학전집—적멸을 위하여』는 이러한 시적 통합 과정이 '시조'라는 정형 양식과 적극적으로 교섭하고 결합한 탁월한 미학적 사례로서, 조오현 시학 연구를 위한 유력하고도 믿을 만한 유일 저본으로, 그리고 우리 시조 시단의 돌올한 선의 미학과 시적 형이상성을 보여주는 대표적 범례로 깊이 기억될 것이다. 그 점 이번 전집의 결실이요 그에 거는 기대가 아닐 수 없다.(2013)

생의 근원을 향해 번져가는 그리움

박시교 시집 『獨酌』

박시교 시인의 『獨酌』(작가, 2004)은, 평소 과작寡作으로 평판이 난 그의 세 번째 시조집이다. 잘 알려져 있듯이 그는, 우리 나라 시조단에서 정형 율격을 묵수墨守하면서 자기 세계를 고집스럽게 지켜온 대표적 시인 가운데 한 사람이다. 말하자면 우리 정형시가 주체와 세계간의 균형과 조화를 통해 잃어버린 근원적 동일성을 회복할 수 있는 미학적 대안으로 기능하고 있다고 할 때, 그 대표적 주자가 바로 박시교 시인인 것이다. 오랜만에 출간된 그의 시집 『獨酌』은 이 같은 박시교 시인의 동일성의 시학을 구현하고 있는 알맞은 실례로서, 시인의 사물 인식이나 정서가 세계의 내적 원리가 소통하면서 절묘한 화음和音을 이루고 있는 세계라 할 것이다. 대개 좋은 정형시일수록 해체 지향의 파열음보다는 운율과 감각의 동일성을 지켜간다고 할 때, 그가 일관되게 보여주는 정형 양식의 결속을 통한 동일성의 시학은 그만큼 값진 것이 아닐 수 없다.

시집 첫머리에 실린 「나무에 대하여」는 이 같은 동일성의 시학을 선명하게 보여주고 있는데, 가령 "나무도 아름드리쯤 되면 사람이다//안으로 생각의 결 다진 것도 그렇고//거느린 그늘이며 바람 그 넉넉한 품 또한"

이라 할 때, '나무'와 '사람'은 서로의 형질을 공유하면서 서로에게 넘나들고 있다. 원래 '나무'는 인간과 가장 가까운 형상形象을 하고 있지만, 시인은 "나무도 아름드리쯤 되면 사람이다"라면서 '나무'와 '사람'이 어떤 정신적 지경地境에서 하나로 묶일 수 있는 은유적 가능성을 열고 있다. "안으로 생각의 결 다진 것도 그렇고//거느린 그늘이며 바람 그 넉넉한 품 또한" 꼭 닮았다는 것이다. 이때 시인이 비유하고 있는 '사람'이 물리적 범주가 아니라 가치론적 범주임은 말할 것도 없다. 이어서 시인은 "격格으로 치자면 소나무가 되어야 한다//곧고 푸르른 혼 천년을 받치고 서 있는//의연한 조선 선비 닮은 저 산비탈 소나무"라고 하면서 나무 가운데서도 '소나무'가 '격'과 '혼'과 '의연함'을 갖고 있다고 말하고 있다. 이처럼 나무가 갖는 외관상의 특징을 시인이 바라는 인간상에 이입시키는 동일성의 원리에 의해 시인은, "무슨 말로 그 깊이 다 헤아려 섬길 것인가//나무도 아름드리쯤 되면 고고한 사람이다"라면서 나무의 고고孤高함이 인간이 닿아야 할 궁극의 표지標識임을 부각시키고 있다. 이로써 시인은 사물과의 유비를 통해 생의 근원적 가치에 가 닿고자 하는 자신의 의지를 간접화하고 있는 것이다.

이러한 동일성의 시학은 시집 곳곳에서 시인의 상상력으로 하여금 자연 사물에 자주 깃들이게 한다. 예컨대 시인은 "가거라, 그래 가거라 너 떠나보내는 슬픔//어디 봄산인들 다 알고 푸르겠느냐//저렇듯 울어쌌는 뻐꾸긴들 다 알고 울겠느냐"(「이별 노래」)라면서 자연 사물 곳곳에 퍼져 있는 그리움의 흔적들을 발견하고 불러모은다. 무릇 '그리움'이란 욕망이 다한 지점에서 아련하게 피어오르는, 부재하는 대상에 대한 궁극적 추인追認이 아닌가. 그 점에서 박시교 시학은 "마음 빈/자리 있어도/그 누구도/들이지 않고"(「춘궁」) 오직 '시'를 통해서만 그리움의 대상들을 하나하나 들여앉히는 상상적 언어의 세계이다. 그래서 시인은 시집 곳곳에 "아득한 삶의 구비마다 젖어오던 눈물"(「구절리 가는 길에」)을 재현해놓

앉으며, 그 안에서 "퇴락한/절집 한 채/가랑잎처럼/앉았던 곳/오래 전/하산下山한 메아리"(「청량산」)와 "눈물처럼 번져오는 그리움의 메아리"(「가을산을 보며」)를 듣고 있는 것이다.

근원적 동일성을 갖춘 '존재(Sein)'가 숨어버린 절멸과 폐허의 시대에, '시'야말로 잃어버린 동일성을 회복하고 생의 근원을 향해 아득하게 번져갈 수 있다는 미학적 사실을, 박시교 시인은 『獨酌』의 세계를 통해 이처럼 보여주었다. 그것은 대개 자연 사물의 이미지를 포착하고 묘사하여, 그 안에 자신이 발견한 생의 근원적 가치와 상상력을 개입시키는 작법으로 이루어졌다. 그 세계를 통해 우리는 우리 시대의 가장 종요로운 중진 시인의 음역音域을 하나 갖게 된 것이다.(2005)

제3부

시간의 선명한 얼굴

이우걸 시집 『나를 운반해온 시간의 발자국이여』

1.

 이우걸 시인은 등단 이후 40여 년간 일관된 미학적 심화 과정을 통해 '시조'의 위의威儀와 가능성을 지속적으로 보여준 우리 시대의 대표적 중진이다. 그는 현대시의 산문화와 비속화 경향에 대한 강력한 미적 항체로서 '시조'를 상성하고, 오랜 창작 활동을 통해 우리 시의 지형을 풍요롭고 다양하게 일구어낸 장인匠人이기도 하다. 우리의 기억 속에, 그는 시조의 다양한 현대적 변용보다는 고전적 형식과 복합적 인식을 결속하는 방향을 일관되게 취해왔으며, 그 안에 사회 의식이랄까 현실 인식이랄까 하는 중요한 권역을 적극 도입하는 시적 개성을 보여주었다.
 이번에 새로 출간된 『나를 운반해온 시간의 발자국이여』(천년의시작, 2009)는, 이러한 그의 시사적 공적을 여러 차원에서 보여주는 동시에, 그가 여전히 매우 중요한 현역 시인임을 증언하는 작품들을 빼곡히 담고 있다. 그 점에서 우리는 이 길지 않은 글을 통해, 그의 빼어난 근작近作들을 중심으로, 그가 거둔 현재적 성취를 조감해보려 한다. 그것은 이번 시집이 구작舊作까지 망라된 이우걸 시학의 완결판이라고 할 만하지만, 여전히 그가 우리 시대의 쟁쟁한 현역이고, 앞으로 또 다른 차원의 시조 창작을 그가 열렬히 꿈꾸고 있기 때문이다. 그래서 이번 시집은 최종 '결산'의 의미보다는, 중간 '결절結節'로서의 의미가 더 깊은 성과라 할 것이다.

2.

이우걸 시조의 가장 중요한 특성은 완미한 정형 양식에 현대성을 접목하려는 노력에서 찾을 수 있을 것이다. 또한 그는 서정성과 사회성의 확연한 결속을 추구함으로써, 미적 완결성과 현실 인식의 축을 균형 있게 구축해온 시인이기도 하다. 이처럼 이우걸 시인은 사회의 어둠을 깊이 응시하면서 삶의 역설적 희망을 잃지 않는 균형 감각을 통해, 생의 형식을 복합적이고 비판적으로 성찰해왔다. 이번 시집에서도 이러한 그의 성향은 한편에서 굳건히 이어지고 한편에서 아름답게 완성되고 있다. 가령 시인은 오랜 시간 젖어 흘러온 자신의 '시간'을 가장 중요한 시적 대상으로 삼고 있고, 새로이 펼쳐질 '시간'을 설레는 마음으로 마주하고 있다. 말하자면 이러한 '시간'의 선명한 얼굴을 그려 보여주는 것이 이번 시집의 가장 중요한 얼개인 것이다.

우리가 잘 알듯이, '시간'은 저마다 다른 기억과 형식으로 경험되는 비가시적 실체이다. 그래서 시인은 자신만이 걸어온 오랜 '시간'을 가장 고유한 기억과 형상으로 부조浮彫하는 데 남다른 힘을 쏟고 있다. 시집 제목을 가능케 했던 다음 시편은, 이러한 선명한 '시간'의 얼굴을 아름답게 보여주는 사례로 읽힐 만한 것이다.

나를 운반해온 시간의 발자국이여

상처를 꿰매고 요오드를 바르는
가파른 생의 기록을 너는 새겨놓았구나.

서투른 보행으로 걸려 넘어지고
스스로 힘겨워 무릎을 꿇기도 했던
지금은 추억으로만 다가오는 이름 이름들.

망각이 결코 미덕만은 아니다
칠흑이 비춰주는 별빛의 형형함으로
새로운 행로를 위해
나는 너를 읽고 있다.

— 「흉터」 전문

"나를 운반해온 시간의 발자국"이란, 고스란히 화자가 살아온 생을 은유하는 표현일 것이다. 물론 그것은 "상처를 꿰매고 요오드를 바르는/가파른 생"의 연속이었다. 그 꿰매고 약을 발라온 과정이 이제 '흉터'로 남아, 화자의 생이 얼마나 가팔랐는가를 증언하는 기록으로 남았다. 그 오래된 '흉터'를 바라보면서 화자는 "서투른 보행" 때문에 걸려 넘어지고 무릎을 꿇기도 했던 자신의 '시간'을 회상한다. 그러면서 "지금은 추억으로만 다가오는 이름 이름들"을 하나하나 떠올리는데, 이때 그 이름들은 화자에게 새로운 에너지를 부여하면서 "별빛의 형형함으로/새로운 행로"를 예비해주는 기능을 떠맡는다. 그렇게 화자는 '흉터'라는 소멸의 흔적 속에서 새로운 생성의 가능성을 읽고 있는 것이다.

이러한 발상과 형상은 "서둘러 걷게 했던 우리 생의 기호들"(「오월, 맑음」)을 뒤로 하고 "상처만큼 더 깊숙이 문신을 새기며"(「꽃」) 살아온 시인의 생을 은유적으로 명료하게 보여준다. 아닌 게 아니라 시인은 다른 작품에서도 이미 "하루치 생의 그늘이 저렇게 깊은 것"(「종점」)이라고 노래하고 있지 않은가. 그만큼 그에게 '시간'은 깊고 형형한 생의 비의秘義를 보여주는 물리적이고 상징적인 실체이다. 다음 시편도 주제나 기법 면에서 앞의 시편을 잇고 있는 작품이다.

반쯤은 젖어 있는 어제들이 있다
망각하면 더 편안한 불행의 여러 이름들
그러나 지울 수 없는 바퀴 자국이 선명하다.

생은 길모퉁이의 행상처럼 고달팠다
땀내 나는 얼굴들을 하나 둘 들여다보면
그 상처 나누어 가졌던 지혜도 스며 있다.

— 「가족사진」 전문

화자는 '가족사진'을 바라보면서 잊어버렸으면 좋았을 "불행의 여러 이름들"을 떠올린다. 앞의 작품에서 "지금은 추억으로만 다가오는 이름 이름들"을 부르는 화자의 마음이 여기 고스란히 이어진다. 그렇게 '망각'은 아늑하지만 '기억'은 고통스러운 것이다. 화자는 고통을 남다른 수반한 채 '가족사진' 속에 "지울 수 없는 바퀴 자국"이 선명하게 새겨진 것을 바라보는데, 이는 다른 작품에서 이미 "바퀴엔 질주의 욕망이 감겨"(「드라이브」) 있다고 말한 시인이 새삼 그 '바퀴 자국'이 스쳐간 가족들의 '시간'을 바라보는 풍경을 보여주는 것이다.

화자는 삶이 "길모퉁이의 행상"처럼 고달팠고, 그 안에는 가족들의 땀과 "상처 나누어 가졌던 지혜"가 어느새 남게 되었다고 노래한다. 다른 캐릭터를 빌려 쓴 작품에서도 "아내의 성화에 못 이겨 전셋집을 옮기고,/아들의 고집으로 전학을 시키면서,/김씨는 어쩌면 자기가/부록 같은 생이라고?"(「부록」) 했다고 기록했지만, 그만큼 이우걸 시학 안에 들어선 가족들을 비롯한 장삼이사들이 겪는 삶의 애환은, 다른 어느 시조시인의 세계보다도 구체적 생의 형식을 보여주는 실례로 남을 것이다.

이처럼 이번 시집에 담겨 있는 이우걸 근작들은, 일차적으로 '시간'에 대한 경험 형식으로 씌어진다. 그렇게 그는 '시간'에 대한 경험과 기억의 재구성이라는 양식적 특성을 일관되게 견지하면서, 삶의 여러 상처와 지혜에 대한 적극적 회상을 통해 자신의 생에 새로운 의미 부여를 하고 있다 할 것이다.

3.

우리 시대의 시인들은 '시간'에 대한 남다른 경험과 기억을 형상화하는 데 많은 공력을 바치고 있다. 물론 이것이 최근에 나타난 전혀 새로운 현상은 아닐 것이다. 어쩌면 '시'라는 양식은, 그것이 유년의 기억에 대한 반추이든, 지나온 세월에 대한 인생론적 관조이든, 인간의 역사를 일종의 메타적 탐색이든, 어느 정도는 다 '시간'의 형식을 빌리지 않을 수 없기 때문이다.

하지만 우리는 근대적으로 분절된 도구적 시간 단위를 넘어, 디오니소스적 이면을 꿰뚫는 혜안을 작법 원리로 삼는 시인이 보여주는 '시간'에 관한 사유와 표현만큼은 눈여겨볼 필요가 있다. 이우걸 시인의 시선이 의미가 있는 까닭도 바로 여기에 있을 것이다. 예컨대 그는 '시간'의 속도에 밀려 쇠해진 육신이지만, 오히려 그 같은 쇠락 과정을 통해 전혀 새로운 생의 역리逆理에 눈뜨는 과정을 다음과 같이 보여준다.

껴도 희미하고 안 껴도 희미하다

초점이 너무 많아

초점잡기 어려운 세상.

차라리 눈감고 보면

더 선명한

얼굴이 있다.

— 「안경」 전문

화자는 '안경'이라는 인공의 도구를 쓰고도 잘 안 보이는 세상에 대하여 노래한다. 그렇게 세상이 안 보이는 까닭은 안경을 "껴도 희미하고 안 껴도 희미하다"는 것과 오히려 안경이 "초점이 너무 많아//초점잡기 어려운" 쪽으로 해석되기 때문이다. 여기서 '희미함'과 '초점 많음'이란 것은, 우리 시대의 혼탁하고 균열된 양상을 은유적으로 보여주는 표현일 것이다. 이때 화자는 차라리 "눈감고" 세상을 보려 한다. 그런데 이게 웬 일인가. 오히려 감은 눈 위로 "더 선명한//얼굴"이 보이는 게 아닌가. 아닌 게 아니라 시인은 일찍이 오래된 그의 대표작에서 "보고도 만지고도/읽지 못한 세상"(「맹인」)을 노래한 바 있다.

이렇게 '보이는 눈'과 '보이지 않는 눈'을 대비하면서, 역설적으로 사물의 이치를 깨달아가는 심안心眼의 경지를 이우걸 시인은 열어 보여준다. 그러니 그 시선에 "어둠이 미처 못 지운/잔광 몇 올들"(「웃음」)이 하나하나 들어오는 것도 자연스럽지 않은가.

월평을 경전처럼 받들던 때가 있었다
말을 길들이고 자유에 경고를 주던
서글픈 눈치 보기가
젊은 한때의 공부였다.

노을처럼 흩어져 있는 감정의 파편을 보며
깨어진 거울에 비친 사물들의 음영을 읽으며
철없이 내가 믿었던
그 독서는
끝이 났다.

지금도 가끔 월평을 읽곤 하지만
어구들의 성찬이 만든 어설픈 문맥을 보면
지워진 어제가 떠올라
쓰디쓴 미소 짓는다.

―「월평을 읽으며」 전문

화자에게는 "월평을 경전처럼" 받아들이던 때가 있었다. 그렇게 한때를 강박했던 공부 방식이 사실은 "말을 길들이고 자유에 경고를 주던/서글픈 눈치 보기"였음을 화자는 힘주어 고백한다. 아닌 게 아니라 '월평月評'이란, 당대 시편들에 대한 조감과 평가라는 확연한 비평적 의의에도 불구하고, 종종 비평 권력에 의한 시인 길들이기의 속성이 있어왔던 것이 사실이다. 그러니 화자로서 그 안에서 "노을처럼 흩어져 있는 감정의 파편"이나 "깨어진 거울에 비친 사물들의 음영"을 보는 것도 자연스러운 일이다.

여기서 '깨어진 거울'은, "팽팽한 수면이 고요를 이루고"(「호수」) 있는 투명하고 부드러운 것과는 전혀 달리, 존재의 균열 양상을 선명하게 보여주는 물리적 등가물로 나타난다. 하지만 이러한 것에 기대 '시'를 쓰던 시절은 이제 지났다고 화자는 단호하게 선언한다. 말하자면 "어구들의 성찬이 만든 어설픈 문맥"을 개의치 않으면서, 이제 자신만의 언어를 "지워진 어제" 넘어 일구어가겠노라는 역설적 다짐이 읽혀지는 것이다.

4.

그동안 우리 시조 미학은 '불화' 보다는 '화해', '새로운 것' 보다는 '익숙한 것', '갈등' 보다는 '통합' 과 '치유' 쪽으로 무게중심을 할애해왔다. 그래서 우리 시대처럼 다양성과 복합성의 때에 시조가 여러 겹의 발화發話를 취할 수 있겠는가 하는 반문이 늘 있어왔다. 다시 말하면 다양성과 복합성으로 상징되는 현대성의 징후들을 정형 양식에 담는 것이 자연스러운가 하는 의문이 드는 것이다.

그동안 시조의 화자가 미적 균열을 일으키는 경우는 거의 없었다고 해도 과언이 아니다. 그 점에서 이우걸 시법詩法이 보여주는 복합성과 중층성의 안목은, 입체적이고 다양한 아이러니적 사유를 시조 안에 이끌어 들이는 적극적이고 창의적인 기능을 보여준다. 그래서 그는 사물에 대해 일방적 몰입을 택하기보다는, 그로부터 일정한 거리를 두면서 어떤 모순된 질서들과 힘겹게 맞서는 것을 선택한다. 이러한 모순의 의미를 표현하는 미학적 양식이 '아이러니' 라고 할 때, 우리는 이우걸 시편들이 이러한 '아이러니' 의 미학을 온전하게 구현하는 실례라고 말할 수 있을 것이다.

이렇게 이우걸 시인은 현대시조의 양식적 문제들에 대해 진지하고 구체적인 응답을 해왔다. 시인은 우리 사회에 미만彌滿해 있는 정신적 공황과 수사 과잉 그리고 진정성 결핍의 내면을 일관되게 비판하면서, '시조 양식 속에 가장 당대적인 감각을 담아내는 적공積功을 일관되게 보여준다. 오직 시조 외길만을 걸어온 시인이 전통적 정서의 재확인보다는 모더니티와의 적극적 교섭을 통해 시조 미학을 확충하려는 노력과 성찰을 보여주는 것은, 시조의 양식적 견지와 확충을 동시에 이루려는 그의 일관된 관심에서 나오는 것이다.

이러한 우리 시대의 징후들에 대한 예리한 비판적 인식과는 달리, 이우걸 시인이 부여하는 또 하나의 시적 지향은 스스로를 추슬러서 일종의 균형 감각을 유지하려는 자기 탐구의 노력에 있다. 그러한 시학적 진경進境 가운데서 다음과 같은 완벽에 가까운 정형 미학이 만들어지는 것이 아닌가.

만장처럼 젖은 글발이 하늘에 펄럭인다

저 횡서의 상형문자를 달빛에 비춰보면

추억을 현상해내는 미세한 필름이 있다.

— 「기러기 · 2」 전문

"만장처럼 젖은 글발"로 기러기 떼를 형상화하고, 거기서 "저 횡서의 상형문자"를 '달빛'과 함께 각인하고, 그 안에서 "추억을 현상해내는 미세한 필름"을 읽어내는 시인의 시선은, 이렇게 선명한 '시간'의 얼굴을 읽고 표현하는 품과 격을 우리 시단에 부여하였다.

이렇게 아름다운 형상을, 일정한 시간이 지난 후의 '추억'으로 보여주는 그의 시안詩眼이, 스스로를 운반해온 '시간'의 발자국과 함께, 다시 걸어야 할 새로운 길에 함께 하기를 진심으로 기원해본다.(2009)

'사랑'과 '근원'과 '시'를 상상하는 심미적 서정

김영재론

1. 심미적 역설의 미학

우리의 근대는 이른바 '파시스트적 속도'를 동반한 숨가쁜 성장 리듬을 통해 비약적으로 전진해왔다. 뒤돌아볼 겨를도 없이 앞으로만 질주해온 이러한 근대의 아폴론적 활력은, 문명과 테크놀로지의 획기적 발전과 함께 인류의 장밋빛 미래에 대한 과학적 예견까지 풍요롭게 가져다주었다. 하지만 근대가 남긴 어둑한 그늘도 만만치 않아서, 우리는 깊은 상실과 소외감 속에서 폐허와도 같은 근대의 뒤안길을 목도하는 경우가 많아졌다. 이러한 이중 상황에서, 우리 서정시는 근대의 디오니소스적 이면을 꿰뚫는 혜안을 통해 새로운 차원의 사유와 감각을 생성해온 역사를 가지게 되었다. 물론 동어반복의 태작까지 끌어다가 상찬할 수는 없겠지만, 우리는 우수한 서정시를 통해 근대인이 살아가는 폐허의 시공간을 실감 있게 경험하면서, 동시에 우리가 잃어버리고 사는 가치론적 원천을 힘겹게 상상할 수 있게 되었다. 이번에 새로 출간되는 김영재 시집 『화답』(책만드는집, 2013)은, 서정시가 가지는 이러한 심미적 역설의 미학을 집약하고 있는 조찰하고도 아름다운 풍경첩이 아닐 수 없겠다. 아닌 게 아니라 시인은 자연 형상의 심미적 잔상들 안에서 번져나오는 다양한 풍경들을 채집하고 그것을 감각적으로 표현하면서, 그것들로 하여금 근대가 상실한 느릿하고도 풍요로운 역설의 미학을 구축하게끔 하고 있다. 그는 그러한 과정을 일종의 '둥긂'의 상상력을 통해 보여주고 있는데, 가령 우리는 그 상상력이 시인 자신의 마음속으로 차츰 퍼져나가면서 심미적 역설의 화법(話法/畵法)을 퍽 명징하고도 아름답게 구현하는 과정을 바라보게 된다.

연필을 날카롭게 깎지는 않아야겠다

끝이 너무 뾰쪽해서 글씨가 섬뜩하다

뭉툭한 연필심으로 마음이라 써본다

쓰면 쓸수록 연필심이 둥글어지고

마음도 밖으로 나와 백지 위를 구른다

아이들 신나게 차는 공처럼 대굴거린다

―「마음」 전문

'날카로움/뾰쪽함'과 '둥긂/구름'은 서로 대비적으로 채택된 물질적 속성일 것이다. 시인은 날카롭게 깎인 연필의 뾰쪽한 끝으로 씌어지는 글씨가 퍽 섬뜩하게 느껴진 모양이다. 하지만 뭉툭한 연필심으로 '마음'이라는 글자를 써가자 연필심은 어느새 둥글어지고, 시인의 '마음'도 차차 바깥으로 나와서 백지 위를 아이들이 신나게 차는 공처럼 둥글게 굴러다니는 게 아닌가. '날카로움'이 '둥긂'으로, '뾰쪽함'이 '굴러다님'으로 바뀌는 데는 이처럼 '마음'이 생겨나서 바깥으로 천천히 번져나오는 과정이 필요했을 것이다. 마찬가지로 김영재 시인은 빗방울이 구르는 것을 보고 "연잎에/뒹굴뒹굴/어여쁘지/않으랴"(「여름밤」)라고 감탄하기도 하고, "꺾을수록 신이 나서 꺾일수록 낭창거리는//노래"(「독할수록 꺾어라」)를 통해 모나고 단단한 것들을 풀어서 둥글고 부드러운 존재로 탈바꿈시키기도 한다. 이러한 '둥긂'의 상상력은 우리에게 숨 쉴 공간과 여백을 내주는 '구멍' 상징으로 그 흔적을 옮아가는데, 그 흔적을 탐사하는 심미적 순간이야말로 김영재 시편들이 탄생하는 가장 근원적인 자리가 아닐 수 없을 것이다.

통째 언 저수지가 쩡하고 갈라졌다

숨통이 틔었는지 다음 날 나가보았다

금이 간 날카로운 틈새 더욱 굳게 붙어 있었다

깊은 산 개울이 얼어 마실 물이 없었다

송송송 달래면서 구멍을 몇 개 냈다

얼음도 숨을 쉬는지 맑은 물을 내주었다

— 「얼음의 속성」 전문

'결빙'과 '숨통'의 사이, 그리고 '갈라짐'과 '붙음'의 사이에서 시인은 '얼음의 속성'을 들여다본다. 내내 결빙되었던 저수지가 쩡하고 갈라지자 시인은 숨통이 틔었다고 생각했지만, 그 금이 간 틈으로 얼음은 더욱 굳게 붙어버렸을 뿐이다. 숨통이 트기는커녕 다시 숨죽이는 시간이 이어진 것이다. 이처럼 깊은 산 개울조차 얼어버린 혹한의 시간에 시인은 얼음을 달래면서 '구멍'을 몇 개 내준다. 그러자 얼음도 숨통을 틔우면서 "맑은 물"을 내주는 것이 아닌가. 곧장 해빙으로 나아가지 않고 '구멍'이라는 매개를 통해 얼음 밑의 물을 찾아내는 이러한 사유와 감각은, 앞서 보았던 날카로운 것들을 둥글게 마물러가는 시인의 손길을 연상케 해준다. 그렇듯 김영재 시인은 둥글고 부드러운 '마음'과 '구멍'을 통해 '뾰쪽함'과 '굳게 붙어 있음'을 넘어 "고요한 하늘 중심이/움찔, 놀라 흔들"(「개심사 연못」)리는 순간을 시적으로 포착하고 표현한다. 사물의 속성을 깊이 사유하면서 단아한 절조와 음색으로 자신의 마음이 움직이는 순간을 잡아내는 것이다. 그때 비로소 시인은 "마음의 불, 밤새 켠"(「상촌면 민박집」) 채, 크고 굳은(macro hard) 것들을 작고 부드러운(micro soft) 것들이 이겨나가는 심미적 역설을 선연하게 보여주는 것이다.

2. 그윽하고 뜨거운 사랑의 마음

근본적으로 서정시는 '시간'에 대한 경험의 사후적事後的 형식으로 씌어지고 읽히게 마련이다. 그것이 설사 미래를 노래하거나 물리적 시간을 초월하는 영원성에 관한 시편이라 하더라도, 그것은 그 자체가 시간에 대한 고유한 가치 판단일 수밖에 없다. 그만큼 서정시는 시간에 대한 경험과 기억의 재구성이라는 고유한 양식적 특성을 지닌다. 결국 우리는 이 경험과 재구성 과정을 통해 그동안 대립적으로 인식되어온 여러 표지標識

들이 오랜 시간 속에서 해체되는 융합의 과정을 경험한다. 김영재 시인도 이처럼 오랜 시간 속에서 모든 대립적 형질들을 지워나가는 활달한 상상력을 보여준다. 특별히 주체와 대상, 떠남과 머무름, 비움과 채움 등의 여러 표지들을 활달하게 지워나가는 '사랑의 시학'은, 김영재 시편의 남다른 기둥이요 그가 오래 전부터 적공을 들여온 고유한 음역音域이라 할 수 있다. 시인은 곳곳에서 "사랑아/널 보내려고/나는 날 버려야 했다"(「전등사 목수의 노래」)라든지 "나 또한 길이 되어 기다리고 싶어라"(「동자꽃」)처럼 '보냄/기다림', '버림/그리움'의 시학적 실꾸리를 올올이 풀어놓는다. 그렇게 시인은 뜨겁게 자신을 단련하고 비우면서 궁극에는 가장 본질적인 것만 남기려 하는 정신적 고투를 벌인다. 김영재 시인에게 '사랑'이란 그만큼 자신이 노래하는 서정의 원천이요 궁극인 것이다.

대관령 아랫마을 횡계에 달이 떴다

달빛의 언저리를 씻어주는 맑은 바람

그 사랑

어루만지듯 산그늘 그윽하다

―「겨울 횡계」 전문

한겨울 대관령 아랫마을 횡계에 뜬 달빛 언저리를 맑은 바람이 씻어주는 풍경이 펼쳐진다. 마치 윤동주가 「서시」에서 "오늘밤에도 별이 바람에 스치운다."라고 묘사한 것처럼 바람에 씻기우는 것으로 묘사된 달빛 풍경은, 궁극의 심연에서 울려오는 "사랑"이 산그늘 그윽한 곳을 어루만지는 상상으로 나아간다. 그렇게 "산그늘 예쁜 자태" 속에 "지친 사랑 한 올"

과 "목마름"(「산음山陰에서」)을 놓아두는 지극한 마음도 이 시편의 주제와 내밀하게 상통한다. 이때 '사랑'은, 물론 충족되지 못한 외로운 목소리로 나타나는 것이지만, 시인은 그러한 그리움과 하염없는 결핍의 힘으로 나타나는 사랑이 자신의 유일한 존재 형식임을 노래한다. 결국 시인에게 그것은 적막한 고독과 결핍 속에서 잉태되어 오랜 기억으로 완성되어가는 과정적 실체일 것이다. 그 깊고 그윽한 그늘에서 시인의 '사랑'은 "봄 한철 짧은 생애를 천년인 듯 살고"(「냉이꽃」) 있을 것이다.

이런 봄날 꽃이 되어

피어 있지 않는다면

그 꽃 아래 누워서

탐하지 않는다면

눈보라

소름 돋게 건너온

사랑인들 뜨겁겠느냐

— 「홍매」 전문

시인은 '홍매'라는 선연한 빛깔의 자연 사물에서 눈보라 건너 찾아온 뜨거운 '사랑'을 발견한다. 그가 보기엔, 봄꽃 아래 누워 누군가를 "탐"하는 마음의 흐름이야말로 "소름 돋게 건너온" 뜨거운 사랑의 원질이기 때문이다. 그렇게 시인은 뜨거운 사랑이 아니면 이 가파른 생을 견뎌갈 수 없음을 깨닫고, 생명체로서의 존재 증명에 사랑보다 더 분명하고 강렬한 것은 없다고 증언한다. 김영재 시편은 이처럼 인간 내면의 가장 깊은 곳에서 발원하여 가장 먼 곳으로 퍼져가는 사랑의 에너지를 가득 품고 있다. 우리는 그의 시편을 통해 비로소 "그리움//속으로 안고//無心"(「초가 한 채―수덕여관」)하게 걸어가는 느릿한 시인의 품과 함께 "한 사람 떠나간 적막"(「불일암 장작」)을 환하게 기억하면서 먼 길 걸어온 뒤에 "벼랑도 그리울 것"(「떠나라」)이라고 말하는 시인의 깊은 사랑의 마음을 만난다. 김영재 시학의 가장 근원적이고 강렬한 에너지가 이렇게 누군가를 향한 깊고 그윽하고 뜨거운 사랑의 마음에 있음을 우리는 알게 되는 것이다.

3. 근원을 향한, 근원을 찾는 시선

김영재 시인이 견지하고 있는 사랑의 힘은 '고향'이나 '어머니' 같은 근원적 귀속처에 대한 오랜 그리움으로 자연스럽게 나아간다. 그 그리움 안에는 오래 경험해온 시간이 온축되어 있을 것이다. 하지만 시인에게 '시'의 시간이란 경험적 시간 자체가 아니라 작품 내적으로 변형되고 재구성된 미학적 시간이다. 그래서 '고향'이나 '어머니' 조차 과거 모습 그대로 재현되지 않고 미학적으로 굴절되고 변용되면서 시인의 기억 속에 깃들이게 된다. 우리의 '기억'이란 것이 본디 심상心像의 지층에 남아 있는 시간의 변형된 흔적이 아닐 것인가. 김영재 시인은 의식 저편에 깃들인 이러한 시간의 형상을 상상적으로 복원하여 현재형을 유추하는데, 그러한 유추는 과거 어느 시간을 향한 매혹으로 나타났다가 그 시간으로 하여금 다시 현재의 삶을 반추케 하게끔 하는 과정을 거친다. 그렇다면 그에게 '어머니'는 어떤 매혹과 반추의 흔적으로 계실까. 물론 그의 시편 속의 '어머니'가 모두 자연인 김영재의 어머니 그대로는 아닐 것이다. 그 '어머니'는 우리 모두의 근원으로 나타나신다.

> 5월 1일 노동절 어머니 일손 놓으셨다
> 노동의 즐거움으로 아흔한 해를 사셨고
> 온갖 일 못 잊으신 채 긴 휴식을 취했다
>
> 경북 예천 농협장례식장 봄바람 살랑살랑
> 꽃들도 단정하게 검정 리본 달았다
> 먼 길을 오신 듯 가시라 환하게 밤을 지켰다
> ―「어머니의 노동절―원석에게」 전문

때마침 노동절에 '어머니'는 아흔한 해 즐겁게 노동해오신 일손을 놓으셨다. 하지만 기나긴 휴식 중에도 '어머니'는 자신이 감당해내던 온갖 일들을 잊지 못하실 게다. "경북 예천 농협장례식장"을 감싸고 불던 5월의 봄바람도, 그 아래 흔들리던 꽃들도, 단정하게 검정 리본을 단 채 "먼 길을 오신 듯 가시라"면서 '어머니의 노동절' 밤이 깊어가는 것을 환하게 지키고 있다. 일찍이 오랜 "가랑비 눈물 끝에 어머니 웃으시"(「가랑비로 오셨네」)는 풍경을 조소彫塑하던 시인의 마음 속에, 바람과 꽃의 조상弔喪을 받으신 '어머니'는 불멸의 노동을 남긴 채, 먼 길 떠나시는 환한 모습으로, 거기 그렇게, 선명하게 서 계시다.

> 빗줄기 듬성대는 낯선 언덕 황토 속에
>
> 어머니 유골 항아리 곱게 넣고 흙을 밟았다

한 생애 흙 묻은 당신 흙이 되고 있었다

파낸 흙 다지는데 눈물이 힘이었다

잘 가세요 어머니 아무 다짐 없었다

내 안에 당신 있기에 황토만 더욱 붉었다

―「황토 더욱 붉었다」 전문

이제 '어머니'가 황토 안에 묻히신다. 이 시편에서의 '어머니'는 시인의 직접 경험이 실감 있게 담긴 듯도 하다. 간헐적으로 빗줄기 뿌리는 "낯선 언덕 황토 속"에 '어머니'의 유골은 항아리에 곱게 담긴 채 묻히셨다. 화자가 고운 흙을 밟자 비로소 '어머니'의 한 생애가 흙으로 돌아간 것이다. 그렇게 "흙 묻은 당신"의 시간은 흙으로 완성되어갔다. 눈물의 힘으로 흙을 다지고 내면 안에 '어머니'를 묻은 화자는 황토의 붉은 빛깔만이 뚜렷한 어머니의 심상으로 남았음을 고백한다. 어느덧 흙으로 귀환하신 '어머니'를 묻은 지 한참의 세월이 지났지만, 다음 시편에서 보듯, 그 '어머니'는 지상을 훌쩍 떠나신 것이 아니다.

당신이 떠나신 지 두 겨울이 옵니다

부석댄 낙엽 위에 한두 줄 사연 적어

언 땅을 딛고 서 있는 밑둥 아래 묻습니다

— 「나무 아래—어머니」 전문

'어머니'가 떠나신 지 두 겨울이 올 때 화자는 나무 아래 낙엽에 "한두 줄 사연"을 적어 마치 편지처럼 엽서처럼 "언 땅을 딛고 서 있는" 나무 밑둥 아래 묻는다. 이때의 '묻음'은 바로 황토 언덕에 어머니를 '묻던' 그 과정을 재현하는 동시에 이제야 비로소 '어머니'를 묻어드리는 최후의 상징 제의祭儀 같은 것이다. 그의 시편에서는 이렇게 오래된 사물들이 새로운 시간과 기억을 만들어가고 있는데, 가령 눈물 없는 "오래된 슬픔"(「오래된 슬픔」)이나 "윤동주 생가 지키는 오래된 칠판"(「오래된 칠판」)은 모두 그러한 시간의 심연을 환기하고 있다. 그만큼 시인은 오랜 시간의 결을 탄주彈奏하려는 미학적 의지로부터 시작하여, 사물 속에 깃들인 오랜 시간의 결을 발견하여 그것을 생에 대한 어떤 유추의 질료로 삼는다.

이렇듯 김영재 시인은 근원적 회귀점으로서의 모성에 대한 기억과 그리움의 시학을 통해, 그 기억과 그리움이 발하는 고요한 침잠의 시간을 통해, 언어를 넘어선 내면의 소리를 발화한다. 이때 우리는 사물들이 들려주는 소리들을 채집하면서 자신 역시 그 안에 몸을 묻는 시인의 너른 품을 만나게 된다. 거기서는 언어가 잠시 숨을 멈추고 시인의 선연한 기억만이 잠시 육체를 얻어 발화되고 있다. "자글자글 늘어나는 물주름"(「가을이 훌쩍」)처럼 우리는 천천히 시인의 언어를 따라 우리의 존재론적 기원(origin)을 상상하게 되는 것이다. 근원을 향한, 근원을 찾는 시선을 순연하게 따라가게 되는 것이다.

4. '시'를 향한 미학적 자의식

그런가 하면 김영재 시인은 이번 시집에서 '시조'를 통한, '시조'를 향한 미학적 자의식을 두루 펼쳐 보인다. 알다시피 현대시조는 정형이라는 제약 때문에 주류 시단에서 밀려나는 경우도 있고, 심지어는 비평적 후광을 전혀 입지 못한 채 치지도외되는 일도 있다. 하지만, 물을 것도 없이, 우리는 시조야말로 우리 고유의 정신을 담고 드러낼 수 있는 유일한 양식이라는 기억한다. 특별히 고시조가 유교 이념이나 소박한 자연 친화를 주제로 한 데 비해, 현대로 올수록 시조는 주체와 대상 사이에 나타나는 다양한 문양을 담아내고 있다는 점에서, 시조는 단연 '현대성'과 '고유성'을 결속할 수 있는 생산적 양식으로 고쳐 인식할 수 있을 것이다. 그 '시조'를 쓰면서 김영재 시인은 '시조'라는 육체에 담긴 자신의 미학적 고갱이를 메타적으로 사유하고 있다.

  何必이면 왜 不必인가요
  큰스님께 여쭈었다

  하필을 알게 되면
  불필을 깨달을 것이다

  친딸과 친아버지가
  오랜만에 함께 웃었다
               ―「화답」전문

시집의 표제작을 통해 시인은 '何必'과 '不必'의 변증법을 노래한다. 큰스님께서는 '하필'과 '불필'이 결국 불일불이不一不二의 관계에 있음을 말씀하시는데, 그렇게 '하필'과 '불필'이 서로 화답하듯이, "친딸과 친아버지"도 오랜만에 함께 웃음으로써 화답和答을 한다. 이 화답의 구조야말로 '시詩'를 통해 시인이 가 닿고자 한 궁극의 화해로운 지점을 은유하는 것이다. 그렇게 시인은 "벼락같은 詩 한 줄"(「벼락같은 詩 한 줄」)을 희원하면서 불가피한 "시조 시인의 길"(「여산휴게소」)을 걷고 있다. 우리 시대의 장인匠人 김영재는 이러한 화답의 맥락에서 탄생한다.

어두워지는 시간에 길가에 선 느티나무

비탈진 언덕길 따라 눈을 맞고 걸어가는

한 사람 지친 귀가를 위로하듯 지켜본다

마을은 어둠으로 빠르게 추워지고

바닥에 엉겨붙어 얼음으로 깔리는 생

멀리서 작은 불빛이 조금씩 밝아온다

― 「겨울 저녁」 전문

어둑해지는 겨울 저녁에 "길가에 선 느티나무"가 눈을 맞고 걸어가는 한 사람의 비탈지고 지친 귀가를 깊은 위로의 시선으로 바라보고 있다. 어둠이 감싼 마을은 빠르게 추워졌지만, 그렇게 바다에 "얼음으로 깔리는 생"은 새삼 멀리서 조금씩 밝아오는 "작은 불빛"을 희구한다. 여기서 '바닥'이란 가장 낮은 바닥(bottom)이자 가장 기초가 되는 바닥(basis)이기도 하다. 우리는 그 '바닥'까지 내려간 시간을 통해, '바닥'에서 다시 시작하는 시간을 통해, 작은 불빛이 전해오는 온기와 밝기를 함께 느끼게 된다. 이때 시인은 그 '작은 불빛'이 바로 자신의 '시'가 하는 일이라고 사유한다. 그래서 그 '시'의 힘으로 천년을 눈 맞으며 견디고 기다리는 일이 가능해진다.

당신이 내 어깨 위
눈으로 내린다면

천 년 은행나무 아래서
하염없이 눈을 맞으리

천 년의 눈을 맞으며
천 년의 겨울 견디리

— 「겨울 용문사에서」 전문

어깨 위로 내리는 '눈(당신)'으로 하여 화자는 "천 년 은행나무 아래서" 그야말로 하염없이 눈을 맞으며 "천 년의 겨울"을 견뎌갈 수 있다. "바람이 드셀수록 옹이가 단단해진다"(「군말」)는 시인의 신념은, 만해萬海가 쓴 동일한 제목의 작품에서처럼 "님만 님이 아니라 긔룬 것은 다 님"(「군말」)이라는 생각을 환기하면서, 자신의 사유를 확장해가는 순간을 보여준다. 그 시간의 힘이 결국 "한 알이 익기까지//십 년이 걸렸다"(「모과—우걸에게」)는 것 아니겠는가. 그러니 "피었다//순간에 진들//어찌 찰나"(「순간」)이겠는가. 그렇게 "적막의 시간"(「외로우면」)을 훌쩍 지나 "흐르는 물가에 앉아 흘러온 나를"(「나를 보내」) 바라보는 시인의 "글썽 글썽 고인 눈물"(「입추」)의 시선은 그렇게 미덥고 충실한 시인의 실존적 면모를 보여주는 것이다. 김영재 시인은 이처럼 '시'를 통해, 자신을 깊이 성찰하는 격과 품을 보여준다. 그리고 실존의 어둠 속에서 시상을 길어 말 속으로 펼쳐 넣는 장인적 작법을 보여준다. 그만큼 어둠과 불빛은 그의 언어 속에서 서로를 결속한 채 동서同棲하고 있고, 시인은 어둠과 불빛의 예감 속에서 더욱 환해져가는 우리의 실존을 희망적으로 표현한다. 그것이 바로 가슴 속에 깊이 묻어둔 시간을 꺼내어 그 스스로 위안과 치유를 수행하는 작업일 것이다. '시'를 향한 미학적 자의식을 통해 그가 가 닿은 아름다운 권역이 아닐 수 없다.

5. 김영재 시학의 지평

삶과 죽음, 빛과 어둠, 생성과 소멸, 진화와 퇴화 같은 것들은 김영재 시편에서 선명한 분절적 개념이 아니라 한 몸으로 묶여 모든 사물과 운동을 규율하는 양면적 속성으로 등장한다. 잘 씌어진 '시'를 통한 이러한 상상적 전회 경험은, 감각의 쇄신과 인지의 충격을 동시에 선사하면서, 우리로 하여금 새로운 세계에 발을 들여놓게 한다. 이러한 그의 시편들이야말로 감각의 쇄신과 인지의 충격을 우리에게 보여주는 뜻 깊은 실례일 것이다. 왜냐하면 그의 시 안에서 우리는 삶이라는 것이 단선적 질서에 의해 전개되는 것이 아니라 대립적이기까지 한 많은 것들이 복합적으로 통합된 채 흘러가는 것이고, '시'가 자기 충실성을 벗어나 타자들의 오랜 시간에까지 관심을 확장해가는 것임을 경험하게 되기 때문이다. 그 점에서 우리는 정형 양식으로서의 속성을 한껏 지키면서 한편으로는 새롭고도 기억할 만한 독자적 해석과 감각을 보여주는 김영재 시편을 깊이 기억할 수 있을 것이다.

지금까지 읽어온 것처럼, 우리가 김영재 시조 미학에서 간취할 수 있는 제1요소는, 율독적 배려를 기하면서도 삶의 궁극적 이법을 직관하고 해석하는 힘을 독창적으로 보여주는 데 있다. 그것은 심미적 역설의 구조를 통해 '사랑'과 '근원'과 '시'를 상상하는 과정으로 펼쳐진다. "고요 속으로 고요가 되는 순수"(「고요—물봉선」)를 통해 김영재 시인이 거두어갈 그 고운 "슬픔의 뒷모습"(「참 곱다」)과 "간절,//간절"(「금강교 오색등」)한 마음이 다음 시집으로도 계속 이어져 아름답게 출렁이기를, 마음 깊이 소망해본다.(2014)

서정의 높은 격과 너른 품

정해송의 시조 미학

1. 단단하고 구심적인 정형 미학

정해송 신작 시조집 『응시凝視』(고요아침, 2012)는, 시력詩歷 40년을 눈 앞에 두고 펴낸 한 중진 시인의 각별한 심미적 결실이다. 두루 알려져 있 듯이, 정해송 시인은 오랜 시간 그야말로 좌고우면하지 않고 수미일관 시 조 미학의 격과 품을 견결하게 지켜온 분이다. 그의 시편들은, 내용적으 로는 자연 사물에 의탁하여 내면을 비유하는 단조로운 방식을 훌쩍 뛰어 넘어 내면의 결과 고갱이가 그대로 예리하게 빛나는 독자적 작법作法을 줄곧 보여왔으며, 형식적으로는 최근 우리 현대시조 한켠에서 추구해왔 던 형식 확장 같은 것에 기울어지지 않고 단단하고 구심적인 정형 미학을 견고하게 지켜왔다고 할 수 있다. 이번 시조집은 그러한 정해송 시인만의 시적 사유와 감각을 중간 결산하면서, 현대시조가 가 닿을 수 있는 최대 치의 격과 품을 보여주는 정해송 미학의 뜨거운 실례로 우리에게 다가오 고 있다. 이제 그렇게 서정의 높은 격과 너른 품을 깊이 각인하고 있는 신작 시조집의 안쪽으로 들어가보자.

2. 강직의 표상으로서의 시조

먼저 우리가 정해송 시편들에서 느낄 수 있는 우선적인 것은, 말할 것도 없이, 그가 견지하고 있는 남다른 강직剛直의 표상일 것이다. 바닷가에 피어 뿌리를 확연히 내린 채 세상 신산함을 오롯이 견디는 소나무처럼, 그의 시편들은 가파른 우리 삶의 존재론적 상황을 깊이 반영하되, 그에 대한 초월적 관조나 미적 탐닉 대신 강직한 맞섬의 태도를 일관되게 보여 준다. 이 점, 우리 시조 시단에서 정말 귀하고 드물고 가멸찬 개성이 아닐 수 없다.

꽃대 뻗는 기운으로 혼불 하나 밝혀 두고

섣달 그믐밤에 문종이 바르듯이

반듯한 삶의 설계를 지도 위에 그려 본다

창밖은 한파 속에 청동靑銅소릴 대질러도

이 시대 달군 화두는 별빛보다 성성하니

미궁의 역사를 트는 길을 닦아 올리자

곡필로 흘러가는 강줄기는 바로 잡고

　　가파른 저 세월의 등고선을 넓혀 가면

　　퇴행성 처진 어깨도 산맥처럼 힘줄 선다
　　　　　　　　　　　　―「지도를 그리다가」 전문

　이 시편에서 시인은 삶의 지도를 그리고 있다. '지도그리기mapping' 란 시간의 선택과 배치 혹은 삶의 계획과 구상 과정을 은유적으로 함의하는 말이다. 그래서 자신의 삶의 설계 과정을 '지도그리기'로 표상한 것이다. 그 내용은 "반듯한 삶의 설계"로 모아진다. 이때 시인의 '지도그리기'는 꽃대 뻗는 기운으로 혼불 밝혀둔 채 섣달 그믐밤 문종이 바르며 새해를 염원하는 행위에 비견된다. 비록 혹한의 계절이 창밖에서 청동 소리를 내지만, 시인은 "이 시대 달군 화두는 별빛보다 성성"하다면서 "미궁의 역사"를 트는 길을 닦아 올리고자 한다. 여기서 '성성/미궁'은 그 존재론적 함의를 서로의 대척점에 두면서 시인의 삶의 태도를 암시해준다. 가령 그것은 자신이 설계하는 삶이 반듯해야 하듯이, 지도 위에 그린 삶의 내용이 '미궁'을 뚫고 별빛보다 '성성'한 화두가 되어야 한다는 판단을 담고 있다. 마지막 수에서 시인은 결국 곡필曲筆로 흘러가는 강줄기를 바로 잡자고 말하는데, 이 곡필이 미궁을 불러온 원인임은 말할 것도 없을 것이다. 그래서 미궁을 벗어나 곡필을 바로잡으면 지도 위에는 "가파른 저 세월의 등고선"이 넓어져가고, 퇴행성으로 처져 있던 어깨도 마침내는 산맥처럼 성성하게 힘줄 서게 될 것이라고 노래하는 것이다. 여기서 '길/강줄기/등고선/산맥' 같은 지도의 세목들은 작품의 실감을 돋우면서 이 시편이 지향하는 세계가 시대의 어려움에 대한 외면이나 도피가 아니라 그것을 가파르게 반영하고 바로잡고 넓혀가는 데 있음을 알려준다. 그 순간,

시인이 그린 지도는 시인이 쓰는 '시' 자체로 몸을 바꾼다. 이러한 '지도
=시'의 등가적 파악이야말로 정해송 시학을 이해하는 중요한 지남指南이
되는데, 그만큼 그의 시편들은 "시대를 이끈 말을 거두어"(「가을 심상」)
반듯하고 성성하고 힘줄 서는 에너지를 갖춘 완미한 지도로 전이되어가
고 있는 것이다.

    가을볕도 여기 와선 손놀림이 정교하다

    난세의 털실 뭉치 한 올씩 풀어내어

    저 율律의 기강을 엮는 뜨개질이 한창이다

    찬 서리 매운 입김 사슬을 죄어 와도

    올곧은 뼈의 육성이 낭랑하게 피어나고

    기품은 향기가 되어 이우는 철도 격格이 선다

                                    —「국화 재배지에서」 전문

국화는 오랫동안 오상고절傲霜孤節의 꽃으로 그 원형 상징을 이어왔다.
서리를 오연하게 견디면서 강직하고도 고독한 절조를 지켜온 국화의 재
배지에서 시인은 예의 '반듯하고 성성한' 태도를 다시 한 번 견인해간다.
꽃 재배지를 비추는 가을볕을 두고 시인은 '뜨개질'의 은유를 선보이는
데, 말하자면 가을볕 손놀림이 정교한 뜨개질 과정으로 비유된 것이다.
여기서 가을볕은 "난세의 털실 뭉치"를 한 올 한 올 풀어내어 "저 율律의

기강'을 엮어내고 있는데, '난세亂世의 털실 뭉치'라는 표현은, 앞에서 보았던 '미궁의 역사'나 '곡필로 흘러가는 강줄기'와 그 내포적 함의가 다르지 않을 것이다. 그런데 정작 중요한 것은 그 난세의 털실이 한 올씩 풀려 '율의 기강'이 엮어지고 있다는 점이다. 원래 '율律'이란 음악의 소리와 가락을 의미하는데, 여기서는 시인이 써가는 시편들을 암시한다. 이리저리 뭉쳐 있는 난세의 털실을 펴서 '율의 기강'을 재편하고자 하는 시인의 메타적 의지는 구심적 정형 미학의 구축에 의해 구체적으로 실천된다. 이러한 착상이 국화 재배지에서 적극 환기된 것이다. 그리고 나서 시인은 난세의 찬 서리와 매운 입김이 사슬처럼 죄어올지라도 "올곧은 뼈의 육성"을 피운 채 그 기품마저 향기가 되는 국화를 통해 시의 높은 '격格'을 상상하고 있다. 물론 여기서의 '올곧은 뼈의 육성'이 '저 율의 기강'을 담은 결실임은 말할 것도 없지만, 그 결실로 얻어진 시의 '격'은 시인 스스로 들려주는 메타 시학의 가장 궁극적 차원에 대한 표현이 아닐 수 없다. 그렇게 정해송 시인은 "비정의 절대공간에 숨을 멈춘 시간들"을 하나하나 채집하면서 동시에 "꽃으로 핀 행성들이 율을 지켜 운행하니/광활한 마음을 닦아 저 리듬을 살리고자"(「산정에 부는 바람소리」) 하는 일관된 의지를 지켜가는 강직한 미학적 장인匠人이라 할 것이다.

3. 섬세한 감각의 감응 양상

그런가 하면 정해송 시학은 사물들의 활력 있는 상호 연관성을 담아냄으로써 생명 현상의 감응 양상을 섬세한 감각으로 재현하는 특성을 보여준다. 가령 그의 시편은 "푸른 숨결, 푸른 말이 일어서는 신명"(「냉잇국 먹는 날에」)으로 넘쳐나고, "꽃잎에 맺힌 사랑이 산기山氣 품어 청초하다"(「아침 숲을 거닐며」)든지 "찬 몸에 영기靈氣가 돌고 감응하며 다가온다"

(「청자, 보여주다」)든지 하는 섬세한 감각의 감응感應 양상으로 충일하다. 여기서 '숨결/신명/山氣/靈氣' 등은 한결같이 사람과 사물 혹은 사물과 사물이 하나의 거대한 체인 속에 얽혀 상호 감응하는 소리를 암시하는 이형동궤異形同軌의 표현이다. 이러한 감각의 감응 양상은 정해송 시편의 강직함 이면에 농울치는 섬세함을 보여주는 선명한 사례라 할 것이다.

못에 비친 하늘처럼 내 안에서 누가 본다

고요의 무게 속에 피고 지는 생각들을

없는 듯 그가 숨 쉬며 지켜보는 이 한때

잎 지는 소리를 듣고 있는 내가 있고

듣고 있는 나를 보는 이 뿌리는 무엇인가

계절도 걸음 멈춘 채 유리창에 타고 있다

―「응시凝視」 전문

시조집 표제작이기도 한 이 시편은, 시인의 지향이 강직한 사유에만 있는 것이 아니라, 섬세한 감각에도 있음을 명징하게 알려주는 실례이다. 연못에 비친 하늘처럼 시인은 누군가 자신의 안에서 자신을 바라보고 있음을 느낀다. 이때 '연못'과 '하늘'은 반사경과 피사체의 관계일 것이지만, 여기서는 피사체가 안에서 밖을 바라봄으로써 '밖의 나'와 '안의 나'로 각각 관계가 전이되고 있다. 그렇게 "고요의 무게 속에 피고 지는 생각들"이란 안쪽 자신이 바라본 바깥쪽 자신의 삶의 결을 함의한다. 자신의 안쪽에서 '그'가 숨 쉬며 지켜보는 시간, 잎 지는 소리를 듣는 '나'와 그 '나'를 바라보는 '뿌리'는 곧 존재의 근원을 함의하는 것이다. 마지막에 나오는 '유리창'은, '하늘'을 담은 연못처럼, '나'를 비추는 매개체이자 반사경의 역할을 하고 있다. 이렇듯 정해송 시인은 "저 깊은 영혼이 뜯는 현의 소리"(「겨울 해운대」)를 온몸으로 듣기도 하고, "존재의 뿌릴 향해 저음으로 스며들어"(「바람의 말」)가는 미세한 소리들에 귀 기울이기도 하는 섬세한 감각의 소유자이다. 이때 시인의 감각은 인식이나 지각체계에 포섭되지 않는 존재 각각의 고유성을 드러내준다. 여기서 우리는 개성적 경험이 긍정되면서 관념보다 이미지, 사의辭意보다 감각을 내세운 것이 현대시조가 거둔 중요한 성과임을 정해송 시편들을 통해서 알게 되는 것이다.

한밤에 기침하면 어머니가 먼저 안다

잦으면 애가 쓰여 거실을 서성이고

사원이 보이는 쪽으로 두 손 모아 앉으시다

새벽을 일으키는 어머니의 묵상기도

영성의 맑은 피가 뇌혈관을 통해 오고

한 사발 따끈한 자애 잠긴 목이 풀렸으니

방에도 거실에도 어머니는 이제 없다

내가 기침해도 빈 여음만 쌓이는 집

창 너머 바랜 미소가 어둠 속에 상감象嵌된다

― 「기척」 전문

　여기서 시인이 느끼는 '기척' 또한 미세한 소리들과 다름이 없다. 시편 안에서는 '기침/기척'이 유사한 음에 의한 말놀이(pun) 형식을 만들어내면서 어머니를 향한 애틋한 기억을 완성하고 있다. 기억 속의 어머니는 한밤에 자식이 기침하는 소리를 먼저 아신다. 기침이 잦으면 거실을 서성이시다가 사원이 보이는 쪽으로 기도를 올리신다. 기침은 어느새 어머니의 기도를 재촉하는 기척이 되고, 어머니의 기척은 자식의 마음 속에 사랑으로 각인된다. 그렇게 "새벽을 일으키는 어머니의 묵상기도"는 영성의 맑은 피가 되어 뇌혈관으로 전해져 "한 사발 따끈한 자애"로 찾아들었다. 그래서 잠긴 목도 풀리고 어머니와 자식은 상호 감응하는 존재들로 화한 것이다. 이제 덧없는 세월이 지나 서성이시던 어머니도 기도하시던 어머니도 계시지 않는다. 따라서 시인의 기침은 기도소리로 이어지지 않고 그저 "빈 여음"으로만 쌓일 뿐이다. 기척 없는 어머니의 시간들이 "창 너머 바랜 미소"를 어둠 속에 상감하고 있을 뿐이다. '상감'이란 도자기 겉면에 무늬를 새기고 거기에 다른 재료를 끼워 장식하는 기법인데, 여기서는 어머니가 안 계시는 한밤중을 함의하는 '어둠'을 도자기로 삼고 빛이 바래버린 미소를 재료로 삼아 한 편의 애잔한 결실을 빚고 있는 것이다. 결국 이 시편은 시인의 '기침소리'와 어머니의 '기도소리'가 상호 기척으로 감응하던 시절이 지나고 이제는 '빈 여음'만 서늘하게 쌓여가는 부재와 쓸쓸함의 감각을 선명하게 전해준다. 여기서 우리는 정해송 시학에 "물소리 층층 높고 서릿발 서는 말씀"(「다시 가을 초막에서」) 같은 강직한 소리들도 많지만 그 안에 "영혼 속 깊이 찍힌//지울 수 없는 슬픔"(「지문」)처럼 잔잔하지만 오롯이 선연한 소리들도 함께 농울치고 있음을 알게 된다.

4. 균형 감각을 갖춘 서정의 율律

이렇게 한편에서는 강직하고도 한편에서는 섬세한 정해송 시학은, 그 결과 흐름에서 매우 균형 잡힌 서정을 보여준다. 그 기막힌 균형 감각은, 그의 시편들로 하여금 태작이 거의 없는 균질적 성취를 거두게 하는 원천적 힘이 되고 있다. 그리고 이러한 균형 감각을 가능케 한 것은 그의 준열한 사유 못지 않게 그의 서정적 조형 능력에서 찾아질 것이다. 그러한 서정적 조형이 바로 그가 자주 강조한 바 있는 '율律'의 구상화 과정으로 나타나고 있는 것이다.

야생화 향기 속에 그윽한 눈을 본다

어느 왕의 영광도 이 들꽃만 못하다, 는

그날의 활구活句가 피어 잔치 준비 한창이다

저 생명 온 곳을 보는 이는 누구일까

우주에 두루 편만한 초간본 시경들이

빈들의 적막을 깨우며 별밭으로 나투나니

들꽃은 별이면서 또한 별이 아니어서

저마다 지닌 율로 채색되는 화음이여

뉘 있어 시로 쓴 악보를 배후에서 연주하나

— 「향연」 전문

'빈 여음'이 아니라 저마다의 '율'로 채워져 있는 소리의 향연饗宴이 여기 펼쳐진다. 그 잔치의 주인공은 야생화다. 꽃의 그윽한 눈을 바라보면서 시인은 솔로몬의 영광도 이 들꽃만 못했다는 그리스도의 잠언箴言을 떠올리는데, 그렇게 그날의 활구活句가 꽃으로 환생하여 잔치 준비를 벌인 것이다. 시인은 이 꽃들의 향연을 생명 현상으로 인지하면서 "우주에 두루 편만한 초간본 시경들"이라는 독특한 비유를 통해 빈들의 적막을 깨우며 별밭으로 나투는 일종의 계시啓示 작용을 환기한다. '나투다'라는 아름다운 우리말은, 깨달음이나 믿음을 주기 위해 사람들에게 나타낸다는 뜻을 머금는데, 시인은 일종의 종교적 상상력으로 이렇게 빈들의 적막을 깨우는 선지자의 계시처럼 가파르고도 함축적인 전언傳言을 들려준다. 그리고 마지막 수에서 이 야생화야말로 "저마다 지닌 율로 채색되는 화음"이어서 그 배후에는 "시로 쓴 악보"를 연주하는 어떤 힘이 있음을 암시한다. 그 배후에는 우주라는 "허공 속에 피어난 꽃숭어리"(「외나무다리」)를 짓고 섭리하는, 혹은 "영성은 소멸되지 않는//우주에 충만한 푸

른 생명이다.//당신의 입김이다."(「시인의 말」)라는 시인의 감각을 가능
케 한 신성한 힘이 출렁이고 있을 것이다. 그 출렁임이 이 역동적 화음의
'향연'을 완성하고 있는 것이다. 정해송 시편이 일정하게 종교적 상상력
에 빚지고 있음 또한 의미 있는 권역이 아닐까 한다.

  물은 어디서든 낮은 데로 흐르지만

  속으로는 끊임없이 높은 곳을 가고 있다

  허공을 찌르는 대숲을 보라

  물이 분명 위로 간다

  흐르면서 거스르는 저 완강한 물의 저항

  온몸으로 운기 세워 하늘까지 올라간다

  순리와 역리를 한 올에 엮는

  물의 말은 둥그렇다
              —「물의 말」 전문

 앞에서 "저마다 지닌 율로 채색되는 화음"이 여기서는 '물의 말'로 옮
겨 앉았다. 물론 '물'이 어디서나 낮은 데로 흐르지만 "속으로는 끊임없
이 높은 곳을 가고" 있다는 시인의 역리적逆理的 해석은, 허공을 찌르는

대숲의 사례에서 비롯된 것이다. 나무는 뿌리로부터 물을 길어올려 잎까지 전해주므로 물이 상승 운동을 한다고 할 수 있지만, 시인은 '물' 자체의 보편성이 "흐르면서 거스르는 저 완강한" 저항에 있음을 상상하고 있다. 온몸으로 '운기'를 세워 하늘까지 올라감으로써 '순리/역리'를 한꺼번에 바꾸어놓기도 하는 '물의 말'은 그렇게 둥그런 형상을 하고 있다는 것이다. 둥근 것의 예리함 혹은 날카로운 둥?E이 형상이 물의 속성 속으로 스며든 것이다. 이러한 역리의 상상력은 "먼 하늘 울리는 뇌성"(「순례자의 노래」)과 "쉼을 찾은 말들"(「겨울 통화」)을 함께 소중히 여기는 시인의 균형 의지에서 온다. 온몸으로 운기運氣를 세워 항진하는 물의 형상은 "은비늘 파닥이는 만선의 낱말들"(「빈 배에 앉아」)이나 "낙관이 된 여백"(「운소사」)처럼 '시'의 은유적 상관물로 나타나는데, 말하자면 '물=시'가 둥그렇게 그의 사유와 감각과 언어를 감싸고 있는 것이다.

이처럼 정해송 시학의 한켠에는 "언어의 초원으로 이끄시는 지팡이"(「하늘목장」)를 따라가는 과정이, 다른 한켠에는 "시의 말문이 화알짝 트일"(「새」) 길을 걸어온 이의 언어가 아름다운 "율律이 되어"(「첫정」)가는 과정이 깊이 새겨져 있다. 이제 그 시적 진경進境에 "정갈한 언어로도// 덧칠하지 말 일"(「매화 보기」)이라고 시인은 스스로 다짐하고 있는데, 그가 이러한 일갈의 자격을 갖추고 있다는 점에서, 퍽 미더운 다짐이라고 할 수 있을 것이다.

5. 오랜 시적 연속성의 맥락

지금까지 우리가 읽어온 정해송 시조집 『응시凝視』의 흐름은, 강직의 표상과 섬세한 감각 그리고 균형 잡힌 서정의 품과 격으로 충일한 것이었다. 그런데 제5부에서 시인은 이르는바 '구작舊作'들을 담고 있다. 시인 스스로는 "낯선 독자들과의 온전한 교감을 위하여"(「시인의 말」) 그리했다고 밝히고 있다. 말하자면 이번 시조집을 자신의 시적 생애의 중간 결산 성격으로 생각하고 있음을 보여주는 배치라 할 것이다. 그런데 여기서 유의할 것은 1-4부와 5부 사이의 내용상, 형식상의 단층斷層이 아니라, 시인이 일관되게 지켜온 시적 연속성의 맥락이 아닐까 한다. 그만큼 시인의 목소리는 아름다운 구작들에서도 강직한 목소리와 섬세한 감각 그리고 균형 잡힌 서정으로 울려나고 있다. 아닌 게 아니라 그 안에서는 싸늘한 '빈 여음'이 아니라 뜨거운 '율律'을 제대로 갖춘 지사적 목소리가 울려온다.

> 가로수는 청청한 귀를 열고 있습니다
> 태양을 손에 들고 밀려오는 여름 행진
> 가슴이, 젊은 가슴이 시가지를 덮습니다
>
> 차라리 그것은 넘쳐나는 해일입니다
> 격랑의 푸른 칼이 신명난 춤을 추며
> 한 시대 매듭을 푸는 살풀이가 됩니다
>
> 천 이랑 만 이랑 일렁이는 열기 속에
> 배경으로 걸린 해는 연방 녹아내리고
> 각일각 치닫는 정점, 파고는 높아갑니다
>
> 거부의 매운 안개 제방을 타고 깔려오면
> 들끓는 소리들이 직렬로 흔들리다
> 한 순간 파도를 타고 꼿꼿하게 섭니다
> ―「6월 스케치 ― 1987년 유월항쟁 서면에서」 전문

우리 시조 시단에서 '유월항쟁'이라는 역사적 기표가 등장하는 것은 참으로 드문 일일 것이다. 벌써 4반세기 전, 온 나라가 군사 정권 종언과 민주화에 대한 열망으로 들끓던 시절을 이토록 선연하게 재구再構해낸 시조 작품을 우리는 달리 발견할 수 없을 것이다. 그만큼 정해송 시인은, 앞서 본 것처럼 '미궁의 역사' 혹은 '곡필로 흘러가는 강줄기'를 역류하여 '율律의 기강'을 통해 역사의 한복판을 가로지르면서 그것의 엄연한 실재를 증언하고 있다. 여기서 우리는 '역사적 증언'으로서의 시적 목소리가 정해송 시학의 고유 브랜드임을 명료하게 확인한다. 참으로 소중하고 아프고, 새삼 우리 시조 시단의 연성軟性 편향을 반성적으로 성찰하게 된다. 그만큼 정해송 시학은 우리 시조 시단에서 단연 돌올하고 굴강屈强하다.

시편 제목처럼, 이 작품에 담긴 역사적 맥락은 1987년 유월항쟁이 벌어진 부산 서면의 풍경이다. 가로수는 청청한 귀를 열고 있고, 태양을 손에 들고 밀려오는 여름 시가지를 젊은 가슴들이 행진한다. 부산의 행진답게 그것은 '해일'의 형상으로 비유된다. 이어지는 '격랑/파고/파도' 역시 썩 어울리는 친족 계열들이다. 격랑의 푸른 칼이 무도舞蹈를 벌이고 한 시대의 매듭을 푸는 살풀이로 연결되는 이미지는 항쟁을 축제로 바꾸어 놓는 데 기여한다. 한여름 태양은 녹아내리는데 각일각 치달아가는 파고는 정점을 향한다. 강렬한 거부의 몸짓과 들끓는 소리로 "한 순간 파도를 타고 꼿꼿하게" 선 유월은 그렇게 달려간 것이다. 물론 이러한 시학이 상황의 세목을 엄밀하게 갖추고 미래적 비전마저 암시하는 리얼리즘 시학으로 귀결되지는 않는다. 다만 "당대의 정수리를 내리치는 혼불"과 "그날에 쓰러진 함성이 섬광으로"(「검劍」) 일어서야 한다는 믿음을 통해 시인은 "겨울 공화국에 무겁게 드린 잿빛 구름"(「혈穴」)을 뚫고 "매운 바람도 범치 못할 손끝 아린 진실 앞에/한 꺼풀 각질角質을 벗고 불을 찾아 설레는 혼"(「겨울바다에 서서」)으로 우뚝 서야 함을 역설하는 것이다. 그러한 역설力說이 다음과 같은 자성自省 시편도 가능하게 하는 것이 아닌가.

방에 앉아
시 쓰는 일이
부끄러운 시절이다

은유며 상징이며
분칠 같은 기교들이

이 유월
녹색 깃발 아래
가화假花처럼 여겨진다

―「고백」전문

거리에서 투쟁하는 것과 방에 앉아 시 쓰는 것은 사실 시인으로서는 동시적 실천의 양면이 될 수 있을 것이다. 그런데 시인은 시쓰기에는 너무도 '부끄러운' 시절임을 고백한다. 따라서 시적 기법이자 장치인 '은유'나 '상징' 같은 기교들이 더욱 자괴감으로 다가오는 것이다. 거리로 나아가는 원심의 유월과 방 안으로 움츠러드는 구심의 유월이 비대칭으로 그려지는 순간, 시인은 자신의 시쓰기가 푸르른 유월의 깃발 아래 '가화假花'처럼 여겨지는 것이다. 이렇게 시대고時代苦와 맞선 준열한 자기 성찰을 동반한 자발적 부끄럼의 시학은, 우리 시사에서 윤동주라는 선연한 상징을 얻은 바 있지만, 우리 시조 시단에서는 매우 드물고도 값지고도 진정성 있는 음역音域으로 평가할 수 있을 것이다. 그만큼 정해송 구작에서 "머리띠 맨 행렬들이 조간신문을 질러갔다/접지摺紙된 밤을 펼치면 특보가 또 일어서고/자욱한 안개정국이 섬이 되어 표류한다"(「침鍼」)는 준열

서정의 높은 격과 너른 품 **165**

한 증언과 "용광로 타던 불꽃을 옮겨 담아 피어난"(「제철공장에 핀 장미는」) 꽃과 "무거운 압제를 뚫고 일어서는"(「우슬초」) 말을 수습하는 품은 일관된 치열함을 견지하고 있다 할 것이다. 이러한 치열함이 내적으로 방향을 틀었을 때, 다음 시편과 같은 성찰의 품이 한껏 열리게 된다.

> 이제는 뿌리로 돌아가는 때입니다
> 가지마다 떨고 있는 오뇌의 잎새들이
> 깊은 밤 잠의 둘레를 서성이다 떠납니다
>
> 얼마를 기다려야 가슴 여는 산입니까
> 능선을 칼질하는 낭자한 아픔들이
> 영혼을 활활 사루고 찬 재 되어 내립니다
>
> 잎을 떨군 나무처럼 사념들을 비워내며
> 허허로이 빈손 들고 슬픈 햇살 속을 가면
> 조금씩 길을 연 산이 뿌리로 닿아 있습니다
>
> ―「가을 산행」 전문

시인은 뿌리로 돌아가는 때를 잊지 않는다. 가령 '잎새'의 무성함 배후에는 '뿌리'의 실재가 있고, 견결한 외적 활력의 안쪽에는 그것보다 몇 배는 더 견고한 내면이 있어야 함을 그는 알고 있다. 가지마다 떨고 있는 잎새들은 깊은 밤에 떠나가지만, 그러한 조락凋落은 낙엽귀근落葉歸根이라는 말처럼 뿌리로 돌아가기 위한 필연적 제의祭儀일 것이기 때문이다. 오래 기다려 가슴을 여는 산에서는 수많은 아픔들이 영혼을 사루면서 찬 재가 되어 내린다. 잎 다 떨군 나무처럼 숱한 사념思念들을 비워내면서 '허허로움'과 '빈손'으로 슬픈 햇살 속을 걷는 시인에게 산은 비로소 조금씩 길을 연다. 그 길은 자연스럽게 뿌리로 닿아 있다. 그때 '잎새'와 '뿌리'의 관계는 '오뇌/아픔/사념'과 '허허로움/빈손'의 관계로 전이되면서, 시인의 성찰적 가을 산행을 완성하는 데 기여하는 것이다. 가을이 소멸의 계절인 동시에 결실의 계절임을 형상적으로 암시하면서, 정해송 시인 특유의 내적 견고함과 치열함을 드러내준 가편佳篇이라 할 것이다.

6. 정해송 시편의 시조사적 위상

지금까지 우리는 정해송 시편들을 통해, 단단하고 구심적인 정형 미학 안에 깃들인 시인 특유의 음색에 대해 살펴보았다. 『응시凝視』를 통해 우리가 경험한 그의 목소리는 강직의 표상, 섬세한 감각의 감응, 균형 잡힌 서정의 율, 그리고 역사적 흐름을 증언하고 그것을 내적 견결성으로 치환하는 견고한 미학적 의지로 모아질 수 있을 것이다. 이러한 확연한 개성만으로도 정해송 시인은 우리 시조단의 연성 편향, 자연 편향, 동어반복 혐嫌 등을 일거에 넘어선다. 그리고 형식 실험이나 변격變格 추구를 통해 정형 미학의 완결성을 넘어서고자 하는 시도들에 대해서 그는 양식적 구심을 일관되게 지킴으로써 우리 정형 미학에 작지 않은 계고戒告가 되어준다. 이 점 역시 우리 시대의 충실한 시사적 범례範例가 될 것이다.

이제 우리는 정해송 시편의 시조사적 위상을 지사적 격과 품에서 찾으면서도, 그가 외적 역사의 흐름을 담아낸 구작들로부터 내적 견고함으로 방향을 기울인 근작近作들에 이르기까지 그것을 일관되게 지켜온 과정 속에서 찾을 수 있다고 본다. 그러니 정해송 시학의 위치는 단연 고처高處/孤處에 있는 것이다. 그리고 우리는 이제 다시 씌어져갈 그의 시조 미학이, 오래도록 깨끗하고 돌올한 시학으로, 우리 시조 시단을 가꾸어 나가기를 깊이 소망해보는 것이다.(2012)

격정과 내성을 결속한 심미적 감각

이승은의 시조 미학

1.

이승은李承恩 신작 시집 『환한 적막』(동학사, 2007)은, 완미한 정형 미학 안에 격정과 내성內省을 결속해낸 심미적 감각의 기록이다. 많은 시조 시인들이 비교적 가라앉아 있는 평면적 목소리를 발화하고 있는 데 비해, 그의 시조 작품들은 한편에서는 활달한 격정으로 피어오르기도 하고, 다른 한편에서는 견고한 내성으로 침잠해 들어가기도 하는 입체성과 다양성을 보여준다.

이처럼 굴곡과 확산을 거듭하는 그의 시적 운용은, 현대시조가 운명적으로 안고 있는 이중의 존재 조건에 대한 충실하고도 섬세한 탐색의 소산이라 할 수 있다. 여기서 말하는 이중의 존재 조건이란 '고시조'와 '현대자유시'에 대한 질적 차별화를 통해 현대시조가 독자적 위상을 확보해야 하는 맥락과 관련된다. 그 점에서 이승은 시인은, 소재와 의식의 다양한 확산을 통해 '고시조'의 정신주의적 편향을 한껏 넘어서고 있고, 시조 형식에 대해 부단한 탄력을 부여하여 새로운 율격의 다양성을 보여줌으로써 최근 '자유시'가 드러내는 율격 무화無化의 반시적反詩的 징후에 저항하고 있다.

이번 시집은, 이러한 이중적 속성이 출렁이는 '격정'과 단단한 '내성'으로 화하면서, 미세하고도 심미적인 감각 안에 결속되어 있는 세계로 나타난다. 일찍이 그의 시를 두고 "치열한 정신과 독특한 화법"(박기섭)이라는 평가가 있었지만, 이번 시집 역시 이러한 치열한 의식의 움직임과 독특하고도 활달한 화법을 보여주는 매우 이채로운 결실이라 할 것이다. 이제 '격정'과 친화하면서도 깊은 '내성'을 동시에 보여주는 그의 필법 안으로 들어가보자.

2.

이번 시집 안에는 시인이 중년의 고개를 넘으면서 가다듬고 수습해내는 '시간'의 마디가 눈부시고 쓸쓸하게 빛난다. 가령 시인은 "단풍은 제 몸 속 꿈틀거리는 것들을 다 버려야 비로소 빛깔을 얻는다"(「시인의 말」)라는 자각을 고백함으로써, 몸속에서 집산集散하던 오랜 시간들을 내적으로 충분히 가라앉히고 있다. 이러한 태도는 "숨 막히게 몰입하는 그대 피의 한 순간"(「폭죽 한때」)의 격정을 지나 "스미듯 눈물이 번져 끝내"(「가을 발자국」) 다 못 읽었던 시간에 대한 깊은 내성을 동반하게 되는데, 그 깊은 속마음이 시집 맨 앞머리에서 어머니에 대한 각별한 기억을 향하고 있다는 점이 주목된다.

혹한을 넘어오신 친정어머니가
하얀 봉투 하나를 수줍게 내미신다
귀퉁이 또박또박 쓰신, '사랑한 내 딸 행복해라'

읽을수록 흐려지는 과거형의 그 한마디
눌변의 갈피마다 멈칫대는 흑백 필름
눈자위 마른 풀 같다, 곱게 낡은 사진 한 장

―「마른 풀」전문

　지금 화자는 "혹한을 넘어오신 친정어머니"를 상상하고 있다. 어머니는 '사랑한 내 딸 행복해라'는 과거형의 한마디를 하얀 봉투 위에 또박또박 적으셔서 화자에게 건네신다. '사랑하는 내 딸'이 아니라 '사랑한 내 딸'이 된 것은, 현재적 주어主語로서의 기능보다는 완결된 사랑을 베푸셨던 존재로서의 어머니를 강하게 환기한다. 그것은 어머니가 "눌변의 갈피마다 멈칫대는 흑백 필름"으로 다가오시기 때문이다. 그래서 화자는 "눈자위 마른 풀" 같은 "곱게 낡은 사진 한 장" 속에서 어머니에 대한 사랑을 확인하고 어머니에 대한 사랑을 상상적으로 부조浮彫하고 있다. '하얀 봉투/흑백 필름/낡은 사진 한 장'의 연쇄가 정갈하고 아름다웠던 어머니에 대한 오랜 회상을 간결한 물질로 재현하는 데 기여하고 있다. 이처럼 그의 '사랑'의 시학은 "대상의 중심에 가 닿기 위한 고투와 함께, 말을 일으켜 세우려는 혼의 작업과 내밀하게 연결된다는 점"(손진은)을 다시 한 번 보여주면서 깊이를 더하고 있다.
　시인은 이와 같이 오랜 시간 속에 풍화되어간 '기억'을 통해 자신의 어떤 근원을 상상하고 그것을 섬세하게 재구再構한다. 그 연장선상에서 "어릴 적 울 아버지 반짝 종이 곱게 싸서/꺼내 놓던 안주머니 아릿한 그 허기까지"(「그리운 계산」) 충실하게 재현하고 있다. 또한 자신이 걸어온 시간에 대한 반성적 성찰의 흔적으로 '죄'의 기표를 부쩍 점증漸增시키고 있는데, "추슬러 훔치지 못하고 내가 먼저 눈감은 죄"(「데칼코마니」)와 "그 눈물의 그늘조차 헤아리지 못한 죄"(「그 눈물,」)를 눌변의 음성으로 고백하고 있다. "지나온 내 죄목인 양 목에 걸린 잔가시들"(「청어의 시」)을 발견한다든지 "손금에 없는 길을 애써 찾은 죄"(「그믐, 달」)를 넘어서려 한다든지 하는 모습 역시 이러한 성찰적 의지를 확연하게 증언하는 것이다. '마른 풀'에 대한 이러한 아름다운 성찰적 영상은 이제 '마른 추억'으로 이어진다.

그때 못다 한 말 몇 마디는 끝내 남아

빗속에 바람 속에 꽃물로나 번지더니

씨방에 밑씨 보듬듯 잠시 머문 스물한 살.

참았다 터뜨린 울음, 그렇게 가을은 와서

물드는 잎새마다 잠귀를 열어 놓고

성깃한 가지 사이로 그렁그렁 별이 뜬다.

속절없이 차려 놓은 저 가을의 제물이여

다 못 지운 바람벽의 녹슨 못자국이여

서둘러 꽃잎 받느라 잠시 환한 손바닥이여.
―「마른 추억」 전문

화자는 속절없이 찾아온 가을날에, "물드는 잎새마다 잠귀를 열어" 놓는 가을날의 나뭇가지와 별을 바라본다. 그 사이로 오랫동안 비가 내리고 바람이 불었을 것이고, "못다 한 말 몇 마디"가 꽃물로 번져 아득한 물기로 퍼져갔을 것이다. 그렇게 '스물한 살'로부터 시작된 '마른 추억'의 내질內質은 사라짐의 징후를 한껏 품은 가을로 번져와, 화자로 하여금 삶의 순간성을 감득하게 하고 있다.

그래서 화자는 "속절없이 차려 놓은 저 가을의 제물" 앞에서 "다 못 지운 바람벽의 녹슨 못자국"과 "서둘러 꽃잎 받느라 잠시 환한 손바닥"을 애타게 호명한다. 그런데 여기서 '제물/못자국/손바닥'이라는 기표는 한결같이 저 골고다 언덕의 예수를 떠올리게 한다. 이는 다른 작품에서 시인이 "다 늦게 눈물 쏟던 골고다 등성이쯤을/햇살에 길을 물으며 이름 하나 닦아"(「부활 아침」) 두었다고 고백한 것을 적극 환기한다. 물론 이승은 시편에서 종교적 상상력은 그 외연이 확연하게 나타나지 않는다. 다만 그가 선택하고 집중하는 어떤 근원에 대한 깊은 열망이 이러한 상징 체계를 불러들였을 개연성이 더 크다. 그 점에서 이러한 기표들은 충실하게 하나의 의미망 안으로 결속하는데, 가령 사라짐의 기운이 편재遍在해 있는 가을에, 녹슨 못자국에 박혀 제물祭物이 된 손바닥을 환하게 바라보는 순간으로 수렴되고 있는 것이다. 이처럼 사라짐 속에서 어떤 환한 생성의 기운을 읽는 시선은, "텅 빈 씨방, 그 충만!"(「꽃 진 자리」)을 느끼는 순간과 깊이 조우하기도 한다.

이같이 시인이 그려내는 '마른 풀'과 '마른 추억' 사이에는 '과거형/현재형', '낡음/환함' 등의 대위對位가 존재한다. 하지만 그 대위는 항구적 대립으로 존재하지 않고, 한 몸으로 결속하는 에너지를 생성해낸다. 「마른 꽃대궁?이라는 시편에서 한 마리 고추잠자리가 하늘을 물고 날다가 '마른 꽃대궁'에 살포시 내려앉는 풍경을 통해 "그제야 꽃잎 진 자리 홀연 물이 드는 것"(「마른 꽃대궁」)을 바라보는 시선도 이러한 결과의 하나일 것이다. 그럼으로써 이승은 시인은 우리가 살아가는 시간이 궁극적으로 '죽음'이나 '낡아감'을 내포하면서도 그것으로 인해 단절되지 않고 갈피마다 완연하게 살아나는 것임을 보여준다. 그 아득한 순간을 일종의 '충만한 현재형'으로 구성하고 있는 것이다.

3.

시집의 2부는 전체가 '꽃'에 대한 헌사로 채워져 있다. 시인은 "사랑은 수식 없는 새하얀 규격봉투"(「저 꽃처럼」)라고 노래했는데, 그 봉투 안에는 아름다운 꽃씨들이 담겨 있고, 그 꽃들은 "저절로 신명을 지펴 불을 질러"(「홍매화」) 놓고 있고, 그 꽃들이 이루는 꽃밭은 "멋쩍은 작별의 말을 점점이 놓고"(「앵두꽃」) 있다. 그만큼 이 시편들은, 알레고리적 생태 시편으로 흐르거나 건조한 묘사로 일관하는 서경 시편으로 편향되지 않고, 다양한 꽃의 외관과 함께 그것을 삶의 속성으로 끌어들이는 시인의 상상력이 만져지게끔 하고 있다. 그 점에서 그는 다시 한번 "맨살의 감각을 알고 그 감각으로 자연을 받아들이고 이를 시로 형상화해온 시인"(신덕룡)이라는 평가를 충족하게 된다.

어머니 그 앞섶의 애 터진 마음들이

사월 언저리에 꽃 무덤을 이루었네

꽃 속에 함께 묻혔을 못다 지운 시간이여.
— 「동백꽃」 전문

이 시편에서도 화자는 '어머니'를 부르고 있다. 아니 어머니의 "앞섶의

애 터진 마음들"을 추스르고 있다. 그 마음이 사월 언저리에 꽃 무덤을 이룬 '동백꽃'으로 전이되면서, 화자는 "꽃 속에 함께 묻혔을 못다 지운 시간"을 떠올리고 있다. 이때 '동백꽃'은 앞에서 살핀 "눋변의 갈피마다 멈칫대는 흑백 필름"(「마른 풀」)과 등가를 이룬다.

이처럼 시인은 '꽃'에 대한 완상을 충실하게 이어가면서, "너의 이름은 들키고 싶은 비밀"(「봉숭아꽃」)인 봉숭아꽃, "가난한 시간일수록 외려 따스한 체온"(「벚꽃 앞에서」)임을 보여주는 벚꽃 등으로 난만하게 그 시선을 옮겨간다. 그 난만한 꽃다지 속에서 오랜 시간의 축적을 읽어내고 있는 시인은 "시간의 안부를 묻는 세상의 잡음이 내겐 시조"(「시인의 말」, 『시간의 안부를 묻다』, 책만드는집, 2003)라는 자신의 말을 다시 한 번 견고하게 지속해가고 있는 것이다.

군위 효령쯤으로 마실을 나갔다가
보았네, 도라지 밭에 홀로 겨운 제비꽃을
봄볕도 시집을 가는지 볼이 붉은 사월 한낮.

뻐꾸기 먼 울음 따라 귀는 자꾸 맑아오고
누군가 툭 치면서 안부라도 건네올 듯
그 속에 타다가 스러진 내 손금이 보이네.

―「제비꽃 하루」 전문

사월 한낮에 마실 나갔다가 "도라지 밭에 홀로 겨운 제비꽃"을 만나게 된 화자는, "뻐꾸기 먼 울음"과 제비꽃이 화창和唱하는 풍경 속에서, 귀가 맑아오며 누군가 안부라도 전해올 것 같은 느낌을 경험한다. 그런데 붉은 사월 하루 동안의 이러한 환幻의 경험은 "그 속에 타다가 스러진 내 손금"으로 전이되는 것이 아닌가. 그 길에서 화자는 "타다가 스러진" 오랜 시간의 기억을 채집하고 있는 것이다. 그렇다면 시인이 하루 동안 걸은 '길'은 격정과 내성을 한데 모아놓게 되는 상상적이고 심미적인 '시'의 길이 되는 것이다.

가령 "남동쪽 사각으로 가혹하게 부러진 칼//그 칼날 밟고 선 채 다 타버린 오장육부//종잡을 수가 없구나, 네 안에 가 닿는 길"(「번개」)이라든가 "도드라진 상처의 매듭들이 풀리면서//늘 푸른 정수리로 다시 사랑을 묻는 측백,//그 측백 검은 숲에 들어 질척거리는 길"(「측백숲에 들다」)이 모두 '시'를 쓰고 앓고 궁극에는 '시'가 되어버리는 시인의 숙명을 은유적으로 환기하고 있는 것이다. 그 '길' 위에서 보인 아득한 '손금'이 다음 시편에서도 육체를 드러낸다.

추억마저 헐거워진 남도 철길을 그리운 외로움만 절룩대며 가는 것을,

은행잎 우수수 지는 날, 손금 위에 환한 고모역.

― 「고모역」 전문

'고모역顧母驛'은 이제 역사 속으로 사라진 경부선의 한 역이다. 거기서 화자는 "추억마저 헐거워진 남도 철길"을 바라보면서 "그리운 외로움만 절룩대며 가는 것"을 새삼 바라본다. 역시 "은행잎 우수수 지는" 가을날에 "손금 위에 환한 고모역"을 바라보고 있는 것이다. 이때 '손금'은 무엇일까? 그것은 오랜 시간을 '몸'에 각인한 시간의 기억을 환기한다. 그 '몸'의 기억이 '말'로 화하는 순간이 이를테면 이승은의 시편들이다. 그래서 그는 "한 품에 녹아드는 진눈깨비 젖는 말씀"(「생일」)과 "심지 불 환히 돋우고 한달음에 건너온 말"(「어둔 귀에 등을 켜고」)을 안에 품은 채 "말로는 차마 못하고 옷자락에 묻은 안부"(「옷자락에 묻은 안부」)를 지속적으로 묻고 있는 것이다.

결국 이승은 시인은 "철없이 막아서던/잎눈 피던 날의 기억"(「아지랑이」)이라든가 "말로는 다 못할 저녁, 흔들어 준 놀빛"(「손」)에 대한 '몸'의 기억을 추스른다. 그 점에서 이승은 시편은 '기억'의 다양한 양상을 다루면서, 시가 수행하는 '기억'의 원리를 심미적으로 보여준다. 그럼으로써 시인은 삶의 어떤 근원에 대한 상상적 경험을 구성하면서, 자신의 몸속에 수많은 흔적들을 새기고 있는 어떤 파문과 같은 존재로서의 '시간'에 대한 심미적 기억을 우리에게 보여주고 있는 것이다.

4.

이승은 시인의 음역音域 가운데, 우리가 소홀치 않게 보듬어야 할 또 하나의 권역은, 타자他者의 삶에 대한 충실한 관찰과 그들을 향해 퍼져가는 사랑의 기운이다. 말하자면 시인은 "저마다 시계가 된 우리, 흰 등뼈가 보인다."(「끝없는 보행」)라고 노래함으로써 타자적 삶의 구체적 굴곡을 놓치지 않는다. 하지만 그의 시편들이 직접적인 사회적 구체성을 겨냥하고 있는 것은 아니다. 그는 그것을 원형적 상像으로 치환하여, 그것을 견뎌내고 최대한 시적으로 미학화하고 있을 뿐이다. 이 점에서 그의 '격정'과 '내성'은 부드럽게 친화하고 결합한다. 예컨대 다음 시편을 읽어보자.

천둥 번개를 몰고 질탕하던 소낙비도
강의 남쪽에선 사뭇 더듬거린다
거대한 편광 프리즘, 굴절하는 빛이여.

빛의 사각까지도 여지없이 비집고 드는

낯익어 낯선 서울의 어느 외진 비탈목을,
부옇게 낡은 길들만 불빛 속에 널브러졌다.

낙타 등짐 같은 내 묵은 살림살이를
황막한 사막 위에 다시 부려 보지만,
느긋이 서울의 집들은 또 그늘을 치고 있다.

— 「서울의 집, 그늘」 전문

천둥 번개와 소낙비가 어울려 빚어내는 서울 어느 외진 비탈목에서, 화자는 "굴절하는 빛"과 그 "빛의 사각까지도 여지없이 비집고 드는" 낡은 길을 바라본다. 그가 바라보는 '외진 길'은 이 시대의 외곽성을 충실하게 상징하면서, "낙타 등짐 같은 내 묵은 살림살이"와 "황막한 사막"을 상상적으로 연결한다. 여기서 '낙타 등짐'과 '사막'의 이미지는 물리적 고통과 궁핍을 일차적으로 은유하는 것이지만, 그의 시선이 "서울의 집"이 거느린 "그늘"로 확장되면서 그 고통과 궁핍을 넘어서는 타자성을 획득하는 지점을 암시적으로 보여준다.

이러한 형상은 "헐거운 마음자리 등짐도 내려놓고//언덕 넘어 강물 건너 갈 데까지 가서는//바람에 바스라지도록, 또 그렇게 잊혀지도록"(「돌팔매의 시」) 하라는 실존적 다짐과 동전의 양면을 이루면서, "버릴 것 다 버리고 순한 이름 얻기까지/하마나 허물어질 듯 몽글몽글 맺는 몸"(「순두부 — 몸」)에 대한 섬세한 관찰로 이어지기도 한다. 그 "허물어질 듯 몽글몽글 맺는 몸"은 고통과 궁핍을 초극한 궁극의 지경地境을 은유하는데, 이를 두고 시인은 '환한 적막'이라고 명명하고 있다.

김장 무를 기우뚱 싣고 다리 위를 내달리는 몸집 큰 트럭 한 대 저만치
앞서 가다가 한순간 미끈한 무를 퍽, 하며 떨어뜨렸다.

아뿔싸, 앞차에 치고 뒷차에 또 덧채어 이미 무가 아닌, 널브러진 무의 시간 동치미 서러운 꿈마저 마구 토해 놓은 듯…

불현듯 솟구치는 더운 피의 기억들이 목젖 어디쯤에서 끈적하게 풀어진다 내게도 그렇게 버무린 시간들이 있었던가.

이 다리를 건너가면 길은 바삐 흩어지고 쉼 없이 대질러 온 적막만이 환해서 음시월 저무는 해가 두무개에 매달린다.

─「환한 적막」 전문

두 개의 물줄기가 만나 이루어진 함의를 지닌 '두무개'에서, 화자는 "김장 무를 기우뚱 싣고 다리 위를 내달리는 몸집 큰 트럭 한 대"를 응시한다. '낙타 등짐'과 함께 '사막'을 걷는 것과 유사한 이 도시의 형상을 바라보는 화자의 시선은, 그 트럭이 저만치 앞서 가다가 한순간 "미끈한 무를 퍽, 하며" 떨어뜨리는 순간을 잡아챈다. 당연히 그 무들은, "앞차에 치고 뒷차에 또 덧채어" 시간으로 해체된다. 그야말로 "서러운 꿈마저 마구 토해 놓은 듯"하다. 하지만 화자는 이때 "불현듯 솟구치는 더운 피의 기억들"을 떠올린다. 말하자면 그 '기억'들이 목젖 어디쯤에서 끈적하게 풀어지면서 "내게도 그렇게 버무린 시간들"이 있었음을 떠올린다. 그 순간 아득한 '적막'만이 두무개를 감싸오는 것을 느낀다. 초겨울 날씨 속에서 화자는, 환하게 저무는 생의 황혼과 그 적막한 아름다움을 시적으로 구성하고 있는 것이다.

이러한 그의 '환함'에 대한 예민한 감각은, 이를테면 그의 『길은 사막 속이다』(장원, 1995)에서만 보아도 "쓴 약의 효험을 보듯 내 앞에 또 환한 그대"(「사랑의 방백」), "씻어서 환한 시간"(「빨래를 하며」), "환한 햇살 속에 한 뼘 그늘로 앉고"(「시간」), "승천의 물무늬만/환한/생의 길목"(「분수」), "이웃집 환한 창가 곧게 자란 꽃대궁"(「詩作以後」) 등으로 나타난 바 있다. 서서히 이울어가는 기운과 환하게 밝아오는 기운이 절묘하게 '적막' 속으로 결속하여 완성되는 모습이 예전부터 가능성으로 숨쉬고 있었던 것이다. 이처럼 시인은 타자를 향해 아득히 번져가려는 '사랑'의 마음과 '기억'의 원리를 통해 삶의 어떤 근원적 경험을 형상화하고 있다. 그 격정과 내성이 균형 감각으로 살아 있는 세계를 시집 안에 가득 담은 것이다.

  이승은 신작 시집 『환한 적막』은, 이러한 시조 미학의 과제를 충실하고도 개성적으로 열어가는 확연한 실례가 될 것이다. 격정과 내성을 결속한 심미적 감각의 세계를 다양한 형상으로 보여주었기 때문이다. 그래서 그는 현대시조가 얼마나 활달한 형상과 견고한 정형 미학을 결합할 수 있는 언어적 실체인가를 두루 실증하였다. 그 개성적이고 심미적인 감각으로 인해, 한동안 우리 정형 시단은 미세하게 출렁이게 될 것이다.(2007)

견고함과 솟구침, 그 역동적 결속

박기섭 시조에 관하여

1.

박기섭 시조를 배제하고 1980년대 이후의 한국 현대시조를 완벽하게 설명하기란 거의 불가능하다. 그것은 "80년대의 박기섭은 이 같은 실험 정신으로 해서 주목받는 시인으로 자신의 위치를 확보했다"(박시교)는 일종의 문학사적 평가 때문이기도 하지만, 그의 시세계가 "대상을 압도하는 남성적 시풍"(이우걸)을 갖추었고 "견고하고 강인한 남성적 사유와 정서"(이경호)를 결합한 풍경을 보여줌으로써 그동안 한국 현대시조가 몰입해온 여성적 정한情恨이나 자연 친화 같은 정적靜的 세계와 뚜렷이 변별되는 동적動的 세계를 구축해왔기 때문이기도 하다. 그만큼 그는 부드러움보다는 견고함, 떨어져 내림보다는 솟구침의 미학을 통해 그만의 시적 역동성을 일관되게 보여온 매우 드문 시인이다. 이제 등단 30년을 코앞에 둔 그의 시조 미학은, 이처럼 그간의 한국 현대시조가 형성해온 주류 미학을 한껏 벗어나면서, 동시에 새로운 주류 미학을 욕망하는 역동적 언어를 보여준 것이다.

그동안 박기섭 시인은 1980년 한국일보 신춘문예에 당선하였고 1981년에 평생 지우知友 이정환 시인과 함께 2인 시집 『덧니』를 낸 후로 『키 작은 나귀 타고』(1990), 『默言集』(1995), 『하늘에 밑줄이나 긋고』(2003), 『엮음 愁心歌』(2008) 등의 시집을 펴낸 과정을 걸어왔다. 결코 다작이라 할 수 없을 것이다. 다만 완만하고 견고한, 그야말로 '느리게 쓰기'의 한 전형을 보여준 것이다. 이 짧은 글은, 이러한 박기섭 시조 미학의 독자성을, 그가 직접 뽑은 대표 시편들과 이번에 발표된 신작들을 중심으로 하여 살피려는 작은 계획이다.

2.

박기섭 시인이 직접 제시한 대표작 가운데 다음의 '角北' 연작 시편들은, 자신이 삶의 터전으로 삼고 있는 자연 풍경을 담아내고 있는 명백한 외관에도 불구하고, 화자의 역동적인 사물 파악과 정서 개진이 눈부신 밀도로 다가오는 실례들이다. 먼저 그의 시선은 '角北'에 내리는 눈에 가 닿는다.

풍경이 다 지워졌다, 백색의 암흑이다

겉장을 뜯지 않은 천연의 공책 한 권

먼데서 경운기 소리가 한 모서릴 찢고 간다

밤새 흐르지 않고 두런대던 골짝물들이

얼결에 생각난 듯 빈 공책을 당기더니

썼다간 찢어 버리고 찢었다간 다시 쓴다

—「角北 − 눈」중에서

　각북의 풍경을 백색으로 지우면서 내리는 눈, 그 "백색의 암흑"은 "겉장을 뜯지 않은 천연의 공책 한 권"으로 감각화된다. 시각을 흰색으로 완벽하게 장악한 눈 속에서 화자가 듣는 것은 "먼데서 경운기 소리가 한 모서릴 찢고" 가는 것이다. 또한 "밤새 흐르지 않고 두런대던 골짝물들"이 흐르는 소리이다. 그 골짝물이 흐르는 소리를 "빈 공책을 당기더니//썼다간 찢어 버리고 찢었다간 다시 쓴다"는 상황으로 바꾸는 화자의 모습은, 고치고 다시 쓰곤 하는 시인의 모습이 투사投射된 결과이다.

　이렇게 시각과 청각을 어울려 눈 내린 풍경을 '쓰다'의 상상력으로 바꾼 것은, 근대적 시간의 효율성에서 멀찍이 비켜 서 있고 나아가 모든 공간을 하나의 소우주(microcosmos)로 환치시킬 줄 아는 시인의 감각을 그대로 보여준다. 또한 화자는 "찢고 간다"와 "썼다간 찢어 버리고 찢었다간 다시 쓴다"를 각 수首의 종장에 병치함으로써, 우주를 갱신하는 생활의 소리(경운기)와 시인의 행위(공책)를 겹쳐놓고 있다. 그래서 우리는 이 작품에서 우주의 생명으로서의 시인의 '지기至氣'를 한껏 느낄 수 있는 것이다.

점령군 사령부의 산중 막사를 지나

계엄하의 산복도로를 서둘러 넘는 새벽

곳곳에 웅크린 짐승의 살냄새가 훅 끼친다

삼엄한 경계망을 뚫고 나온 도랑물들이

숨죽인 긴장 속에 골짜기를 빠져나가고

심하게 구부러진 채 길은 길게 묶여 있다

발치로 내려올수록 연막이 풀리면서

느닷없는 퇴각의 징후들이 감지되더니

어느새 진주한 햇살이 차창 밖에 왜자하다

―「角北 ― 안개」 전문

    각북에는 '안개'가 자주 몰려온다. 천천히 진주進駐해온 안개는 "점령군 사령부의 산중 막사"를 지나서 새벽에 "계엄하의 산복도로를 서둘러" 넘어온다. 각북으로 몰려온 안개는 "곳곳에 웅크린 짐승의 살냄새"를 동반하는데, 이렇게 화자는 안개 때문에 차단된 시각과는 달리 후각과 청각의 예민함을 되살려낸다. 마찬가지로 "삼엄한 경계망을 뚫고 나온 도랑물" 소리도 들린다. 그런데 드디어 아침 햇살에 의해 안개 군단은 퇴각하고 마침내 소멸한다.
    이처럼 각북을 지우고 있는 '눈'과 각북을 감싸고 있는 '안개'는 박기섭 시조의 마르지 않는 수원水源이 되고 있다. 시인 스스로도 각북에서의 시작詩作을 일러 "토착의 정서가 창조적 개성으로 발현될 때 우주적 착색도 가능하다"라고 말하지 않았던가. 그렇게 박기섭 시인은 '우주적 착색'을 흰색에 의탁하여 수행하고 있다.

그늘이 지나간다
비슬산의
하오 서너 시

하늘 가는 길이
희고 꾸불텅하다

산 넘는
구름 그리메,
한 생애가 지나간다

텅 빈 안 골짝이
쿨룩,
기침을 하는

하오 서너 시쯤의
이른 해거름을

개울에
흙삽을 씻는
사람의 소리 들린다

—「角北 — 山役을 마치고」 전문

생활과 시작詩作, 토착과 우주를 결속하고 있던 '각북'은, 또한 삶과 죽음을 통합한 지점이기도 하다. 이 시편의 화자는 비슬산의 오후에 산역山

役을 마치고 내려온다. 그가 내고 돌아온 "하늘 가는 길"은 흰 빛의 곡선이다. 마찬가지로 산을 넘어서는 흰구름이 꼭 망자亡者의 그것처럼 "한 생애가 지나"가는 모습으로 투영된다. 그때 비로소 산역꾼들이 "개울에/흙삽을" 씻는 삶의 소리가 들린다. 그는 '자전적 시론'을 통해 "초혼이 하늘로 간 넋을 부르는 일이라면, 산역은 땅으로 가는 몸을 묻는 일이다. 삶과 죽음의 어름을 흐르는 개울물에 산역꾼들이 흙삽을 씻는다."라고 말한 바 있다. 죽음과 삶이 공존하는 모습이 '흙삽' 씻는 소리에 가장 구체적 지점을 마련하고 있는 것이다. 이처럼 박기섭 시조의 감각은 어떤 역동적인 움직임을 '소리'를 통해 채집하고 배치하는 일관된 지향을 보인다.

우리가 읽은 박기섭 시조는 엄연한 정형 안에서 매우 다채로운 변격變格을 자재롭게 보여준다. 이는 '정형'이라는 현저한 외적 제약에도 불구하고, 그가 일종의 원초적 통일성을 회복하려는 서정 양식의 본래적 지향을 형식의 단호한 절제를 통해 성취하고 있기 때문이다. 이러한 내용과 형식의 견고한 결속을 박기섭 시조는 일관된 긴장과 절제 속에서 성취하고 있다. 그 구체적 실례가 (지금도 씌어지는) '角北' 연작 시편들인 것이다.

3.

원래 서정 양식의 소재군群 가운데 가장 중요로운 것이 '자연'이다. 고대 가요로부터 중세 시가를 지나 근대시 전체 권역에서 '자연'이라는 범주가 갖는 소재적 우세종으로서의 위치는 단연 절대적이 아닌가. 근원적으로 '자연自然'은 원형성, 보편성, 체험의 직접성 등을 가지며 모든 창작 주체의 체험 속에 광범위하게 녹아 있다. 물론 형상화의 양상을 보면 보편적 사랑의 추구, 형이상적 관념의 대입, 자연 자체의 즉물적 묘사 등 여러 작법이 있었지만, 그 어느 것도 자연의 신성불가침을 거부한 예는 아니다. 그만큼 '자연' 전통은 매우 깊고 넓은 것이었다.

박기섭 시조의 원천도 자연 사물에서 비롯되는 것은 말할 것도 없다. 그가 시선을 주는 자연 사물마다 새로운 미학적 위상을 부여받고, 그 역시 가끔 "마을에서 멀어질수록 허기를 버리는 강"(「구절초 詩篇」)을 바라보기도 하면서 자연 사물들을 시편 속으로 끌어들이고 있다.

저 가뭇한 하늘가에 발을 오그린 채 숨을 멈춘 한순간에 비상은 완성된다 그제사 새가 새로서 현현하는 것이다

가장 높이 날으는 찰나의 절정을 위해 새는 쉬임없이 부리를 닦아내고 바람에 죽지를 씻으며 솟구쳐오르는 것이다

솟구쳐오를 적마다 새의 눈은 깊어져 텅 빈 고요 속에 세속의 뼈를 묻고 에굽은 그 하늘길을 바스라져 가는 것이다

―「새」 전문

시인이 그리는 '새'의 형상이 아스라하고 선명하다. 새가 날아가는 모습을 화자는 "저 가뭇한 하늘가에 발을 오그린 채 숨을 멈춘 한순간에 비상은 완성된다"고 말한다. 그 비상을 통해 새는 비로소 '새'로 현현한다. "가장 높이 날으는 찰나의 절정"은 그래서 새의 존재론적 위의威儀를 완성하는 순간이 된다. 그 순간을 위해 새는 "쉬임없이 부리를 닦아내고 바람에 죽지를 씻으며 솟구쳐오르는" 몸짓을 반복했을 것이다. 또한 그 솟구쳐오름을 통해 "새의 눈"은 깊어지고 "텅 빈 고요 속"에서 새는 "세속의 뼈를 묻고 에굽은 그 하늘길"로 소실되어간다. 그 소실점 속에서, 견고한 뼈와 솟구쳐오르는 날갯짓이 어울려 빚어내는 자연 풍경의 모습이

이채롭다.

그런가 하면 박기섭 시조에서 빼놓을 수 없는 영역은, 형이상학적 탐색과 그 효과로 빚어지는 어떤 전율감일 것이다.

박힐 자리 제대로 박혀
한세상을
버팅기는

사람들은 저마다
하나씩의 못인 것을

그 숱한
피멍 삭이며
기다리는 神의 망치

― 「못과 망치」 중에서

'망치'와 '못'의 호혜적인 존재론을 통해 화자는 "박힐 자리 제대로 박혀/한세상을/버팅기는" 삶의 역동성을 다시 한번 확인한다. 가령 화자는 "사람들은 저마다/하나씩의 못"이라고 말하는데, 이는 "그 숱한/피멍 삭이며/기다리는 神의 망치"를 기다리면서 어느새 한몸으로 결속하고 만다. '神'의 기표를 등장시킴으로써, 화자는 상처를 치유하고 견고한 삶을 유지하는 '못'의 상징성을 확인하고 있는 것이다. 우리의 기억 속에, 박기섭 첫 시집에 실려 있는 「못」이라는 가편佳篇이 있는데, 거기서 화자는 "숱한 담금질 끝에/直立의 힘을 고눠/마침내 일어서는/견고한/자존의 뼈"를 노래하면서 "스스로 극한의 빙벽을/이를 물고" 버티는 못의 형상을 일군 바 있다. 그 견고한 자존의 뼈가 위 시편에 이르러 "神의 망치"

를 기다리면서 견고함을 더해가고 있다. 이것이 바로 형이상학적 열정과 견고한 방법론의 드문 결속으로 나타나는 것이다.

4.

박기섭 시인은 "바라건대 나의 詩眼이 현재에 안주하여 미지의 쪽문을 기웃거리기보다 그 미답의 경지를 스스로 주저 없이 열어젖히고 나아가기를!"(박기섭, 「매화와 휘파람새」, 『하늘에 밑줄이나 긋고』)이라고 다짐한 바 있다. 이 다짐을 우리는 박기섭 시인의 시적 성취의 현재형으로 바로 되돌릴 수 있다. 그만큼 그의 시조는 단호하고 응축된 금욕의 공간이 됨으로써, 미답의 경지를 열어간다. 이러한 속성은 이번에 발표하고 있는 신작들로 어김없이 이어진다.

> 물들 것은 물이 들어 제풀에 지쳐가고
> 익을 것은 제대로들 익어서는 떨어지는,
> 아무렴, 내 詩의 폐업은 저 가을 속일까 보아
>
> 마구 혐구를 하던 천둥 번개 다 분질러
> 갖풀에 개어 놓은 온 들녘 금박 가루를
> 또 어느 華嚴 寫經에 공출이라도 할까 보아
>
> 연해 연방 돋는 가지, 상념의 곁가지들을
> 사정없이 쳐내느라 이 빠지고 금 간 佩刀,
> 그렇지, 그 패도 풀 곳도 저 가을 속일까 보아
>
> ─「가을 烙畵」 전문

화자는 자연이 그리는 '가을 낙화烙畵'를 바라본다. 원래 '낙화'는 인두를 붓처럼 사용해 수묵화와 같은 효과와 화격을 나타내며 문인풍의 화조화花鳥畵가 가장 많이 그려지는데, 화자가 바라보는 '烙畵'는 가을의 풍경 속에 내밀하게 숨겨진 어떤 존재론적 상념들을 거느리고 있다. 가령 가을이 물들고 익어가듯이 화자는 "내 詩의 폐업은 저 가을 속일까" 하고 생각한다. 그렇게 가을이 이울어가듯이 자신의 시업詩業도 소멸해갈 것을 상상한다. 하지만 천둥 번개를 모두 분질러 개어 놓은 온 들녘 금박 가루를 "어느 華嚴 寫經에 공출"이라도 하겠다는 시인의 의지는, 조락凋落과 동시에 풍요로운 수확收穫을 상상하는 쪽으로 나아간다. 그러니 자연스럽게 곁가지들을 쳐내느라 "이 빠지고 금 간 佩刀"를 풀 곳 역시 가을의 저 이울고 생성하는, 떨어지고 솟구치는 그 형상 속이 아닐 것인가.

이처럼 우리는 박기섭 시인을 통해 전원주의와 성리학적 보편성의 전통에 침윤되어 있던 '자연'이라는 권역을 갱신하고 확충한 예를 만나게 된다. 그동안 '자연'의 시적 형상이 주로 표피적 문명 비판, 애니미즘, 지배 이념의 전달, 전원 취미, 현실 반영의 알레고리적 대상 등으로 전개되어왔던 맥락에서 벗어나, 박기섭 시조의 자연 사물들은 창조와 굴절을 보여주는 대표적 실례라고 할 수 있다.

5.

최근 시인이 출간한 연작 사설시조집 『엮음 愁心歌』는 박기섭 식式의 만인보萬人譜이다. 여기에서 시인은 이 땅의 뭇사람들이 그려내는 견고함과 솟구침, 그 역동적 결속을 선명하게 그려 보여준다. 달리 살펴야 할 근작近作의 수확이 아닐 수 없다. 여기서 시인은 "그냥 날것의 입말을 받아내고, 맨살의 향기가 우러나면 그뿐. 낯선 은유도, 무거운 수사도 다 내려놓는다. 守拙한 것이 욕이 될지언정 정녕 그러고만 싶으니, 참."(박기섭, 「시인의 말」, 『엮음 愁心歌』)이라고 했는데, 그 '守拙'의 미학이 심미적 형상과 활달한 어법을 통해 아름답게 구현되고 있다.

어쨌든 박기섭 시조가 우리에게 보여주는 선 굵은 음역音域과 그것을 선명하고도 역동적인 이미지로 잡아채는 활력은 우리 시조의 역사에서 매우 중요한 권역이 아닐 수 없다. 그 스스로도 "품격의 미학 또한 시조가 지향하고 꿈꾸는 바다. 정제된 심상과 율격이 빚어내는 고절한 품격. 그것은 기교 이전의 기교, 표현을 넘어선 표현만이 열어갈 수 있는 어떤 정신의 경지인지도 모른다."라고 말한 바 있지 않은가. 그 품격과 정제와 정신의 결속이 확연한 시조 미학의 표지標識가 되고 있는 것이다.

그래서 우리는 박기섭 시조가 잠언적 명제를 중심으로 하는 시편들보다, 주술적 의미가 강한 시편들보다, 장인적 시재詩材로 넘치는 명민한 시편들보다, 훨씬 '시詩'라는 것이 궁극적으로 인간의 삶의 구체성에서 우러나오는 언어적 감정 양식임을 잘 보여주는 사례임을 알게 된다. 그리고 특별히 '서정'과 '역사'가 조우하는 곳에서 일렁이는 파문 같은 것으로 기억될 것임을 알게 된다. 하지만 그 파문은 격렬하지 않고 고요하며, 외향적이지 않고 마치 우물 속의 불꽃처럼 자신의 영혼을 감싸며 계속 번져갈 것이다.(2008)

실존적 성찰과 구원의 테마
이정환론

1. 성찰의 진정성과 궁극적 타자의 상상

  이정환 시인의 열 번째 시집 『별안간』(고요아침, 2012)은, 시인 자신의 실존적 성찰과 자기 완성의 의지가 진정성 있게 빚어진 섬광閃光의 절편들로 이루어져 있다. 그 절편들은 시인 자신의 존재론적 갱신은 물론, 신성한 존재에 가 닿으려는 열망의 결실이기도 하다. 시인은 자신을 일러 "꿈의 사닥다리, 주상절리를 딛고 오르는 설해목일 수밖에 없는"(『시인의 말』) 존재라고 말하였는데, 이때 '주상절리'나 '설해목' 이미지는 신성한 존재 앞에 선 유한자有限者로서의 절절한 고백을 불러오는 은유적 장치라고 할 수 있다. 시인은 시집 1-3부에는 비교적 서정의 원형에 가까운 작품들을, 4-6부에는 기획 연작들을 배치하였는데, 그 연작들은 각각 '붙드심의 노래', '주상절리', '피요르드'의 제목을 달고 있다. 그리고 시인은 각각의 소제목에 똑같이 12편씩을 싣고 있다. 그래서 이번 시집은 전반부의 서정적 깊이와 후반부의 실존적 자기 완성 의지가 뚜렷하게 마주 보고 있는 구성을 취하고 있다.

우리가 잘 알듯이, 그동안 이정환 시편들은 정형 양식이 견지하고 있는 일정한 율격적 구속에도 불구하고, 매우 활달하고 섬세한 서정을 담은 주목할 만한 성과를 보여왔다. 사물의 구체성에서 정서의 결을 유추하는 시적 방법론과 그것을 '사랑' 혹은 '구원'의 주제로 연결하는 심미적 시정신을 그는 일관되게 보여주었다. 이번 시집은 이러한 방법론과 시정신이 더욱 주제의 집중성을 가지고 완성된 사례로서, 시인은 사물과 내면이 교감하고 상응하는 세계를 담으면서 그 과정을 삶의 그것으로 전이시키는 상상력을 아름답고 치열하게 보여준다. 무엇보다 그 성찰의 진정성이 시집의 품과 격을 한결 높이고 있다.

> 지금 내 어깨 위에 내리퍼붓는 함박눈
> 네가 보낸 것임을 이제 나는 알겠다
>
> 두 팔이 설해목처럼
> 뚝뚝, 떨어져 내리는 밤
>
> ―「설해목처럼」 전문

이번 시집의 핵심 표상 가운데 하나인 '설해목雪害木'이 여기 등장한다. 시인은 함박눈을 맞아 그 무게 때문에 두 팔이 떨어져 내리는 '나무'의 형상을 하고 있다. 그런데 시인은 지금 어깨 위에 퍼붓는 함박눈을 두고 "네가 보낸 것"이라고 상상한다. '나'와 '너'가 각각 '나무'와 '눈'의 이미지를 입고서 한 몸으로 가파르게 서 있는 모습이 펼쳐진다. 시인은 바로 이러한 '나'와 '너'의 형상을 통해 겨울 한밤을 견디는 과정을 보여주면서, 바로 그 과정을 통해 '나'를 부러뜨리면서까지 한 몸으로 존재하는 '너'라는 존재에 대한 외경과 추인을 고백한다. 이러한 '너'를 향한 긍정과 헌신의 마음은 이번 시집 전체의 구도構圖를 형성하면서, 시인의 중심이 점점 궁극적 타자의 상상을 향해 아득하게 번져가고 있음을 알려준다. 다음 작품도 '너'를 향한 마음이 앞서 달려간다.

나는 나를 거두어 네게로 가겠다

삼강이 별빛처럼
입맞춤하는 그곳

강 저편
갈대 사이의
네게로 가겠다

이젠 삼단머리 풀어 내리지 않아도
옥색 앞섶자락 풀어 헤치지 않아도

마침내
네게로 가겠다
강물소리 차디찬 밤

―「삼강나루」 전문

'나'는 자아(ego)를 거두어들인 채 '강' 건너 저편 갈대 사이의 '너'에게로 가겠다고 소리친다. 강물소리마저 차디찬 밤에 '삼강나루'에서 이루어지는 이러한 결기 어린 고백과 다짐은, '나'의 존재가 '너'에게로 가는 과정에 의해 완성되는 것임을 다시 한 번 알게 해준다. 이는 가지가 뚝뚝 부러지면서 '너'와 함께 하는 '설해목' 이미지와 더불어, 시인이 얼마나 '너'라는 타자를 향한 간절한 마음을 이번 시집에 담고 있는지를 보여준다. 이때 궁극적 지향으로 자리잡고 있는 '너'는, 아름다운 사람들로 서서히 퍼져가고, 궁극에는 가장 '신성한 존재(the sacred being)'로 그 상징적 범위를 확장해간다. 신성한 존재와 만나고 자기 존재를 갱신하는 그 확장의 순간을 시인은 '금싸라기 햇빛'으로 담아낸다.

> 울음으로 채우기에는 금싸라기 햇빛이다
> 잠시 내려다보다 홀연 돌아서느니,
> 별안간 저토록 깊이 금싸라기 햇빛이다
>
> 채우고 채워도 사뭇 금싸라기 햇빛이다
> 네 눈시울 때리는 금싸라기 햇빛이다
> 바람도 구름 더불어 금싸라기 햇빛이다
>
> ―「백록담」전문

우리의 존재를 구성하는 '울음' 이면에 눈부시게 존재하는 '금싸라기 햇빛'의 연쇄가 이번 시집의 아득하고도 가없는 깊이를 선연하게 알려준다. '백록담' 앞에서 눈시울 때리는 햇빛과 바람과 구름을 함께 바라보면서 시인은 이렇게 "금싸라기 햇빛"을 정성스레 채집하고 있다. 잠시, 홀연, 별안간, 사뭇, 그렇게 다가오는 이러한 예민하고도 가멸찬 감각과 사유가 이번 시집을 이정환 시학의 중요한 성취로 올려놓고 있는 것이다.

2. 계절의 은유와 삶의 깊이

한 편의 시 안에는 이질적 혹은 대립적인 정서적, 인지적 형질이 자연스럽게 얽혀 있는 경우가 많다. 이때, 시에 나타나는 비극성은 희망의 반대편에 있는 것이 아니라, 현실의 엄혹한 이치를 투시함으로써 그 현실과 궁극적으로 친화하려는 욕망의 일부가 된다. 마찬가지로 낭만적 초월 역시 무책임한 도피가 아니라, 그 나름으로 현실을 넘어 대안적 기대 지평을 암시하려는 상상적 고투가 되기도 한다. 그래서 시의 문면에 드러난 주제들을 고스란히 산문적으로 번안하여 그 정신적 초상을 그리는 것은 비평적 안일함을 보여주는 것에 불과하게 된다. 그 결과 우리는 비극성과 낭만적 초월을 동시에 욕망하며 인간 존재의 양가성을 응시하는 시편들을 옹호하게 되는데, 이정환 시인은 생성과 소멸이 교차하고 더러는 그것들이 한 몸으로 결속하고 있는 인간 존재의 양가성을, 자연 사물의 느린 변화 속에서 찾아내고 표현한 가편들을 충실하게 펼쳐 보여준다. 자연 사물을 존재 원리의 근간으로 삼으면서 사물들이 생성하고 소멸해가는 행로를 따라 삶 자체를 투시하는 시법詩法을 일관되게 유지한다. 이때 그는 계절이라는 시간적 표상을 즐겨 채택하는데, 시인은 계절 자체의 실재적 감각을 활력 있게 복원하면서 동시에 그 감각의 구체성이 인생론적 이법理法과 통합되는 상상력의 접점을 집중적으로 탐색한다. 먼저 '봄'이다.

매화 향기로 사뭇
굽이쳐 흐르는 강물

해묵은 네 몸짓도
꽃가지 줄기가 되어

강가에 뿌리 내리며
꽃 피우는 이 봄날

— 「섬진강의 봄」 중에서

봄날의 환희가 '매화 향기'로 전이되면서 '섬진강' 풍경이 한눈에 들어온다. 강물은 시인의 안과 밖을 속속들이 씻으면서 흘러가고, 시인은 그 도저한 물줄기를 따라가지 못하지만 묵도默禱하는 마음으로 봄 물결을 바라보고 있다. 매화 향기 은은한 강가에서 해묵은 몸짓이 깨어나면서 꽃가지 줄기로 소생하는 순간 그리고 "강가에 뿌리 내리며/꽃 피우는" 봄날의 감각적 순간을 생생하게 노래하는 것이다. 봄날 뭇 생명이 깨어나는 소리가 들려오는 듯하다. 시인은 이렇게 봄날의 분주한 몸짓을 통해 "꿈의 모롱이를 좇아/벋어나가는 그 무엇"(「호랑가시나무잎」)을 바라보고, 그 감각을 통해 자연 사물의 자연스런 생성 과정을 노래하는 것이다.

    볕살 좋이 들어 눈부셔라 남녘 마을
    노랑 바람개비 노란 바람 돌리는 길
    울음을 짓누르고 선 부엉이바위 보인다

    밀짚모자 아래 푸른 휘파람 흩날리며
    힘찬 페달로 마을 한 바퀴 휘도는 일
    그것이 그리 어려운 일이었을까 묻는다

    한 송이 꽃 바치고 눈을 감는 앳된 바람
    삶과 죽음 떠남과 머묾 그 모진 끄트머리
    먼저 간 그 길을 좇는 노란 바람이 분다

                               — 「남녘마을의 여름」 전문

여름 풍광은 볕살 눈부신 '남녘 마을'에서 채집하였다. 그런데 '남녘 마을'은 그저 단순히 방위상의 남쪽에 있지 않다. 그곳은 "노랑 바람개비 노란 바람 돌리는 길"을 품은 채 역사의 비극적 순간을 각인하고 있는 공간이다. '부엉이바위/밀짚모자/페달' 등의 세목들이 그곳에서 살다 그곳에 묻힌 한 자유인의 삶을 조형한다. 그래서 그곳에서 부는 바람은 꽃 한송이 바치고 눈을 감은 채 "삶과 죽음 떠남과 머묾 그 모진 끄트머리"에서 불어와, "먼저 간 그 길"을 좇고 있는 것이다. 시집 전체에서 오히려 예외적일 이 시편은, 이정환 시인의 섬세하고 따뜻한 마음을 잔잔하게 전해준다. 이때 시인이 바라본 "울음을 짓누르고 선 부엉이바위"는 "밤새 왜/울어야 했는지/말하지"(「울음잎사귀」) 않은 채 역사의 뒤안길에 우뚝 서 있게 되는 것이다. 노란 바람이 부는 여름은 그래서 삶과 죽음, 떠남과 머묾이 공존하는 시간적 은유로 다가오고 있다.

꿈을 수몰시킬 수 없어 무릎 일으킬 때
잎들은 서쪽으로 물들어 흩날리고
물 속에 들어간 이들 돌아오지 않는다

깊숙이 물에 잠긴 골목길에 붙들려서
수장을 마다 않은 그 가을 잠자리 떼
끝없이 어딘가로 가는 억새꽃이 보인다

— 「수몰지의 가을」 전문

이번 시집에서 인상적인 아름다움을 보여준 작품 가운데 하나로 기억될 이 시편은, '가을'이 견지하고 있는 풍요와 소멸 이미지를 한꺼번에 감싸안으면서 시인이 파악한 삶의 진실을 밀도 있게 보여준다. 시인이 바라보는 '수몰지'에는 많은 것들이 잠겨 있다. 시인은 꿈만은 수몰시킬 수 없어 무릎 일으켜 일어나지만, 나뭇잎 흔들리는 수몰지에는 "물 속에 들어간 이들"이 결국 돌아오지 않는 소멸의 이미지로 가득할 뿐이다. 그 시선으로 깊숙이 잠긴 골목길, 수장을 마다 않은 잠자리 떼, 끝없이 어딘가로 가는 억새꽃이 한꺼번에 들어오는데, 이때 '잠자리 떼'와 '억새꽃'의 병치를 통해 시인은 자연 사물에 깃들인 우리 삶의 소멸과 생성의 심연을 보여주는 것이다.

> 너는 이제 바다에서 모든 것을 보았다
> 남은 날들이 홀연 파도에 휩쓸려서
> 한 순간 바닷속 깊이 내려앉고 있음을
>
> 붉은 게들 퍼덕이는 봄 문턱 겨울 내항
> 사람들마저 퍼덕이는 수몰의 쪽빛 바다
> 무엇을 잃고 얻음을 더는 말하지 않는다
>
> ―「겨울 강구항」중에서

'겨울 항구'가 계절의 마지막에 들어서 있다. 바다에서 본 "남은 날들"은 파도에 휩쓸려 한순간 바닷속으로 깊이 내려앉는 것에 비유된다. 하지만 '겨울 내항'은 이미 봄 문턱에 들어와 있다. "수몰의 쪽빛 바다"가 느런히 펼쳐진 곳에서 시인은 "무엇을 잃고 얻음"을 말하지 않은 채, 풍요로움을 예비한 봄 문턱에서, 소멸의 순리를 넉넉히 수용하는 국량局量을 보여준다.

원래 '계절'이란 시간의 근대적 단위들 예컨대 시, 분, 초처럼 인위적으로 구획된 계량적 개념이 아니다. 그것은 오히려 직접적이고 명료한 감각적 경험의 결과로 생긴 기억의 형식일 것이다. 또한 그러한 과정을 통해 우리 육체에 그어진 분명한 경험적 계선界線이며 그 영상이 집적된 거소居所일 것이다. 그래서 계절에 대한 감각은 직접적이며 경험적이게 마련이고, 그만큼 인생론적 화두로 전이되기 용이하다. 이정환 시편들은 이러한 계절의 흐름을 통해 가장 인상적인 풍경과 순간을 심미적 삽화로 보여준다. 그리고 그 다양한 삽화들은 우리의 삶이 생성과 소멸을 무수히 반복하며 더러 그것들을 한 몸으로 결속한 깊이를 착색하고 있음을 보여주는 데 바쳐진다. 이를 통해 시인은 서정시가 자연 사물을 은유적 매재媒材로 삼아 시인의 경험과 정서를 전달하는 언어 양식임을 다시 한 번 약여하게 보여준다 할 것이다.

3. 시간의 사유와 순간의 기억들

형식적으로 보면, 이정환 시편의 심미적인 형식은 완미하게 씌어진 단수 미학에서 가장 잘 드러난다. 거기에는 아름다운 기억의 순간들이 산뜻하고 청량하게 들어서 있다. 마치 흑백사진의 잔상殘像을 남기는 듯한 아스라한 기억이 여기 한 편 펼쳐져 있다.

　　1981년 1월 8일 금요일 하오 네 시
　　시상식 참석 바람 중앙일보 문화부

　　지례면
　　우체국 지붕에
　　첫눈이 쌓이던 날

　　　　　　　　　　　　　　—「전보」전문

등단 30년을 훌쩍 넘긴 이 중진 시인은, 신춘문예 시상식 통지를 받은 첫 기억을 묵화처럼 남겨놓았다. "1981년 1월 8일 금요일 하오 네 시"에 치러질 시상식 소식을 담은 채 전해진 '전보'에는, "시상식 참석 바람"이라는 사연과 발신자가 간결하게 적혀 있을 뿐이다. 세세한 안내문이 아니라 간단명료한 문구만 적힌 '전보'는, 그것이 이제 우리 주위에서 완벽하게 사라져버린 지난날의 미디어임을 보여주는 동시에, 시간도 공간도 그 옛적 그곳으로 소급하여 재생하는 기능을 수행한다. 바로 그때 그 '전보'가 배달되었을 '우체국' 지붕에 첫눈이 쌓이던 따뜻하고 아름다운 풍경 역시 선연하게 재생되고 있다. 이러한 완미한 단수 미학은 다음으로 이어진다.

시간의 울음은 한 순간 저리 붉어서
더없이 붉어서 숨 막힐 듯한 미간美間

모가지
뚝, 꺾이기까지
기막힐 듯한 미간

―「꽃」전문

귓밥을
만지는 동안

다시금
퍼붓는 눈발

모든 것은
별안간의 일

별안간의
눈밭이다

붙들어
매어두지 못할

첫 시간의
파편들
　　　　　　　　　　―「귓밥을 만지는 동안」 전문

　앞의 시편에는 자연 사물에서 바라보는 충일한 순간이 담겨 있다. 서정시를 일러 '충만한 현재형'으로 일컫는 까닭도 이러한 시편들이 보여주는 응축된 시간 형상에 있을 것이다. 시인은 '시간의 울음'이 내뿜는 붉은 기운과 색상을 통해, "더없이 붉어서 숨 막힐 듯한" 순간을 '미간美間'이라는 이디엄으로 표현한다. 여인의 '미간眉間'을 환기하는 듯한 '美間'은, 꽃의 모가지가 꺾이기까지 기막히게 이어지면서, '아름다운 순간'이라는 축자적인 뜻을 충실하게 재현한다. 그 아름다운 순간은 가령 "한순간 벽공을 치솟는 바닷새"(「지심도」)의 모습을 바라보거나 "천지간의 숨소리"(「완도수목원」)를 들을 때에도 아득하게 찾아온다.
　뒤의 시편에는 "귓밥을/만지는 동안"이라는 짧은 시간이 담겨 있다. 귓밥을 만지는 순간에 눈발은 퍼붓고 그 두 개의 동선이 겹치는 짧은 순간을 일러 시인은 "모든 것은/별안간의 일"이라고 말한다. 그리고 '별안간'의 눈밭에 매어두지 못할 순결하고도 아름다운 "첫 시간의/파편들"을 묘사한다. 이 '눈밭' 이미지는, 앞에서 본 우체국 지붕 위에 내린 첫눈 이미지와 함께, 이번 시집에서 가장 아름다운 영상으로 남아 있다. 이때 '별안간瞥眼間'이란, 아주 짧은 동안의 뜻을 가진 말로서, 순간과 영원을 동시에 사유하는 이정환 미학의 한켠을 잘 드러내 보여준다. 그래서 시인은 "눈 감고 불현듯 영원을 꿈꾸는"(「순장」) 혹은 "불멸을 꿈꾸는"(「절정」) 모습으로 대상을 향한 갈망과 열정을 일관되게 선보이는 것이다. 그렇게 순간과 영원이 통합되는 '미간'이자 '별안간'에 시인은 "남아서 견디는 것/견디며 삭이는 것"(「브람스의 저녁」)으로서의 시간을 노래함으로써, 순간과 영원을 함께 사유하는 모습을 보여준다. 이러한 순간의 기억들이 아름다운 단수 미학을 통해 구현되고 있는 것이다.

4. 가파른 삶과 구원의 공간

이번 시집의 유다른 개성적 음역音域은 시인이 의욕적으로 후반부에 배치한 '연작'들에 있을 것이다. 먼저 '붙드심의 노래' 12편 연작은 모두 단수로 이루어져 있는데, 여기서 '붙드심'이란 절대자가 피조물을 창조하고 섭리하는 일체의 역사役事를 통칭하는 어휘라고 할 수 있다. 그분께서 '붙드심'으로 함께 하시기 때문에 우리는 요동치 아니하고 그 뜻대로 살아갈 수 있다. 그 점에서 이 연작은 이정환 시학이 지향하는 신성하고 숭고한 방향을 구체적으로 알려주면서, 우리 시조시단에 매우 빈곤한 종교적 상상력의 한 범례로 다가온다. 먼저 그 서시 격의 작품을 보자.

내가
나의 목소리로
목청껏
부르짖는다

붙드심에 붙들리어
붙드심에 울먹이며

에워싼

붉은 칼날들

맨손으로 꺾는다

— 「붙드심의 노래 1」 전문

'나의 목소리'로 간절히 목청껏 부르짖는 모습에서, 우리는 시인이 그 누군가의 '붙드심'에 붙들리어 있고 나아가 그 '붙드심'을 지속적으로 열망하고 있음을 느끼게 된다. 이러한 초월적 존재의 '붙드심'을 희원하면서 "에워싼/붉은 칼날들"을 맨손으로 꺾는 역동적인 모습을 보여준다. 여기서 '붉은 칼날'이란, 성서적 인유引喩로 볼 때는 창세기에 나오는 '화염검火焰劍'이라 우선 생각해볼 수 있다. '화염검'은 야훼 하느님이 에덴 동편에 두신 '불칼'로서, 타락한 것과 신성한 것을 경계 짓는 상징적 표지標識이다. 그 '붉은 칼날'을 맨손으로 꺾으며 목청껏 '붙드심'을 부르짖는 모습은 성속聖俗의 경계를 넘어 신성한 존재에 가 닿고자 하는 열망을 잘 보여준다. 하지만 다른 한편으로 '붉은 칼날'은, 마음속에 도사리고 있는 불안이나 공포 같은 부정적 기운들의 비유체로도 볼 수 있다. 이때는 시인이 '붙드심'에 기대어 그러한 요소들을 넘어서려는 성화(sanctification)의 의지를 보여준 것으로 읽을 수 있다. 그 어느 독법讀法이든, 이 시편은 "무릎/짓찧으며/엎드려/울부짖으매"(「붙드심의 노래 2」)라면서 그분의 '붙드심'과 시인의 '울부짖음'이 한 몸임을 보여주면서, 가파른 실존적 싸움을 벌이는 시인의 모습을 은유하고 있다 할 것이다.

수척한 이마에 두 손 고이 얹으시고

떨리는 뼛속 깊이

입김

불어넣으스니,

홀연히 쫓기어 가는 검은 그림자 보인다

―「붙드심의 노래 4」 전문

이 시편에서 '그분'의 모습은 더욱 선명하게 나타난다. 그분은 '나'의 "수척한 이마"에 손을 얹으시고 "떨리는 뼛속"으로 입김을 불어넣으시는 위안과 치유의 존재이다. 그 순간 시인의 시선에 들어오는 "쫓기어 가는 검은 그림자"란, 앞 시편에서 보았던 '붉은 칼날'이 외현外現한 이미지일 것이다. 홀연히 신성한 존재와 접속된 순간 사라져버리는 그 '검은 그림자'야말로, 그분의 '붙드심'에 의해 "기쁨의 띠 두르는"(「붙드심의 노래 9」) 영혼의 성숙 과정을 잘 보여주는 상징이다. 그러니 시인으로서는 "산 자여/재갈과 굴레/더욱 옥죌 일"(「붙드심의 노래 10」)이라면서 세속에서의 담금질을 재촉하기도 하지만, 그럼에도 궁극적으로 '그분'의 섭리와 치유를 갈망하는 모습을 노래하기도 하는 것이다. 이러한 실존적 고투는 '주상절리' 연작에서 더욱 구체적인 조형성을 얻어간다.

첫눈에
모든 것을
몰아내어 버렸다

일시에 벼랑 끝으로 몰아내어 버렸다

갈맷빛
눈웃음 속에

얼비쳐 오던 하늘

　　　　　　　　　　　　　　 ―「주상절리 1」 전문

　'주상절리柱狀節理'는, 용암이 식으면서 기둥 모양으로 굳은 것을 말한다. 또한 용암의 냉각과 응고에 따라 부피가 수축하며 생겨나는 다각형 기둥 모양의 금을 말하기도 한다. 어쨌든 그 '주상절리'는, '벼랑'이나 '절벽' 이미지를 통해 가파른 인간 실존을 은유하는 데 원용되고 있다. 시인은 "첫눈에" 그리고 "일시에" 모든 것을 벼랑 끝으로 몰아낸 후 비로소 찾아오는 "갈맷빛/눈웃음 속에/얼비쳐 오던 하늘"을 그리고 있다. 벼랑 끝에서 바라보는 그 '하늘'은 고난의 끝에 마주하는 웃음 이미지를 동반한다. 바로 그 순간 시인은 "나를 받아들이어 우뚝 솟은 저 결기/그를 받아들이어 사뭇 깊어진 골짝"(「주상절리 7」)에서, "한순간 누군가에게 나는 받아들여졌고/한순간 누군가에게 나는 속하게 되었다"(「주상절리 4」)고 고백할 수 있는 것이다. 그 실존적 갱신이 말하자면 그분의 '붙드심'이 이루어지는 순간에 완성되는 것이다.

　　그는 왔다 마침내 눈앞이 부시도록
　　기다림의 봄뜰에 붉은 꽃 흩뿌리며
　　먼발치 나를 향하여 손 흔들며 왔다

　　왜 이제야 왔는지 나는 묻지 않았다
　　온 누리가 별안간 흔들려 어지러웠다
　　비 젖은 꽃망울들이 점점 붉어졌다

　　포옹만 남았다 두 손 이끌었을 때
　　떨리는 걸음으로 다가설 일만 남았다

그러나 아무런 일도 일어나지 않았다

　　　　　　　　　　　　　　　　　―「주상절리 3」 전문

　　오랜 기다림 끝에 시인은, 멀리서 손 흔들며 꽃 뿌리며 눈부시게 나타나는 '그'의 현현을 본다. 별안간 천지가 요동했지만 시인은 비에 젖어 점점 붉어지는 꽃망울들만 바라볼 뿐 왜 이제야 '그'가 왔는지 묻지 않는다. 그 정지와 침묵의 순간에 '그'를 향한 떨림과 다가섬과 포옹만이 '그'와 '나'를 잇는 연결체가 된다. 하지만 '그'와 '나' 사이에는 아무 일도 일어나지 않는다. 그 정지와 침묵의 순간, "누군가 환한 빛으로 걸어내려"(「주상절리 2」)오고 "내 안에 나는 없고 꽃들로 가득"(「주상절리 10」)한 시간들이 이어질 뿐이다. 그 순간을 일러 시인은 "빛으로 몰려와서 꽃으로 피는 순간"(「주상절리 12」)이자 "거기 서 있는 이"가 온 누리로 번져가는 순간이라 노래하는 것이다. 그러니까 결국 '주상절리'란, 그분의 '붙드심'이 간절하게 요청되는 가파른 삶의 공간 혹은 실존적 구원의 공간이라고 할 수 있을 것이다.

　　소리치고 소리쳐도 아파하지 않는다

　　떨어뜨려야 할 것
　　어찌 저
　　물줄기뿐이랴

　　네 속을 갈아엎어서
　　흩뿌리고 싶은 날
　　　―「피요르드 1」 전문

저 황홀경을 보라, 꿈이 멎는 순간

말을 내다버려라
네 안의 말
내다버려라

폭포가
쏟아내는 소리
다 받아 안을지니

—「피요르드 4」 전문

'피요르드'의 사전적 정의는 '협만峽灣'으로서, 빙하로 만들어진 좁고 깊은 만을 말한다. 옛날 빙하로 말미암아 생긴 U자(字) 모양의 골짜기에 바닷물이 침입한 것이다. 이 또한 '주상절리'처럼 통증과 고난의 이미지를 그 안에 품고 있다 할 것이다. 이 연작에서 시인은 역시 소리쳐도 아파하지 않으면서 "네 속을 갈아엎어서/흩뿌리고 싶은 날"을 노래한다. 하지만 어느새 찾아온 "황홀경" 속에서 꿈이 멎는 순간, 시인은 말을 내다버리고 폭포가 쏟아내는 소리를 받아 안는다. 그때 '피요르드'는 '비롯됨/마침', '처음/나중'에 동시에 존재하는 "목숨/안팎의 경계"(「피요르드 12」)이자, "자못 사무친 광휘"(「피요르드 2」)를 거느리면서 "높이에/사로잡혀서/깊음 속을 얻는"(「피요르드 8」) 공간적 은유로 다가온다.

이처럼 '주상절리/피요르드'는 모두 가파른 삶의 역정과 그곳에서의 구원 가능성을 동시에 보여준다. 시인은 산문에서 "시와 우주와의 합일"을 믿고 "그 눈물겨운 주상절리, 꿈의 사닥다리"를 향해 자신은 걸어간다고 고백한 바 있는데, 그러니 자연스럽게 그분의 '붙드심' 앞에서 '주상절리/피요르드'에서 "어쩔 수 없는 당신의 설해목"(「시인의 산문」)이

될 수밖에 없는 것이 아니겠는가. 이는 물론 일차적으로는 신성한 존재에 대한 송가頌歌의 의미를 띠지만, 동시에 우리 시조시단에서 거의 찾아보기 어려운 깊디깊은 실존적 고백록이 되기도 하는 것이다. 오래도록 정형의 미학적 정수를 보여주면서, 사물의 안팎에 흔적으로 새겨져 있는 양가성의 흔적을 탐사해온 이정환 시인은, 이번 시집에서 이렇게 현대시조의 올연한 높이와 깊이에 다다라 있다.

5. 이정환 후기 시학의 결절

우리 시대의 시인들은, 더 이상 '동일성'의 방법을 유일무이한 서정의 원리로 고수하지 않는다. 오히려 그들은 안정적인 동일성을 거부하면서, 세계와의 치명적 불화를 발화하는 데 주력하는 경우조차 적지 않다. 하지만 서정 양식으로서의 '시'는, 잃어버린 시간에 대한 상상적 추구를 통해, 여전히 고유한 자기 규정성을 견지해가는 속성을 가지고 있다. 그 안에서 우리는 잃어버린 시간의 상상적 현재화를 경험하고, 언어적 대리 구축 과정으로서 서정의 원리를 경험할 수 있기 때문이다. 우리는 이러한 서정의 원리에 가장 근접할 수 있는 양식이, 우리 운문 문학의 장자인 '(현대)시조'가 아닐까 생각해본다.

이정환의 시조 미학은 잃어버린 것들을 상상적으로 복원하고 탈환하면서, 이제 형이상학적 전율을 동반한 채 이렇게 아름답게 펼쳐져 있다. 이 시집은 그의 후기 시학이 그야말로 더욱 근원적인 사유와 구체적인 감각의 결속으로 이루어져갈 것을 암시해준다. 그는 엄정한 정형 형식 안에서 사물과의 조응을 통해 삶의 깊이를 표현하고, 섬세한 묘사를 통해 심미적 재현을 성취하며, 자연 속에서 발견하는 삶의 이법을 더욱 아름답게 보여줄 것이다. 이 모든 것이 커다란 스케일 안에서 이루어지기보다는 구체적인 사물과 풍경 속에서 성취되어갈 것이다. 자연 사물 속 깃들인 영속적 시간의 흐름을 응시하고, 생명 현상의 경이를 눈 밝게 관찰하면서, 그는 그것을 '사랑'과 '구원'의 테마로 형상화해갈 것이다. 그 점에서 이번 시집은 이정환 후기 시학의 매우 중요한 결절結節이 아닐 수 없을 것이다.(2012)

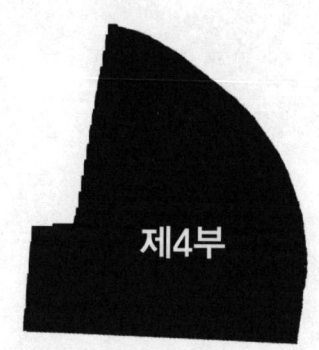

제4부

천진성과 사랑의 시학

이지엽의 시조

1. '현대시조'의 미학적 가치에 대한 역사적 복원

　최근 한 권 한 권 발간되고 있는 '우리 시대 현대시조 100인선' (태학사) 기획 시리즈는, 가장 전통적인 민족시가 장르이면서도 이른바 근대문학의 권역에서는 변두리 양식 취급을 받아온 20세기 현대시조에 대한 본격적인 역사적·미학적 복원이라는 점에서 단연 주목할 만한 문학사적 사건이다. 우리 민족의 언어, 습속, 정신, 위의威儀를 그 안에 자연스레 내장하고 있는 '시조時調'라는 문학 양식은, 그 어원에서도 알 수 있듯이, 한 시대의 풍속과 이념 그리고 보편적 정서를 끊임없이 드러내고 표상해 온 민족문학의 정수精髓이자 보고寶庫라고 할 수 있다. 그렇기 때문에 시조에 대한 정성어린 천착과 전승은, 그 자체로 우리말의 독자적인 율격적 자질에 대한 접근이 될 뿐만 아니라, 문학사의 전체적 양상을 구축하는 사적史的 작업을 위해서도 긴요한 과제가 아닐 수 없다. 그래서 이번 기획 시리즈는 최근 우리 문학계가 자본주의 상품미학의 자장으로부터 한 치도 자유로울 수 없는 환경을 감안할 때, 매우 신선한 충격이 되고 있는 것이다.

특별히 이 기획은, 근대문학 여명기의 육당으로부터 월북 시인인 조운, 조남령 그리고 최근에 활동하고 있는 젊은 시인들에 이르기까지 그들이 성취한 '작품성'만을 기준으로 선정한 점이 자못 독특하다. 문단에 일정한 명망을 가진 사람들 위주가 아니라, 꼼꼼하고도 거듭된 리뷰를 통해 미학적 함량에서 우리 시조사史를 대표할 만한 시인들만을 망라했다는 점에서, 이 시조전집의 출간 과정은 매우 미더운 것이 되고 있는 것이다. 따라서 우리는 이 시조전집을 통해, 근대 형성기로부터 최근에 이르기까지 다채롭게 펼쳐진 현대시조의 전개 과정을 조감鳥瞰할 수 있을 것이다. 이 글에서는, 그 중에서 이지엽 시조집에 대한 가늠을 통해 현대시조가 지향하는 주제적 권역을 살펴보려 한다.

2. '천진성'에 바탕을 둔 '사랑'

이지엽의 『해남에서 온 편지』는 시인이 격렬하게 치러온 젊은 날에 대한 자기 확인의 열정과 그 행간에 촘촘히 박힌 역사의 흔적들, 그리고 그와 같은 엄혹한 시절을 견뎌온 항체抗體로서 시인이 견지해온 휴머니즘을 담은 이른바 '생명시학'의 세계이다. 특히 그것은, 우리가 겪어온 역사적 진실에 민감하면서도 그것을 '역사적 상상력'으로 해결하지 않고 가장 원초적인 '생명'의 이미지로 극복하려는 일관된 의지를 가진 세계이기도 하다. 다음은 그러한 이지엽 시인의 지향성을 잘 드러내고 있는 작품이다.

놀이터에서
한 아이가

그네를 타고 있다.

그네를 타는 것은 아이와 내가 다를 바 아니다. 그러나 아이가 느끼는 것은 하늘과 땅 번갈아보는 아찔한 재미이고 내 그네는 실은 허공에 매여져 환시처럼 머릿속을 오갈 뿐이다(화사한 꽃밭과 텃밭 사이, 더러 죽음과 삶 사이, 안개와 눈물 사이, 관념과 실존 사이)

내 그네에 있어 안개와 죽음은 동류항이다. 땅과 실존이 동류항이듯. 아이가 하늘과 땅을 자유자재로 오가며 재미를 느끼는 그것처럼 아아 나도 번갈아 그 두 개를 맞잡아 흔드는 재미를 볼 수 없는 것일까.

땅
하늘
선명한 경계 위에
발이 아픈
내
그림자.
─「떠도는 삼각형·2 ─ 그네」 전문

이 작품에는 이지엽 시인이 집중하고 있는 시적 주제가 농밀하게 내장되어 있다. 그것은 '아이'의 천진성과 이미 '어른'이 되어버린 시인의 혼돈 사이에서 빚어지는 대위對位이다. 여기서 '놀이터'는 일체의 인위적 관계보다는 일차적이고 근원적인 유희 본능이 살아 움직이는 원초적 공간이다. 거기에서 '그네'를 타고 있는 '아이'와 '나'의 모습은 그 외양상 보면 "다를 바 아니다". 그러나 그 둘을 결정적으로 가르는 것은 '아이'가 그네를 타면서 느끼는 것이 "하늘과 땅 번갈아보는 아찔한 재미"인 데 비해서, 시인이 느끼는 것은 "죽음/삶, 안개/눈물, 관념/실존"의 사이를 분주히 오가는 생각의 흐름이라는 데 있다. 그 "선명한 경계 위"에서 "발이 아픈/내/그림자"를 온몸으로 감각하는 시인의 처지는 "하늘과 땅을 자유자재로 오가며 재미를 느끼는" '아이'에 비해 얼마나 복잡하고, 혼란스럽고 그리하여 남루한 것인가.

또 하나 이지엽의 시에서 그러한 밝음 혹은 희망의 이미지를 담는 표상은 '하늘'이다. 그것은 "마음에는 누구에게나 하늘이 있"(「바다와 하늘」)다는 것에서 볼 수 있는 가장 근원적인 이미지이다. "어릴 적에 하늘은 내게 커다란 틈이었다"(「틈새로 본 일곱 가지 절망 또는 희망」)고 그리고 "그런데도/이상한 일도 다 있지/그 화음의 노래들이 나를,/나를 휘감아 하늘 위로/떠올리는 거였어"(「떠도는 삼각형·4」)라고 고백하는 시인의 말에서 그 같은 '하늘'의 중심성과 근원성은 입증된다. "그대 하늘 내 사랑은/심장 겨누며 내 앞에 와 그만 멈춘/칼날이리/바다리, 푸른 생명이/늘 푸르게 달려오는"(「그대 하늘에 뜨는 내 사랑은」)이라는 표현에서는 '하늘'이 '사랑'과 동격이 되면서 시인을 위무慰撫하며 이끌어가고 있는 원동력이 되고 있다. 그리하여 그 '사랑'은 "진눈깨비/바람/팔매질/물소리" 등의 다양한 형상으로 기억 속에서 되불려지고 있다. 그래서 시인은 "자유의 날개 달"고 "사랑 안고 나는 가네"(「날아간 새들의 노래, 그 이후」)라고 노래할 수 있는 것이다.

이처럼 이지엽의 시에는 '아이' 혹은 '하늘'로 상징되는 순수 혹은 생명의 세계와 '상처', '그리움', '부끄러움' 등으로 표상되는 지상적 세계 사이의 갈등이 역동적으로 담겨 있다. 특히 그의 시에 지속적으로 나타나는 '아이' 이미지는 그 갈등의 세계를 순수의 이미지로 극복해 보려는 시인의 욕망이 담긴 상관물이다. 그 '아이'는 "꾸부정한 할머니가/아기를 들쳐 메고/부서진 양철대문 앞/재우 가누며 서있다//담벼락 괴발개발로//접 부칩니다 환영"(「목숨」)에서처럼 소멸을 앞둔 생명의 가치를 이어가는 매개체이기도 하고, "아가야 너만은 아름답게 꽃들이 속살대는 시월의 마알간 빛발처럼, 강물처럼 속살져 흘러가야 한단다"(「그래도 이 세상을 따뜻하게」)에서처럼 순수에의 가없는 희망과 절망을 동시에 담고 있는 수원지水源池이기도 하다.

이러한 순수 지향의 시심이 결국 "쓰러져간 목숨들"과 "살아서 부끄러움이 켜켜이 눈을"(「50년대 문학 강의」) 뜨는 현재를 대비해 보게 하고, "친구여 너는 죽고 나는 빈 손만 떠는구나"(「거리에서」) 하는 자책을 부르는 힘이 된다. 그래서 그에게 삶이란 "물살 환한 그리움으로/살아오는/그것"(「유채밭에서」)이고, "네게 갈 수 있는/마지막 방법"(「담쟁이 넝쿨」)은 곧 '사랑' 일 밖에. "안에는 바퀴 흔적/밖에는 칼날 그리움/꼭 끼워 상처도 이윽고 하나가 되듯"(「나사에 관한 기억」) 그 '사랑'은 "정점은/동그라미/온갖 사물이/빛나는"(「떠도는 삼각형·5 — 눈물」) '눈물'과 함께 이 시인의 가장 깊은 심층에서 우러나오는 시심의 원천이 되고 있다. 그 '힘'이 그로 하여금 끊임없이 "아이들 말간 노래가/하늘 끝에 고운 봄날"(「떠도는 전봉준全琫準」)과 신이 나서 노는 "아이들"(「이중섭李仲燮」)을 바라보는 '눈'을 부여하고 있는 것이다.

이처럼 생명의 순결성과 역사의 냉혹함 사이를 '사랑'의 힘으로 극복하려는 이지엽의 시에서 '천진天眞'은 말 그대로 '하늘의 진실성'이자 '아이들의 순수무구함'이다. 그러니 "세상의 모은 길들은 상처가 남긴 살점"(「아름다움의 한가운데」)이라고 한 그의 시가, 바로 그 '상처' 속에서 '새살' 돋는 원리를 노래하는 것은 자연스럽지 않은가.

3. '현대시조'의 저변 확산을 위하여

이지엽 시인은 자신의 작품 안에서 언어의 경제성을 극대화하면서도 개성적인 음역音域을 이루고 있다. 그것을 우리는 '천진성과 사랑'의 시학으로 살폈다. 물론 이와 같은 주제들은 시인이 공들여 개척한 고유의 주제이자, 우리 현대시조가 힘겹게 일구어온 보편적 주제이기도 하다. 그 보편적인 주제를 시인이 더욱 강한 개성으로 심화시켰다고 보는 것이 옳을 것이다. 시조로서는 최초의 시사적 기획인 이번 전집이 이러한 실천에 기여함은 물론, 시조의 저변 확산을 꾀하는 온전한 '집'이 되기를 거듭 바란다.(2001)

고졸古拙과 내성耐性을 넘어
정수자 시집 『허공 우물』

1.

　현대시조의 미학적 핵심을 일종의 '반反근대성'에서 찾으려는 시도는 줄곧 있어왔다. 비록 현대시조의 존재 방식이 음주사종音主詞從의 전근대적 '노래'에서 문자 중심의 근대적 '시'로 바뀌기는 했지만, 그 안에는 여전히 정형 양식으로서 기될 수밖에 없는 반근대적 요소가 충일하기 때문일 것이다. 물론 이를 두고 낡은 중세주의의 연장으로 바라보는 시각도 있기는 하지만, 그렇기 때문에 현대시조는 더더욱 근대가 배타적으로 축적해온 미학적, 언어적 과잉과 편향을 교정할 수 있는 역설적 힘과 가능성을 내장하고 있다. 그래서 우리는 현대시조의 중요한 속성을 반근대 혹은 근대 비판의 지향에서 찾을 수 있는 것이다.
　물론 이러한 반근대성을 우리 시가 나아가야 할 대안적 지표로까지 삼을 일은 아니다. 다만 현대시조는, 근대 자유시와는 전혀 다른 언어와 양식을 통해, 근대 자유시가 쌓아온 어떤 과잉이나 편향을 반성적으로 보완하고 치유하는 몫을 수행하면서, 자유시와 경쟁적 상생 혹은 상생적 경쟁을 해야 한다. 그것은 지금처럼 근대의 극점에 이른 시대에, 현대시조만의 고유한 언어적, 양식적 섬광閃光이야말로 그 안에 어떤 긴요한 대안적 지평을 함유하고 있기 때문이라 할 것이다.

정수자 시집 『허공 우물』(천년의시작, 2010)은, 이러한 현대시조의 언어적, 양식적 몫을 그 어느 사화집보다 첨예하고 돌올하게 수행하고 있는 구체적 사례이다. 그 미학적 내질內質에 관해서는 홍용희 교수의 충실한 해설이 이미 있었으므로, 여기서는 가급적 인용 시편의 중복을 피하면서 정수자 시조의 어떤 측면들을 하나하나 부조浮彫해보기로 한다. 이를 통해 그녀의 시조가, 우리 현대시조가 맞닥뜨리고 있는 난경難境들에 대한 적절한 시사를 줄 수 있을 것으로 희망해본다.

2.

시집의 맨 앞에서 정수자 시인은 자신의 시편들이 "추리고 벼린 말이 기교를 넘은 고졸이 되는"(「시인의 말」) 지경地境에 이르기를 희원希願한다고 말한다. 여기서 정수자 시학이 지향하는 '고졸古拙'이란, 문자 그대로, 기교 없이 소박하여 어딘가 모자라는 듯하면서도 미학적 친화력이 있는 그런 세계를 함의한다. 아닌 게 아니라 그녀의 필법筆法에는 화려한 수식이나 난해한 상징보다는, 사물들의 윤곽이 마치 묵화墨畵처럼 어둑하고도 산뜻한 무채색으로 담겨 있다. 그렇게 일관되게 '고졸'의 미학을 축적해온 세계를 한번 들여다보자.

없는 이름 부르며 한 생 저어 가듯

어둠 끌어안고 살 지피는 밑불처럼

캄캄한 눈썹 하나로 산을 넘는 밤이 있다

없는 길을 찾아서 한 생 헤쳐 가듯

어둠으로 기르는 생금 같은 눈썹 들고

높다란 고독 하나로 밤을 넘는 밤이 있다

—「그믐달」 전문

  '그믐달'은 미당未堂 시편에서처럼 '눈썹'의 형상을 하고 천천히 움직인다. "없는 이름"을 부르고 "없는 길"을 찾아 한 생을 이어가는 '그믐달'은, 그렇게 어둠을 끌어안고 어둠으로 목숨을 기르면서 산을 넘고 밤을 넘어 흘러가고 또 흘러간다. 그리고 '그믐달'을 은유하는 또 하나의 표현인 "높다란 고독 하나"는 백석白石 시편에서처럼 외롭고 높고 쓸쓸하게 흘러간다. "어둠도 혼자 고이는 고아 같은 밤"(「허공 우물」)을 묵묵하게 느리게, 캄캄히고 고독하게 건너가고 있는 것이다. 여기서의 '고독'은 "제 안만/오롯이 보다/뼈가 된/고독"(「백두산 자작」)으로서, 감각적 외로움과는 전혀 다른 것이다. 다시 말하면 '고독'(solitude)은 외따로 혼자 버려져 있는 감각적 '외로움'(loneliness)이 아니라, 홀로 존재하며 한 생을 헤쳐 가야 하는 사물의 존재론적 본질을 의미하는 것이다.
  이렇게 정수자 시조에서 저물고 여위고 끝내는 소멸해가는 사물들은, 캄캄하고 높다랗게 고독한 생의 본질을 투시하는 방법론적 대상으로 생성한다. 다음 시편에서도 그러한 '저묾/여윔'의 감각은 여실하게 드러나고 있다.

다 해진 길을 끌고 가을이 가고 있다

목마다 목이 시린 시래기 같은 시간들

그 어귀 외등을 지나는

당신 등도 여위겠다

가으내 비색에 홀린 바람의 당혜 같은

귀 여린 잎사귀도 먼 곳 향한 귀를 접고

제 안의 잎맥을 따라

한 번 더 저물겠다

― 「십일월 저녁」 전문

'십일월'도 '저녁'도 모두 소멸해가기 직전의 시간적 배경이다. 그때는 "다 해진 길을 끌고" 가는 시간이기 때문이다. "목마다 목이 시린 시래기 같은 시간"을 담아둔 채 흘러가는 그 시간은 마치 "그 어귀 외등을 지나는//당신 등"처럼 여윈 형상을 하고 있다. 그리고 "먼 곳 향한 귀" 곧 바깥 세계에 대한 동경과 지향을 안으로 접은 채 화자는 저물녘의 소멸의 감각만을 선명하게 보여줄 뿐이다. 그 과정이 바로 "제 안의 잎맥을 따라//한 번 더" 저무는 것으로 나타난다. 그 '저묾'의 느릿한 과정 속에 고졸의 미학이 다시 한 번 빛을 발한다.

이렇게 화자는 '저녁'이 자신 안에서 숨죽이고 있던 기억들이 가장 생동감을 얻는 시간이고, 모든 존재자들이 자신의 자리로 돌아가는 모습을 목도할 수 있는 시간이라고 노래한다. 그에게 '저녁'은 사물들이 자신들의 감각적 현존마저 버린 채 모두 제자리로 돌아가는 때이기 때문이다. 그만큼 그에게 '저녁'은 노을의 눈부심이나 땅거미의 어두움으로 오는 것이 아니라 희미하게 자신의 존재를 알리는 미시적 감각으로 온다. 이렇게 시인은 '그믐달'과 '십일월 저녁'을 통해 저물고 여위고 끝내는 소멸해가는 사물의 존재 형식을 증언하고 있다. 그 세계가 일관된 '고졸'의 미학으로 벼려지고 있음을 우리는 경험한 것이다.

3.

현대시조가 주체와 사물간의 통합과 조화를 통해 근원적 동일성의 회복을 미학적 지표로 삼는다고 할 때, 시인의 사물 인식이나 정서는 세계와의 긴장이나 불화보다는 그것들 사이의 절묘한 상생과 화음和音을 노래할 때가 많게 마련이다. 그 결과 시인은 주체와 사물이 조화롭게 공존하는 생의 이법을 발화하고, 사물 속에 흠뿌려져 있는 궁극적이고 근원적인 가치를 찾아 나서게 된다. 말하자면 사물 속에 담겨 있는, 그러나 일상의 눈으로는 결코 바라보고 간취할 수 없는, 어떤 근원적 질서를 경험하고 형상화하는 것이다. 대부분의 정수자의 가편佳篇들 역시 그러한 근원적 질서를 궁구하고 표현하는 데 바쳐진다. 다음 시편에서 그것은 '독毒'의 형상으로 나타난다.

봄 감자 씨눈에는 독이 서려 있다고

칼을 들고 보면 눈이 아연 시리다

돌잡이 배냇니처럼 반짝이는 어린 눈!

고물고물 실눈 뜨는 연둣빛 옹알이들

막장 같은 삼동을 몸에 곰곰 새기면

저리도 눈부신 봄을 처음이듯 낳는 것

기꺼이 문드러질 씨감자의 길이지만

독으로 저를 지켜 약이 되는 풀처럼

독 품은 사랑이 있어 해마다 꽃이 핀다

―「아름다운 독」 전문

"봄 감자 씨눈"은, 그 안에 '독성'을 내장하고 있음에도 불구하고, 화자에게는 "돌잡이 배냇니처럼 반짝이는 어린 눈"으로 눈 시리게 다가온다. 마치 "고물고물 실눈 뜨는 연둣빛 옹알이들"처럼 그것은, 추운 삼동三冬을 지나 "눈부신 봄을 처음이듯 낳는" 생명의 기원(origin) 같은 것이기 때문이다. 그렇게 씨눈은 "독으로 저를 지켜 약이 되는" 역설을 실현하면서, "독 품은 사랑"으로 해마다 꽃을 피우는 생명 탄생의 과정을 아름답게 보여준다.

잘 알려져 있듯이, 일찍이 플라톤(Platon)은 문자를 '약藥'인 동시에 '독毒'의 속성을 가진 존재로 비유하여, 그것을 '파르마콘(pharmakon)'이라 명명하였다. 우리가 치러내는 모든 언어적 수행이 사실은 '약'이자

'독'일 것이다. 정수자 시인은 그 '독' 안에 존재하는 '약'의 속성을 간취하면서, 새로운 생명 탄생의 힘을 일러 '아름다운 독'이라는 역설로 명명한다. 그 아름다운 독성을 통해 우리는 삶의 여러 질곡과 난경에 대한 내성耐性을 키우고 그것들을 넘어서게 되는 것이다. 이처럼 정수자 시학의 주춧돌 가운데 하나는 "조락 이후 충천하는 개골의 결기"(「금강송」) 같은 내성의 힘에 있다. 다음 시편에서도 우리는 시인이 추구해온 강한 내성의 힘을 경험하게 된다.

한라의 흰 눈썹이 꿈틀 용을 쓰면

태산쯤 황하쯤은 완당에 둔다는 듯

기꺼운 조선의 붓들 그 문전에 졸卒하다

한 채 선을 앉히면 난바다가 이끌리고

한 채 점을 얹으면 산이 와 엎드리고

팔 아래 거느린 세상 만 획이 일 획이니

인적 없는 적소에 적筆이 스친 듯한

갈피 그 자취마다 만상이 서성일 때

세한이 깊고 깊어서 사위가 죄다 먹이다

하여 다시 온 바람을 붓 끝에 부리느니

비우고 비운 위에 혼의 집을 짓느니

일 획이 만 획을 품고 한 세계가 졸拙하다
  ―「혼의 집, 세한도를 엿보다」전문

'완당세한도'는 우리에게 가장 잘 알려진 고화古畵 가운데 하나이다. 이는 송백松柏 같은 선비의 절조節操와 유배 중인 자신의 처지를 동시에 표현한 작품인데, 이를 통해 우리는 정신의 극한이라 할 수 있는 추사秋史만의 고독과 절조의 형상을 경험하게 된다. 화자는 바로 그 세한도를 엿보면서 그것을 "혼의 집"이라 명명한다. 시편 안에는 제주도의 유배 생활을 환기하는 "한라의 흰 눈썹"이나 "인적 없는 적소" 같은 표현이 등장하는데, 거기서 화자는 "기꺼운 조선의 붓들"이 "그 문전에 졸卒"했다는 것과, "일 획이 만 획을 품고 한 세계가 졸拙"했다는 것을 첫 수와 셋째 수에 병치한다. 그 속에서 화자는 "세한이 깊고 깊어서 사위가 죄다 먹"이 되는 지경을 상상하는데, 그 먹으로 세상과 내면을 "비우고 비운 위에 혼의 집"을 짓는 과정을 이어 보여준다. 그 같은 상상적 방법을 통해 세한도의 부피와 양감量感을 선명하게 부여하고 있다. 그리고 그 양감 속에서 세한도가 견지하는 내성耐性의 미학을 공유하고 있는 것이다.

그리고 시인은 이 시편에서 의식적으로 '졸(卒/拙)'의 언어유희(pun)를 통해, 일종의 대구對句 형식을 구현하면서, 동시에 그러한 기표들이 암시적으로 환기하는 시적 비의秘義를 보여준다. 이는 작품 내적 필연성에 의해 채택된 수사학적 방법론이 아닐 수 없다. 이번 시집에서 이러한 미학적 방법은 특히 많이 발견되는데, 가령 "느꺼운 적/느껴 운 적"(「내 마음의 운문」), "운문/운판/운무"(「내 마음의 운문」), "이내도 이내 눕고"

(「탁발의 날들」), "소란/교란/찬란/산란"(「늪의 기원」), "차마,/그 고도를 거기 두고"(「차마고도」), "구구절절/구절리/구절양장"(「그리운 오지」), "美國과 米國 사이 迷路와 美路 사이"(「반한다는 것」) 등이 그 사례들이다. 이처럼 시인은 동음이의어(homonym)나 비슷한 음가音價를 가진 기표들의 연쇄나 병치를 통해 이러한 효과를 편재적遍在的으로 추구하고 있다. 이는 대구와 유비類比를 핵심으로 할 수밖에 없는 정형 양식의 특수성과 시인 자신의 언어미학적 자의식이 결속하여 얻어낸 정수자 시조의 한 개성으로 확장되고 있다. 앞으로 시인은 이러한 방법론의 미학적 가능성을 더욱 완미하게 실현해갈 것이다.

4.

현대시조가 비록 현대성(modernity)을 충실하게 담아내야 한다는 양식적 요청을 받고 있다는 점을 감안하더라도, 여전히 현대시조는 고전적 정서와 인식을 우세종으로 다룰 수밖에 없다. 그럼에도 불구하고 정수자 시조의 한켠에는 이러한 생각에 개성적 균열을 내면서 일종의 사회적, 역사적 감각이라 부를 수 있는 소재와 형상을 담고 있다는 점에서 단연 주목할 만하다. 시집의 2부와 3부에 실린 시편들에서, 시인은 예의 사회적, 역사적 감각들을 유감없이 보여준다.

    누천년 지구마을의 배꼽이던 사람들
    저녁마다 혼례하듯 노을을 차려 입고

    박제된 전통을 불러
    소멸을 노래한다네

곤때 절은 속곳들의 무대를 접을 때면
마지막 음률 같은 모어(母語)의 긴 후렴만
옛 성의 처마 끝에서 한 시절을 뇌다 가고

푼돈에도 떨쳐입는 민족이란 이름들은
제국의 먼지가 될 민족이란 이름들은

저무는 탯줄을 든 채
멸종을 노래한다네

―「소수민족의 저녁」전문

  오랜 시간 "지구마을의 배꼽"이던 사람들이 노래하는 것은 '저녁/노을/박제/소멸'의 이미지들로 감싸인 어떤 것들이다. 그 소멸의 이미지를 이어 무대도 접히고 급기야는 "마지막 음률 같은 모어母語의 긴 후렴"마저 "옛 성의 처마 끝에서 한 시절을 뇌다" 갈 뿐이다. 하지만 중요한 것은 바로 그 "모어의 긴 후렴"이 바로 "마지막 음률"이라는 데 있다.
  일찍이 바흐친(M. Bakhtin)은 "모어母語는 사람들에 의하여 받아들여지는 것이 아니라 모어 안에서 사람들이 처음으로 눈을 뜨는 것이다."라고 말한 바 있는데, 확연한 소멸의 전조前兆 속에서도 그 장엄한 "마지막"이 바로 그 "처음으로 눈을 뜨는" 기억으로 오버랩되고 있는 위 시편은 그 점에서 역설적으로 아름답다. 그래서 비록 "제국의 먼지가 될 민족이란 이름들"이 "저무는 탯줄을 든 채/멸종"을 노래한다 하더라도, 그 '소수민족의 저녁'은 넉넉하게 "마지막 음률"의 비극성을 간직하고 있는 것이다. 그 점에서 정수자의 사회적, 역사적 감각은 처연한 비관주의가 아니라 일종의 '비극성'의 차원을 견지하고 있다 할 것이다.

아닌 게 아니라 시인은 "경의선 녹슨 허리"(「사랑은, 만지는 것」)를 사랑으로 만지고, "반도처럼 서러운 딸"(「김밥에 대한 기억」)을 통증으로 기억해내고, "덫이 된 코리안 드림"(「공치는 남자」)들을 연민하며, "빨치산 붉은 아리랑"(「도라지 촛불」)으로 사라져간 역사를 아프게 음각하고, "식민지 이농의 삶"(「자작의 마을」)들을 재현해낸다. 이러한 일관되고 지속적인 타자 지향의 사회적, 역사적 감각은 우리 시조미학에서는 매우 드문 사례일 뿐더러, 따로 정치精緻한 조명을 보태야 할 권역이기도 하다. 그때 우리는 정수자 미학의 새로운 지평과 가능성을 해석해낼 수 있게 될 것이다.

이처럼 정수자 시학은 '고졸古拙'과 '내성耐性'의 미학을 성취하면서, 동시에 그것들을 넘어 사회적, 역사적 타자들을 줄곧 향하고 있다. 이 점, 정수자만의 시학적 개성이자 앞으로 씌어질 그녀 시편의 가능성을 시사하는 대목이 아닐 수 없다.(2010)

서정의 원형과 현실 감각의 결속

김복근론

1.

　김복근 시인은, 현대시조의 시의적이고 미학적인 과제에 대하여 매우 개성적이고 지속적인 응답을 내려온 중진 가운데 하나이다. 올해로 등단 25년을 맞고 있는 그는 그동안 완미한 정형 양식 안에 자연과 인간, 역사와 현재, 문명과 생태 등 다양한 현실 사안들을 담아왔다. 누구보다도 성실하게 이러한 현대적 주제들을 시적으로 응집해온 그는, 스스로 "나는 내 시에 현란한 이미지를 사용하거나 지나친 의미 부여를 하지 않으려 한다. 쉽게 먹을 수 있고, 먹고 나면 포만감이 느껴지는 맨재지 같은 시조이길 염원한다."(「시작 노트」)라고 말하고 있듯이, 가장 구체적인 감각으로 다가오는 소통 지향의 세계라 할 것이다. 여기서는 그의 자선自選 대표작들과 최근 쓰어진 근작近作들을 대상으로 하여, 그의 시세계가 담고 있는 본령을 탐색해보려 한다.

2.

　먼저 김복근 시학의 한 중추는, 우리 시대를 매우 근원적인 시선으로 바라보는 일종의 '투시透視'의 시선에서 찾을 수 있다. 가령 그는 후기 근대 사회를 살아가는 우리들의 삶에 미만彌滿해 있는 어떤 불모성을 깊이 투시하면서, 그것을 감정 과잉의 자기 표현으로 발화發話하지 않고, 매우 구체적인 비유 체계를 끌어들여 노래하고 있다. 이러한 현실 개입의 목소리를 두고 일찍이 "자연과 인간 그리고 사물을 섞음질하는 데 그치지 않고 자연과 역사 내지 자연과 시사時事를 비빔질하고 정서와 사회 현실을 섞고 그럼으로써 그의 작품으로 하여금 언제나 생생한 현장감에 넘쳐나게 하고 있다."(김열규)는 적극적인 평가가 뒤따른 바 있다. 그러한 속성을 잘 보여주는 그의 대표 시편 가운데 한 편인 다음 작품을 보자.

　　적의의 눈으로 그대를 지켜봄은
　　펑크 난 나의 일상 구부러진 좌표 속에

　　일몰이 가져다주는
　　알 수 없는 공포 때문

　　무심코 돌려대는
　　볼트와 너트처럼

　　나는 조이고 있다
　　때로는 풀리고 있다

　　감출 수 없는 아픔에

벼랑을 딛고 섰다

— 「볼트와 너트의 詩」 전문

대상을 바라보는 "적의敵意의 눈"은, 흐트러진 일상 속에서 가지게 되는 "알 수 없는 공포" 때문에 생겨난 것이다. 이 원초적 '공포'는 일상적으로 돌려댈 수밖에 없는 "볼트와 너트"처럼, 관성적인 불모성을 생성하고 반복할 뿐이다. 마치 거역할 수 없는 리듬처럼 그 조임과 풀림을 반복하면서, 화자는 "감출 수 없는 아픔"을 가진 채 "벼랑을 딛고" 서 있는 자신의 존재 확인을 진중하게 수행한다.

여기서 키워드로 작동하고 있는 '공포'와 '아픔'은, 가혹하게 마모되어 가는 현대적 삶을 환유한다. 그리고 이러한 현대적 불모성은 '볼트와 너트'의 생태로 비유되고 있다. 이는 "거대한 조직 사회에서 사람들은 스스로의 의지나 주체성을 상실한 채 하나의 부속품이나 부분품으로 전락되어 볼트나 너트화되고 있음을 볼 수 있다."(「詩人의 말」, 『비상을 위하여』, 백상, 1992.)는 그의 고백을 실물로 뒷받침한다. 그만큼 김복근 시인은 사물들의 표면이 뿜어 올리는 감각적 매혹보다는 그 외형의 이면에 존재하는 생의 근원적 형식을 투시하려는 시적 욕망을 가지고 있다. 다음 작품은 훨씬 독자적인 비유 체계 속에서 이러한 우리 시대의 양상을 묵시적默示的으로 바라본 가편佳篇이다.

다국적 길목으로 텃새 한 마리 들어왔다.
지천으로 널려 있는 불빛 속을 휘저어도
출구를 찾을 수 없어 되돌아가지 못한다.

내 가난한 절망이 습기처럼 배어드는
하늘도 아니고 땅도 아닌 곳에

가쁜 숨 할딱거리며 막막해진 가슴인 양.

낡은 기와 추녀 밑 조선 햇살 그리며
땅보다 낮은 천정 정수리를 찧으며
불경기 길게 엎드린 윤시월을 날고 있다.

— 「지하상가 7 — 텃새 한 마리」 전문

  이 시편의 실질적 주인공인 '텃새 한 마리'는, 마치 오래 전 발표되었던 김광섭의 「성북동 비둘기」의 그 '비둘기'처럼, 몸 둘 곳 없어 "막막해진 가슴"으로 날고 있다. 시대적 배경을 암유暗喩하는 "다국적 길목"이나 "불경기" 같은 어휘들이, 작품 제목인 '지하상가'와 어울리면서 현대 사회의 어떤 생태나 양상을 깊이 환기한다. 그 시대의 복판에 내던져진 '텃새 한 마리'는, 비록 불빛이 편재遍在해 있기는 하지만 그 불빛들 어느 것 하나도 등대 역할을 해주지 못하는 '지하상가'를 날고 있을 뿐이다. 그래서 그는 출구를 못 찾고 자신이 온 곳으로 되돌아가지도 못한다. 이는 "사람이 만든 포도는 야생동물 비명의 길"(「노고단 가는 길」)이라는 다른 잠언箴言과 고스란히 닮아 있는 풍경이 아닐 수 없다.
  "가난한 절망"이 가득한 '지하상가'는 "하늘도 아니고 땅도 아닌 곳"이다. 그곳을 "가쁜 숨 할딱거리며 막막해진 가슴"으로 날고 있는 새는, "낡은 기와 추녀 밑 조선 햇살"을 그리워하며 "땅보다 낮은 천정"에 정수리를 찧으며 낮게 난다. 여기서 "낡은 기와 추녀 밑 조선 햇살"과 반대편에 있는 "땅보다 낮은 천정"은, 햇살도 들지 않는 '지하상가'의 물질성을 잘 드러내준다. 그래서 '텃새 한 마리'는, 앞에서 우리가 보았던 '공포'와 '아픔'을 간직한 채 일상을 살아가는 현대인의 초상肖像을 은유한 형상이라 할 수 있을 것이다.
  다른 시편에서 "꽃을 피우기보다는 기다리는 날이 더 많다"(「매화」)고 노래한 김복근 시인은, 시대가 주는 이러한 근원적 불모성을 깊이 형상화함으로써 매우 근원적인 현실 감각을 지닌 시인으로 우리 시조 시단에 기록될 것이다. 그와 동시에 그는 '어머니'에 대한 가없는 연민과 애정을 풀어 보임으로써, 자신이 얼마나 근원적 질서에 대해 강한 애착을 가지고 있는 시인인지를 단적으로 보여준다.

아들 딸 젊은이는 쉽사리 열리는데

어머니 닮아가는 아내의 지문까지

제대로 알지 못하는 새 아파트의 자동문

목 메인 여든 세월 바지런한 성정으로

지워져서는 안 될 지문이 지워져도

'내 삶은 지울 수 없느라' 종요로이 웃으신다

― 「지문 열쇠」 중에서

지문을 인식해야 비로소 열리는 자동문 앞에서 젊은 사람들은 그 이기(利器)를 잘 이용하는 데 비해, 어머니에게 "새 아파트의 자동문"은 완고한 성처럼 잘 열리지 않는다. 순간 화자는 "목 메인 여든 세월" 동안 희미하게 지워져가는 세월 앞에서도 "내 삶은 지울 수 없느라" 하면서 웃으시는 어머니를 향하여 숭고한 사랑의 헌사를 바치고 있다. 어머니의 "지워져서는 안 될 지문"이야말로, 불모의 현실을 견디고 이겨낸 '사랑'의 의미를 가장 구체적 형상으로 비유한 것이라 할 수 있다.

지금까지 읽어온 시인의 자선 대표작들은, 우리 시대의 '공포'와 '아픔'에 대해, 그리고 막막하게 갈라진 가슴으로 살아가는 많은 이들의 삶에 대해, '어머니'의 사랑과 그분의 육신을 가로질러간 '시간'에 대해 깊이 성찰하고 있다. 그래서 그의 시학은 서정의 원형과 현실 감각이 잘 어울려 있는 세계이다. 이러한 시적 지향은, 여러 차원의 변주에도 불구하고, 최근 씌어진 근작을 관통하는 일관된 힘으로 여전히 작동하고 있다. 다만 현실 감각은 좀 더 원형적 관심으로 전이되어 있고, 구체적 사물을 통해 비유하는 힘은 더욱 강화되고 있다고 할 수 있을 것이다.

3.

우리가 일정한 사물을 '그것 자체'로 바라보지 않고 관념의 매재(vehicle)로 삼으려고 할 때, 거기에는 사물과 관념이 이루는 유비(analogy) 관계의 적절성과 참신성이 전제되어야 한다. 적절성이 현저하게 떨어질 경우 그것은 무리한 레토릭이 되기 쉽고, 참신성이 모자라면 새로운 미적 충격을 줄 수 없기 때문이다. 김복근 시인은, 앞에서도 암시하였듯이, 사물을 깊이 투시하면서 그 과정과 결과를 새로운 유비 관계로 치환하여 형상화하는 데 자신만의 특장特長을 가지고 있다. 이번에 발표되는 근작에서 이러한 속성은 더욱 근본화된다. 그 점에서 비교적 최근에 씌어졌음에도 불구하고, 김복근 미학의 근원적 시선은 이 시편들을 그대로 관통하고 있다 할 것이다. 다음 작품은 그러한 비유적 개성을 잘 보여주는 실례이다.

하루를 살더라도 하늘 보며 살 일이다
더 높이 오르기 위해 깨금발 딛는 아픔

끈끈한 열기 속으로 숨구멍을 열어놓고

바람 불어 흔들리면 내 몸은 불안하다
속 날개 갸웃하면 겉날개 떨어지고
외줄기 물관을 따라 우듬지 바라보며

홀로 서려는 직립 의지 정점에 올라서서
오기로 타는 눈빛 저 높은 사유의 집
에돌아 젖은 마음은 연보라 꽃이 된다

─「물칸나」전문

'물칸나'라는 꽃은, 물 속에서도 자랄 수 있으며 잎의 모양이나 열매가 칸나를 닮아 그런 이름이 붙었다 한다. 화자는 그 '물칸나'를 바라보면서, 그것의 외관과 생리를 통해 자신의 내면을 형상화하고 있다. 여기서도 어김없이 화자를 둘러싸고 있는 '아픔'과 '불안'과 '젖은 마음'은 "더 높이 오르기 위해 깨금발"을 딛고 "홀로 서려는 직립 의지"가 정점에 올라 "저 높은 사유의 집"에 가 닿기 위한 적공積功으로 바뀐다. 그래서 우리의 눈에 보이는 생태적 '연보라 꽃'은, 시인의 역동적 상상력에 의해 '아픔'과 '불안'을 이겨내면서 정점의 사유에 가 닿으려는 화자의 안간힘으로 다가오게 된다.

그는 시인이라면 마땅히 추구해야 할 발견의 가치가 어떤 것인지를, 그리고 그 가치가 투명하고 진솔한 언어적 의장意匠에 감싸여 있을 때 얼마나 아름다울 수 있는가를 이처럼 다양하고 풍부하게 보여준다. 말하자면 이 시인이 택하는 시적 대상과 어조와 작법은 한결같이 생의 주변을 성찰하고 사색하는 낮은 목소리를 통해 구성되고 확장된다. 이를테면 이는, 우리가 아무런 소리가 들리지 않는 오솔길을 걸을 때 사람의 말소리가 훨

쎈 크고 분명하게 들리는 이치와 같을 것이다. 그만큼 김복근 시인은 낮은 목소리로, 우리가 미처 발견하지 못하는 생의 비의秘義를 일관되게 일구어내고 있다. 이러한 비유의 시학이, 그가 사물을 바라보면서 상상적으로 변용해내는 방법적 비밀일 것이다. 다음 시편도 '베개'라는 사물에 새로운 해석적 의미를 이입하고 있는 작품이다.

귀밑머리 푼 어둠이 소슬하게 내려오면
바람도 쉬고 싶어 달도 별도 잠재우고
지친 삶 하루를 접어 그대를 찾아간다

불 끄고 눈 감으면 연보라 꽃이 되어
그윽한 그 눈짓,
그 향기에 젖는 시간
내 오랜 반려가 되어 투정을 받아주다

마음은 푸른 강물 물안개로 피어올라
매일 밤 함께 해도 질리지 않는 사랑
머리를 쉬게 해주는 무위의 곳간 된다

— 「베개」 전문

우리가 흔히 하는 말에 '베갯머리송사訟事'라는 것이 있듯이, '베개'는 부부간의 정을 환기하는 관습적 상징이 되어왔다. 그래서 '베개'에는 "귀밑머리 푼 어둠"도 깃들이고, "지친 삶 하루를 접어" 안식케 하는 힘이 서려 있다. 화자는 이제 어두운 밤에 "연보라 꽃이 되어/그윽한 그 눈짓"을 통해 "향기에 젖는 시간"을 새삼 확인한다. 그럼으로써 "내 오랜 반려가 되어 투정"을 받아준 사랑에 대해 생각하는 것이다. 그렇게 그에게 허락된 "매일 밤 함께 해도 질리지 않는 사랑"은, 하루하루를 "무위(無爲/撫慰)"의 곳간이 되게 하는 힘으로 생성되고 있는 것이다.

　여기서 우리는 김복근 시인의 시심詩心이 이렇듯 부드럽고 따듯한 '사랑'의 힘을 수원水源으로 하고 있음을 알게 된다. 자선 대표작에서 늙어가시는 '어머니'에 대한 연민과 사랑을 노래했던 그 근원적 마음 역시, 근작에서 더욱 깊이를 얻어 빛을 뿌리고 있다.

복수 찬 어머니의 뱃속은 미로였다
경부 아래 숨어있어 겨우 찾았다며
잘라낸 자궁을 보여주는 의사의 손이 붉다

바쁘다는 핑계로 무심했던 자식에게
온 몸이 상하고야 젖은 속 열어 뵈며
생사의 경계를 넘어 에인 아픔 버무리다

종가 집 맏며느리 할 일이 남았다며
씨 누에 잠을 깨듯 꺼진 불 다시 켜고
무너진
여자의 꿈을 찾는
여든다섯 내 어머니

빈 속, 저 버팀은 어디서 오는 힘인가
앙상한 가지 끝에 건 듯 부는 바람소리
뒤울안 담장 너머로 지는 노을 서러웁다

―「경부암 수술」전문

여든다섯의 노모老母가 경부암 수술을 받으신 일을 담고 있는 이 작품은, 그 수술 과정을 통해 '시간'의 의미와 어머니의 '사랑'을 새삼 확인하는 과정을 보여준다. 병세가 완연하여 병원을 찾으신 노모의 "뱃속은 미로였다"고 화자는 기억한다. 경부 아래 숨어 있는 환부를 찾은 의사는, "바쁘다는 핑계로 무심했던 자식"에게 "온 몸이 상하고야 젖은 속 열어" 보이시는 어머니의 흔적을 보여준다. 순간 화자는 "생사의 경계를 넘어에인 아픔"을 가지고 계시면서도 "종가 집 맏며느리 할 일"을 생각하시던, 그리고 그렇게 "무너진/여자의 꿈"을 찾고 계시던 어머니의 숨은 '힘'을 생각한다. 그때 "앙상한 가지 끝"에 부는 바람소리와 "뒤울안 담장 너머로 지는 노을"이 마치 어머니의 황혼인양 서러움으로 화자에게 번져온다. 이처럼 이 시편은 '시간'의 냉혹한 힘과 어머니의 근원적 '사랑'의 힘이 맞부딪치면서 생겨나는 원형적 세계를 잘 형상화한 작품이다.
　이렇게 김복근 시인의 근작들은, 사물의 구체성에 시인의 해석적 의미가 결합하는 과정을 일관되게 밟아간다. 하지만 시인은 사물들과 동화되어 한 몸이 되어버리거나 거기에 몰입하는 대신, 그것들과 한결같이 일정한 미적 거리를 유지하고 있다. 다시 말해 시인은 자신의 경험을 노출하고자 하는 욕망을 적극 경계하면서, 그 대신에 사물이 가지고 있는 본래적 속성을 재현하면서 거기에 생의 구체적 경험들을 이입하는 은유적 욕망을 충실하게 구현한다. 그리고 한 걸음 더 나아가 그 같은 경험들을 '시적인 것'으로 변형하는 데 일관된 적공積功을 들이고 있다. 그러한 과정으로 완성된 시적 문맥으로부터 시인은 자신이 살아왔고 또 살아가야 할 삶의 지표를 유추하고 성찰하는 방법론을 취한다. 그 유비적 방법의 과정이 단연 새롭기 때문에 우리는 그를 현대성에 한 발 다가선 시인으로 기억하는 것이다.
　다만 이제까지의 시편들에서는 그 현대성의 징후가 보다 더 현실 감각 쪽으로 나아갔다면, 근작에서는 보다 더 원형(archetype)에 근접해 있다는 변모를 확인할 수는 있겠다.

4.

최근 우리 시에 가장 빈곤한 영역이 있다면, 아마도 그것은 시적 이상을 시인의 절실한 경험적 현실과 유추적으로 연관시키는 방식일 것이다. 가령 생태 시편의 범람은 시인의 내면과의 접점 마련보다는 시적 이상의 과부하로 흐르는 경우가 많았고, 난해성을 기조基調로 하는 해체 시편들에는 시적 이상과 현실 사이에 존재하는 물리적 간극 자체가 무화되는 경우가 많았다. 그 점에서 김복근 시편들은 이러한 근본주의적 이상과 현실적 환멸이라는 두 편향을 벗어나는 힘과 지혜를 한껏 보여주었다.

지금까지 우리는 김복근 시인의 대표작과 근작을 읽어왔다. 일관되게 "시조의 현대적 소재 차용과 변용을 모색"(박주택)해온 김복근 시인은, 그렇게 사물의 구체성과 심연에 대한 상상을 꾸준히 오가면서 자기 확인과 세계 해석의 파동을 지속적으로 보여줄 것이다. 그래서 그는 그것은 서정의 원형과 현실 감각의 결속을 더욱 풍부한 의장으로 보여줄 것이다. '시'를 향한 그의 열정과 엄정한 태도가, 그로 하여금 균형 감각과 날카로운 인식을 함께 가진 시인으로 남게 할 것이니까 말이다. 우리로서는 그 세계의 진경進境을, 강한 기대를 가지고 바라보고자 한다.(2009)

'시' 와 '시간' 의 연금술

김연동론

1.

　우리는 지금 '원초적 통일성'을 가진 '존재'(Sein)가 몸을 숨겨버린, 폐허와 침묵과 결핍의 시대를 살고 있다. 이런 난경難境의 때에, 가장 어수룩해 보이는 '시詩'를 우리가 지속적으로 쓰고 읽는 까닭은 무엇일까? 그것은 아마도 '시'가 우리가 잃어버린 어떤 근원적 감각을 순간적으로 되찾아주고, 궁극에는 원초적 통일성을 상상적으로 회복하게 하는 가장 유력한 언어 형식이기 때문일 것이다. 여기서 '시'가 근원적 감각과 원초적 통일성을 회복하려 한다는 것은, 주체와 세계가 분리되어 있는 경험으로부터 그것의 통합을 꾀하려는 성격이 '시'에 본질적으로 들어 있다는 것을 뜻한다.

　김연동金演東 시집 『시간의 흔적』(고요아침, 2010)은, 이러한 근원적 감각과 원초적 통일성을 탐색하고 탈환하는 고전적 상상력으로 충일한 시조시학의 한 결정結晶으로 우리에게 다가온다. 시인 스스로 던진 "측은한 마음과 사랑의 눈길을 글 속에 던져보기도 하고,/세속의 하늘에다/칼날 같은 언어로 새겨보려"(「시인의 말」) 했다는 말대로, 이번 시집은 세속의 번잡으로부터 한껏 벗어나면서 동시에 그 세속을 해부하고 재구축하는 칼날의 언어를 구현하고 있다. 이러한 복합적 표정을 통해 이번 시집은, 단아하고 안정적인 시조시학으로는 가 닿기 쉽지 않은 다양한 사물과 시간의 경험 속으로 우리를 이끌어 들이고 있다. 이제 그 '시'와 '시간'의 풍경 속으로 한번 들어가보자.

2.

 김연동 시조시학의 주춧돌은, 대상을 개성적 시선으로 바라보고 그것을 섬세하게 미학화하는 태도에 놓여 있다고 할 수 있다. 시인은 시집의 맨 앞에 실려 있는 「갈꽃처럼」이라는 작품에서, 이러한 자신의 예술적 태도를 선명하게 암시하고 있다. 이 시편의 화자는 '갈꽃'과 '하늘'의 관계를, 시인(예술가)과 시(예술)의 관계로 치환해 보여준다. '마른 갈꽃'이 푸른 하늘을 문지르다가 그리움을 키워놓았듯이, 화필畵筆을 든 시인(예술가) 역시 "흰 시간 몇 가닥"에 "세속 길"과 "등 시린 삶"을 그려 넣는다. 이렇게 오랜 '시간' 속에서 '길'과 '삶'을 사유하고 표현하는 모습이야말로, 이 시편의 화자는 물론 김연동 시인 스스로 견지하고 있는 예술적 태도라 할 것이다. 이러한 예술적 태도는 다음 시편에서 대상에 대한 선명한 감각으로 나타나고 있다.

　　등줄기 서늘한 길, 적멸寂滅로 이어진 길

　　야크 등이 휘이도록 소금과 차를 싣고

천수경 몇 소절 외며 절도 한 채 지고 갈까

갈비뼈로 허기 가린 그 삶보다 험한 길엔

가슴에 환한 꽃도, 눈물도 사치라며

저 단애斷崖 가랑잎 같은 목숨들이 가고 있다

바뀌는 계절 위로 해는 다시 뜬다지만,

역사의 행간 위에 화석으로 굳어버린

기나긴 그들의 행로 석양만이 눈부시다

― 「마방 사람들 ― 차마고도」 전문

 '차마고도茶馬古道'는 그 옛날 '마방馬幇'이라 불렸던 상인들이 말과 야크를 이용해 중국의 차와 티베트의 말을 서로 사고팔기 위해 지나다녔던 오래된 길이다. 그 길을 화자는 등줄기 서늘하게 "적멸寂滅로 이어진 길"이라 표현한다. 갈비뼈로 허기를 간신히 가린 길에서 화자는, 꽃도 눈물도 사치라는 듯 가파른 단애斷崖에 붙어 있는 가랑잎 같은 목숨들을 응시한다. 이곳에서는 계절도 순리를 따라 자연스럽게 운행하고 있지만, 화자의 시선에는 "역사의 행간 위에 화석으로 굳어버린" 그들의 오랜 시간이 석양빛 속으로 눈부시게 비친다.
 일찍이 보들레르(C. Baudelaire)는 여행자를 일러 "흘러가는 구름을 사랑하는 이방인"이라고 했지만, 이 시편에서의 '여행자'인 '마방 사람들'은, 등줄기 서늘한 오랜 고행의 삶을 이어온 존재들이다. 화자는 그들의 오랜 삶의 모습을 깊은 애정으로 표현한다. 이러한 애정이야말로 김연동 시조시학이 대상을 관찰하고 구성하는 은유의 기본 충동이 아닐 수 없다. 그래서 그는 "생각 없이/걷던 그 길/그냥/지나친 숲"(「반추反芻」)조차 다시 바라보면서, 우리가 잃어버리고 살아가는 어떤 근원적 감각과 원초적 통일성을 성찰하고 있는 것이다.

이렇게 김연동 시인은 "신기루 걸어가는/오래 산 낙타처럼/꿈꾸던 빛깔을 찾아/눈감은 듯"(「청맹과니」) 시를 쓰고 있다. 그만큼 그의 시조시학은, 오랜 역사의 행간을 가로지르면서, 그때 그곳에 살았던 그리고 지금도 생을 이어가는 이들의 삶 깊은 곳을, 오랜 '시간'의 형식으로 형상화하고 있다. 이러한 태도가 바로 김연동 시조시학만의 독자적인 심미적 감각이라 할 것이다. 다음 작품에서 이러한 '시(예술)'에 대한 태도는 한층 더 선명하게 제시된다.

세속에
피어나는
구름 같은 소문들을

비색의
하늘 속에
한 천년 우려내어

풀잎에
말갛게 매단
무채색 눈물이다

— 「이슬 — 詩論」 전문

아예 '詩論'이라는 부제를 달고 있는 이 시편은, 김연동 시조시학의 생성 원리를 비유적으로 보여준다. 가령 그것은 세속에 존재하는 번잡한 소문들을 오랜 시간 동안 말갛게 우린 결과 생겨난 무채색 눈물이다. 그때 "구름 같은 소문들"은 어느새 "비색의/하늘 속에"서 천년 동안 우려져 정화되어 '이슬'의 형상을 띠게 되는 것이다. 이처럼 김연동 시인에게 '시'란, 세속의 번잡과 과잉을 오랜 시간 정련하고 정화한 어떤 결실이다. 마치 비금속에서 금을 얻어내는 연금술처럼, 생의 어떤 정수精髓를 얻기 위한 지난한 과정이 시쓰는 과정으로 은유되고 있는 것이다. 다음 시편도 이러한 '시'에 관한 시 곧 '메타시(meta poetry)'의 속성을 이어가고 있다.

젊음도 화목이 된 옹장의 비손 끝에
첫닭이 홰를 치며 일곱 날을 울어야만
파르르, 푸른 달빛이
계시처럼 내리는가

지문도 닳아버린 흙 빚은 손을 들어
천이백도 잉걸불에 구워낸 옹기들을
마음도, 육신도 섬길
신앙이듯 받아든다

— 「젊음도 화목이 된 — 옹기」 중에서

이 시편에서는 '옹기장이'와 '옹기'로 시인과 시를 비유하고 있다. 역시 시로 씌어진 시론인 이 시편은, '시'를 "옹장의 비손" 끝에 내리는 신神의 계시 같은 것이라고 비유한다. 이때 '비손'이란 치성致誠을 정성스럽게 드리는 행위를 말하는데, 비손의 축적으로 닳아진 지문처럼 어느새 화목이 되어 오랜 시간 "흙 빚은 손"으로 옹기들을 받들고 있는 모습이, 시인의 모습으로 섬세하게 은유되고 있다. 이렇게 김연동 시법(詩法)은 "구도의 손길로 빚은"(「미켈란젤로 — 시론」) 결실들을 향하고 있는 것이다.

결국 김연동 시인은 '시'를 향한 깊은 자의식, 곧 '시'가 오랜 시간 우려낸 어떤 정신적 정수라는 점에 대한 치열한 의식을 지속적으로 보여준다. 그에게 '시'란 시를 사유하는 방법이기도 했던 것이다. 이때 시인은 시적 자의식으로 충만한 사람이라는 규정을 넘어, '시'를 찾아나서는 존재로 몸을 바꾸게 된다. 언어의 도구적 기능을 넘어, 언어 자체를 탐색하는 존재가 시인이 되는 셈이다.

3.

우리는 '시간'을 객관적 실체가 아닌 사후적事後的 흔적으로 경험한다. 그래서 '시간'은 사람마다 다른 기억과 경험 속에서 재구성되게 마련이다. 그리고 그것을 기억하고 경험하는 양상도 모두 달라서, 신神의 섭리의 현장으로, 역사의 진행 방향으로, 세월의 흐름으로, 삶의 구석구석에 존재하는 일상성의 표정으로 다양하게 '시간'을 기억하고 경험한다. 그만큼 '시간'은 객관적 실체가 아니라 사후적 흔적으로 경험되고, 시인들은 이러한 순간적 경험을 통해 근원적 감각을 탈환하게 된다. 말할 것도 없이, 시간의 흔적에 대한 '기억'은 시의 제일의적 수원水源이다. 그래서 시인이 자신의 경험적 구체성을 '기억'하면서, 이제는 그러한 시간을 되돌릴 수 없다는 그리움에 감싸여 노래하는 모습이야말로 시의 가장 원초적인 모습이 아닐 수 없다. 다음은 '시간'에 대한 깊은 사유를 보여주는 가편佳篇이다.

의미 없이 꽂혀 있는 오래된 서책처럼

지나간 시간의 흔적 그 끈을 쥐고 앉아

휘어진 정강이뼈만

쓸고 또 쓸어 본다

중후성 신경통은 시비 걸듯 일어나고,

침묵도 짐 되는 듯 초침소리 높아가는

내 방안 가난한 이력

앞무릎이 시리다

—「시간의 흔적」전문

  오랜 서책처럼 '시간의 흔적'을 선명하게 보여주는 사물도 달리 없을 것이다. 비록 읽혀지지 않고 일정한 시공간을 점유해온 서책일지라도 그것은 지나간 '시간의 흔적'을 매혹적 잔상殘像처럼 가지고 있을 것이다. 그렇게 시간의 끈을 쥐고 앉아 역시 '시간의 흔적'일 "휘어진 정강이뼈"를 쓸쓸하게 만지고 있는 화자의 모습은, 신체적 퇴행(regression)의 징후에도 불구하고, "침묵도 짐 되는 듯 초침소리 높아가는//내 방안 가난한 이력"을 선연하게 보여주는 정신적 성숙을 드러낸다. 화자의 시린 앞무릎 조차 이러한 고단한 '시간의 흔적'을 감각화한 등가물이 되고 있다. 이렇게 '시간' 자체에 대한 사유와 감각의 진화를 시인은 이번 시집 곳곳에서 보여준다.

붉게 물든 서편 하늘 노을이 타는 길로
폐지 실은 유모차에 할머니가 끌려간다
구겨진 신문지처럼
휜 삶도 접어 얹고,

황혼을 높이 나는 꿈꾸는 새가 되어
마지막 일력까지 태우고 싶다지만,
적멸에 이르는 길섶
산그늘이 짙어온다

―「유모차」전문

원래 '유모차'는 유아들을 태우는 도구인데, 여기서는 그것이 노경老境의 시간과 연루되고 있다. 이 시편을 채우고 있는 '서편 노을'이나 '폐지'나 '할머니'는 모두 소멸의 징후를 안고 있는 구체적 존재자들이다. 유모차에 가득 실려 있는 '구겨진 신문지'와 할머니가 걸어왔을 '휜 삶'이 이때 마주친다. 언젠가 "황혼을 높이 나는 꿈꾸는 새"가 되고자 했던 꿈도, 궁극적으로는 '적멸'에 이르는 길로 이어지면서, 짙어오는 산그늘과 함께 저물어간다. '유모차'와 '적멸'의 비대칭이, 모든 소멸해가는 존재자들에 대한 각별한 연민을 부조浮彫하고 있는 시편이다.

우리가 시를 통해 이른바 '시간'에 대한 그리움의 형식을 발견하는 것은 그리 어려운 일이 아니다. 물론 이러한 지향과는 반대 지점에서 해체와 아이러니의 미학이 활달하게 나타나고 있는 것을 부정하기는 어렵지만, 시가 본래적으로 가지는 일종의 근원 탐구 의지는 여전히 지속성을 지닌 채 나타나고 있기 때문이다. 그런데 우리가 시를 통해 근원을 직접 추구하지 않고, 사물이 지나간 자리를 매개로 하여 탐색하는 것은 왜일까? 그것은 시의 근원 지향적 속성이, 물리적 유한성을 가질 수밖에 없는 사물을 통해 혹은 그 사물이 사라진 후의 잔상을 통해 뚜렷이 나타나기 때문일 것이다. 그 점에서 '서책'이나 '유모차'에 배인 '시간의 흔적'은, 시의 존재 방식 자체이기도 할 것이다.

4.

잘 알려져 있듯이, 시는 사물의 '순간'에서 자신의 구성 원리를 찾고 구현한다. 인과적 계기에 의한 시간적 경과를 요하는 '서사'와 달리, '시'는 사물의 이치를 순간적으로 포착하고 표현하기 때문이다. 물론 이 때의 '순간'이란, 일회적 시간의 개념이 아니라, '충만한 현재형'으로서의 순간을 뜻한다. 시의 '순간'이란, 과거와 현재와 미래를 하나로 통합한 '충만한 현재형'으로서의 집중된 시간 형식인 것이다. 그래서 그 '순간'은 오랜 경험이 축적된 '순간'이며, 시인은 그 순간의 형식을 통해 '충만한 현재형'으로서의 시를 쓴다. 그 순간의 감각적 구체성이 다음 시편들에서 펼쳐진다.

　　큰스님 탁발 나가 마른 풀잎 다독여도

　　눈 덮인 산문 안은 동안거라 말이 없다

　　저 엄동嚴冬, 차가운 하늘

　　긴 잠이 들고 싶다

옷깃 흔들고 가는 시린 바람 길에

　　풀린 손 다시 모아 화엄을 펼쳐보지만

　　이 지상 막막한 어둠

　　마냥 눈을 감고 싶다

　　　　　　　　　　　　　　　　―「와불臥佛」전문

　시의 화자는 침묵에 싸인 눈 덮인 산문 안쪽을 응시하면서, 동안거를 치르는 엄동嚴冬의 시간에 긴 잠을 청하고 싶어진다. 마찬가지로 바람결에 화엄華嚴의 경지를 지향해보면서도 "이 지상 막막한 어둠"에 와불臥佛처럼 "마냥 눈을 감고" 싶어진다. 이 시편에서 중요한 것은, '와불'이 오랫동안 축적해왔을 고요한 시간의 적층積層이다. 그 고요한 시간 아래서 감고 싶어하는 '눈'이야말로, 시인 스스로에게 "따뜻한 위안을 주는 찡한 눈빛"(「발치엔 초록빛 새가」)이 아닐 수 없을 것이다. 이처럼 김연동 시인은 순간의 감각적 구체성을 통해 '시'가 궁극으로 취해야 할 시간의 깊이에 대해 아름답게 노래한다. 이러한 면모는 제4부에 실린 다음의 구작舊作 한 편에서도 약여躍如하게 나타난다.

　　성근 그 죽지로는 저 하늘을 날 수 없다
　　쏟아지는 무수한 별 마디 굵은 바람 앞에
　　솟구쳐 비상을 꿈꾸는
　　언제나 허기진 새

이 발톱, 이 부리로 어느 표적 낚아챌까
돌을 쪼고 깃털 뽑는 장엄한 제의祭儀 끝에
파르르 달빛을 터는,
부등깃 날개를 터는,

점멸하는 시간 앞에 무딘 몸 추스르고
붓촉을 다시 갈고, 꽁지깃 벼린 날은
절정의 피가 돌리라
내 식은 이마에도

— 「솔개」 전문

 이 역동적인 작품에서 화자는, '솔개'를 통해 삶의 가열한 의지를 구축해 보여준다. 성근 죽지로는 하늘을 날 수 없다는 사실을 강조하면서, 쏟아지는 '별'과 굵은 '바람' 앞에서 비상을 꿈꾸는 솔개의 '허기'를 주목한다. 이렇게 '발톱'과 '부리'의 야성野性이 표적을 낚아채 장엄한 제의祭儀를 치르는 모습 속에서, 화자는 '점멸하는 시간' 앞에서 '붓촉' 다시 갈고 있는 자신의 모습을 상상한다. 역시 '시인'의 자리로 돌아온 화자는, 자신의 '식은 이마'에 절정의 피가 다시 돌기를 희원하고 있는 것이다. 그래서 "꽁지깃 벼린 날"을 기다리는 '솔개'는, 곧바로 화자의 '시인'으로서의 내밀하고도 역동적인 의지와 등가를 이루게 된다.
 이처럼 김연동 시편에서는 순간의 감각적 구체성이 다양한 시적 대상과 만나 내밀한 풍경을 펼쳐낸다. 우리가 본 '와불'이나 '솔개'를 형상화하는 작법作法은, 이렇듯 구체적이고 깊이 있는 생의 성찰을 수반하고 있는 것이다.

5.

 이번 시집에서는 시인의 기旣발표작도 다수 싣고 있어서, 얼추 김연동 시세계의 경개景槪를 조감鳥瞰할 수 있게 해준다. 이 시집에 나타난 김연동 시조시학의 표지標識는, '시' 자체에 대한 깊고 지속적인 성찰, '시간의 흔적'에 대한 시적 사유와 표현, 그리고 구체적 사물에 기대어 삶의 어떤 비의秘義를 탐색하고 표현하는 열정으로 모아진다. 이러한 그의 심미적 열정을 일러, '시'와 '시간'의 연금술이라고 비유적 명명을 내릴 수 있을 것이다.

 아닌 게 아니라, 이제 그의 대표작 가운데 하나가 된 시편에서 김연동 시인은, "탱자나무 울타리에/허물 한 짐 벗어놓고/나방으로 날고 싶어/잔잎마저 갉아먹는"(「점묘하듯, 상감하듯 ― 애벌레」) 애벌레의 모습을 통해, '시'와 '시간'의 오랜 연금술로 심미적 초월을 수행하려는 지극한 열정을 내보인 바 있다. 지금도, 아니 이후의 시적 행로에서도 시인은 그 아름다운 연금술을 꿈꾸어갈 것이다. 그래서 우리는 이번 시집을 하나의 뚜렷하고도 아름다운 결절結節로 삼아, 김연동 시조시학의 새로운 진경進境이 펼쳐지기를, 마음 깊이, 소망해보는 것이다.(2010)

감각과 사유의 진화

홍성란 시선집 『명자꽃』

1.

 홍성란 시선집 『명자꽃』(서정시학, 2009)은, 그녀의 20년 시력詩歷을 한눈에 볼 수 있게끔 일종의 조감도鳥瞰圖 역할을 해준다. 가령 시인이 1989년에 등단한 후, 절정의 감각과 사유로 작품을 생산해내는 최근까지의 과정이 이 시선집 안에는 선명하게 펼쳐져 있다. 그것은 때로는 시간의 순서를 따라, 때로는 양식의 다양성을 보이면서 우리의 정형시 경험을 크게 확장하고 있다. 그래서 우리는 이 시선집을 개관함으로써 한 중견 시인이 치러온 감각과 사유의 진화 과정을 비교적 뚜렷하게 파악할 수 있게 된다.
 이미 그녀 시편이 거둔 성취에 대해서는 "시적 절제와 긴장이 만들어내는 정제된 형식미와 능청스러운 어법으로 펼쳐지는 사설의 파격미는 득음의 경지에 도달하였다고 해도 과언이 아니다."(최동호)라는 평가가 있었다. 여기서 중요한 것이 아마도 '절제'와 '형식미'라는 구심력과 '능청'과 '파격미'라는 원심력이 이루는 긴장과 조화일 것이다. 그만큼 그녀 시편은 '시'가 가질 수 있는 내적 심화와 외적 확장의 긴장과 균형을 남다르게 구축해 보여준다. 우리는 이 길지 않은 글을 통해 그녀 시편의 이러한 음역音域이 얼마나 크고 넓은 울림을 드러내 보여주는가를 살피려고 한다. 다만 표제작「명자꽃」을 비롯해 이미 그녀의 대표작이 되어버린 「황진이별곡」,「바람불어 그리운 날」,「거만한 계집종」,「따뜻한 슬픔」등에 대해서는 논자들의 언급이 여러 차례 있었으므로, 이와는 다른 시편들을 인용하면서 홍성란 시학이 보여주는 개성적인 감각과 사유를 개괄해보려는 것이다.

2.

잘 알려진 일이지만, 우리 모두는 '시간'이라는 물리적 실체 속에서만 자신의 존재 형식을 형성하고 유지할 수 있다. 모든 생명의 생성과 소멸 과정이 '시간'의 개념 위에서만 가능하기 때문이다. 따라서 이른바 '초超시간성'이라는 것은, 상상적이고 불가능한 꿈의 잔영殘影일 뿐이다. 이렇듯 우리는 철저하게 '시간' 안쪽의 존재이다. 그런데, 말할 것도 없이, 우리는 객관적인 시간 단위 속에서 균질적인 삶을 사는 것이 아니다. 오히려 저마다 자기만의 고유한 시간 속에서 실존을 영위할 뿐이다. 그래서 '시간'은 선험적이고 객관적인 실체로서 주어지는 것이 아니라, 각자의 고유한 경험과 의식 속에서 주관적으로 재구성되는 것이다. 이러한 '시간' 의식은 분절적이고 직선적인 근대적 시간 의식에 대한 대척점에서 발원한 것이다. 홍성란 시인이 가장 먼저 수행하고 있는 것이, 바로 이러한 '시간'의 철저한 경험적이고 주관적인 해석과 형상화이다. 그만큼 그녀 시편에는 자신을 살아오게 했고 또 살아가게 할 '시간'의 불가항력적인 힘과 아름다움에 대한 본원적 성찰이 깊이 녹아 있다.

한때 세상은
날 위해 도는 줄 알았지

날 위해 돌돌 감아 오르는 줄 알았지

들길에
쪼그려 앉은 분홍치마 계집애
　　　　　　　　　　　　　　　ㅡ「애기메꽃」 전문

머물고 싶은 데 있던
그런 때가 있었어

아무렇지 않게 분꽃 핀 옛집 내려다보고

나는 또
아무렇지 않게 흘러가고 있잖아
　　　　　　　　　　　　ㅡ「분꽃 핀 옛집 흘러가고」 전문

　이 아름다운 단시조 두 편에서 우리는, 시인이 들여다보는 '자아'의 상像이 얼마나 간절하고, 또 '시간'에 대한 시인의 심미적 그리움이 얼마나 강렬한지를 알게 된다. 이 작품들은 각각 '꽃'을 소재로 다루고 있다.(여기서 한 가지 첨언하자면, 홍성란은 '꽃'과 '나무' 같은 존재자들의 구체적 이름을 호명함으로써 그네들 각각의 존재론적 위의威儀를 되살려내는 시인으로 기억되어 마땅하다는 것이다. 표제작에서 다룬 '명자꽃'을 비롯하여, 「봄이 오면 산에 들에」에 나타나는 수많은 꽃의 세목들을 떠올려보라.)

줄기가 감겨 올라가는 모습의 '애기메꽃'에서 화자는, '세상'과 '나'의 간극 그리고 '돌다'와 '쪼그려 앉다'의 차이에 의해 구성되는 자아를 바라본다. 한때 '세상'이 '나'를 위해 돌돌 돌아 감겨 올라가는 줄 알았지만, 이제 '나'는 그저 "들길에/쪼그려 앉은 분홍치마 계집애"처럼 남아있음을, '애기메꽃'의 형상에서 발견하는 것이다. 아득한 '시간'의 격절을 통해 자신의 실존에 가 닿는 시인의 시선이 한편 부드럽고 한편 예리하다. 뒤의 시편은 '머무름'과 '흘러감' 그리고 '그런 때'와 '나는 또'가 가지는 긴장이 "아무렇지 않게" 결속되어 있다. 그것을 통해 시인은 '시간'의 속절없음과, 항구적으로 반복될 수밖에 없는 가혹한 실존 형식을 아름답게 보여주고 있는 것이다.

이러한 발화發話에서 우리는 시인이 '시간' 속에서 풍화되어버린 자신의 어떤 기원(origin)으로 귀환하려는 열망을 보이고 있다는 사실에 상도想到하게 된다. 하지만 그것은 현실적으로는 이룰 수 없는 일종의 결여 형식의 열망일 것이다. 이 같은 불가능한 열망이 시인으로 하여금 연시戀詩 지향이나 관능의 상상력으로 이어지게끔 하는 것도 자연스러운 일일 것이다.

꽃철 질러온 게 죄라면 죄이리

눈밭 자리본 데 그대 아니 계시니

눈부처
환히 피우실 그대 아니 오시니

— 「복수초」 전문

물오른 젖가슴

달은 옷을 입지 않아

자작나무 가지 위에 걸터앉은 저 여인

엉덩이 동두렷 밝으니
나도 불끈 솟아라

―「소림명월도疏林明月圖 ― 김홍도의 달」

　이 두 편의 단시조 역시 홍성란 시학의 절도와 미학을 잘 보여주는 실례들이다. '복수초'는 잎이 활짝 벌어지기 전에 노란색 꽃을 피운다. 그렇게 꽃철 질러 빨리 왔지만, 그것이 '죄가' 되었는지, 막상 '그대'는 없고 '나'는 그대를 만날 수 없다. 이때 '그대'는 자아의 역상逆像으로 존재한다(아니 부재한다). 왜냐하면 '그대'는 화자의 소망 속에 "눈부처/환히 피우실 그대"로 승화되고 있기 때문이다. '눈부처'가 자아와 타자의 가장 높은 상상적 통합의 경지임을 감안할 때, '그대'는 결국 아니 올지라도 이렇게 부재로써 자신의 존재 증명을 확연하게 수행하고 있는 것이다.
　'소림명월도'는 성긴 숲에 걸린 밝은 달을 그린 단원檀園의 그림이다. 나무들이 듬성듬성 서 있는 숲에서 달이 뜬다. 나뭇잎 죄다 떨어지고 앙상한 가지만 남은 잡목들 사이로 '달'이 뜬다. 이때 시인은 "물오른 젖가슴"과 밝아진 "엉덩이"의 관능적 감각을 유감없이 보여주는데, 옷을 입지 않고 자작나무 가지 위에 걸터앉은 여인으로 비유된 '달'이 순간, '나도 불끈' 솟는다는 탄성을 화자에게 가져다준다.
　이처럼 시인은 사물의 외관을 감각적으로 재현하면서, 그 안에 자신의 세계 해석이나 정서적 상황을 자연스럽게 덧입힌다. 그 점에서 홍성란 시학에서의 '묘사'는 세밀한 사생寫生의 필법이라기보다는, 그 안에서 시인의 세계 해석의 품과 격을 보여주는 방법으로 줄곧 등장한다. 그 상상과 묘사의 힘으로 그녀는 '사랑'의 시학을 여러 곳에서 펼쳐 보여준다. "저 혼자 슬프지 않은 사랑"(「천남성은 피어」)은 존재하지 않는다는, 비극적이지만 불가항력적인 존재론적 감각과 사유를 풀어 보여주는 것이다.

지금까지 우리가 읽은 것처럼, 홍성란 시학의 기둥은 '시간'의 존재론에 대한 아득한 탐색과, '사물'을 향한 감각적 열망에 놓여진다. 그 탐색의 열망이 깊어지면서, '시조'라는 양식의 보수성을 일거에 날려버리는 그녀의 진취적이고 도전적인 미학적 모험이 감행되는 것이다.

3.

홍성란 시편의 음역 가운데 또 하나 반드시 눈여겨보아야 할 요소는, 일종의 사회적 감각이라고 칭할 만한 것이다. 말하자면 시인은 우리 시대의 여러 풍경을 관조하고 형상화하되, 외곽으로 밀려나 고단한 삶을 이어가는 이들을 향해 따뜻한 시선을 던진다. 물론 그녀 시편들이 사회적 모순을 넘어 새로운 대안적 실천을 해나가려는 열정으로 충일한 것은 아니다. 하지만 자연 사물에 대한 속 깊은 관찰을 통해 사람살이의 구체성을 유추적으로 병치하고, 생명을 억압하는 우리 시대의 현실에 대해 안타까움과 연민의 목소리를 드러내는 그녀의 시선은 매우 중요하다. 그녀가 중세적 지사주의나 자연 친화로 시종했던 '시조'의 미학적 가능성을 일층 넓히고 있기 때문이다.

타워팰리스 개울 건너 포이동 266번지

개울 건너 큰집 아이 미운 미행 따돌리고 차양 파란 비닐 집 뒷문으로 숨어드는데, 넝마주이 아버지 잔소리해줄 엄마도 가고 개울 건너 순애는

다들 가는 피아노학원 달나라만큼 가고 싶어, 철거네 개발이네 미닫이창 흔들던 날에 얼어터지고 빙판 지고 포장마차 헐리던 날에 노모처럼 나앉은 노숙자 종국 씨는 경신년 새아침이 섧고도 서러워라 참이슬만 비우다 세상마저 비웠다는데, 개울 건너 배부른 푸들 웬 '아기'를 가졌다니 수의사 가방 들고 왕진 다녀갈밖에

  행길가 옹그려 떠는 강아지의 젖은 눈

  — 「개울 건너」 전문

"타워팰리스"라는 특정의 고유명사를 시편 앞에 배치한 시인의 의도는, '개울' 하나를 사이에 두고 존재하는 "포이동 266번지"와의 대칭 양상을 보여주려는 데 있었을 것이다. 시의 제목이기도 한 그 '개울 건너'는, 그렇게 갈려 있는 우리 사회의 양극이 쉽게 호환互換되지 않을 권역임을 선명하게 알린다. 그래서 '개울'은 비록 옅은 물이지만, 이 시편에서의 '개울'은 현재로서는 도저히 건널 수 없는 아득한 심연이 되고 있다.

특별히 작품의 중장에서는 그 대극 양상이 구체적 형상으로 등장한다. 개울 건너 풍경은 "차양 파란 비닐 집 뒷문", "넝마주이 아버지", "다들 가는 피아노학원 달나라만큼 가고 싶어" 하는 순애, "포장마차 헐리던 날"에 세상을 등진 "노숙자 종국 씨" 등으로 구성된다. 그런가 하면 화자의 시선은 "개울 건너"에서 펼쳐지는 전혀 다른 풍경 곧 배부른 강아지를 진찰하러 수의사가 다녀가는 풍경으로 향한다. 그리고 재차 "행길가 옹그려 떠는 강아지의 젖은 눈"을 발견한다. 그 '젖은 눈'이 바로 시인이 느끼는, '개울 건너'의 삶에 대한 슬픔과 연민의 깊이를 말해준다.

사실 시의 언어는 계몽 이성이 그려온 근대의 외관을 고분고분 개괄해주는 언어가 아니다. 그것은 근대의 저편을 반성적으로 바라보며 대안적 사유를 수행해온 특수한 언어의 역사를 가지고 있다. 그래서 시는 근대

사회가 구축해간 합리성의 신화를 요격하기도 하고 타자他者들이 경험하고 깨달아가는 '다른 목소리(the other voice)'를 활력 있게 받아들임으로써 미학적 지평을 확대해오기도 하였다. 이러한 경험과 깨달음을 통한 타자의 목소리 발현은 홍성란 시편의 매우 의미 있는 양상이 아닐 수 없다. 이러한 의식이 「개나리 ─ 여의도 의사당 부근」 같은 예외적이지만 가열한 풍자도 불러오기도 하는 것이다.

갓밝이 산번지 꽃치자 향기처럼

민통선 북단 마을 총총별도 데려와

가난한 도시의 창문 심지마다 내려놓고

푸른 새알 서너 개 배고픈 둥우리

알전등 환히 웃는 저녁 소반 숟가락 소리

한토막 자반고등어 아버지를 기다렸네

─「상도2동 산번지」 전문

또 한 번 '상도2동 산번지'라는 구체적 고유명사가 여기 등장한다. 거기에는 "꽃치자 향기처럼" 번져가는 심미적 비애의 감각과 "민통선 북단 마을 총총별"이 함께 화창和唱하는 가난의 노래가 어울려 있다. 비록 "가난한 도시의 창문"은 닫혀 있지만, 그렇게 "배고픈 둥우리"에서 들리는 "알전등 환히 웃는 저녁 소반 숟가락 소리"는 화자의 기억 속에 아름답게 재현되어 있다. 거기서 "한토막 자반고등어 아버지"를 기다리는 것은, 비록 가난하지만 건강한 소망과 기다림이 녹아 있는 삶이 아닐 수 없다. 이 작품을 두고는 이미 "가난한 작자의 유년 시절을 슬프고 애틋하게 그리고 있다. 그러나 동시적인 발상으로 그의 기억들이 이미지화되어서 얼른 읽어보면 슬픔보다는 아름다움 쪽으로 감정이 움직인다."(이우걸)라는 해석이 있었다. 슬픔과 동화적 초월의 감각이 잘 녹아 있는 선명한 기억의 작품인 것이다. 하지만 이는 지금 우리 시대에도 있을 법한 풍경이기 때문에, '가난'이라는 현실과 이를 초월하려는 '소망'이 '총총별'과 '자반고등어'라는 구체적 사물들을 통해 드러난 작품으로 읽어도 좋을 것이다.

이렇게 홍성란 시인은 "남몰래 쌓여온 허기 나눌 수는 없어라"(「창 내고저, 창 내고저」)라면서 '허기'를 안고 사는 이들에 대해 아프고 슬픈 마음을 보여주고 있고, "생의 칠할은 험한 데 택하여 에돌아가는 몸"(「긴 편지」)이라는 고백을 통해 고통 속에서 우리 생의 형식이 펼쳐지는 것임을 보여주고 있다. 그것이 홍성란 식式의 사회적 감각이다.

4.

시는 기본적으로 '사물'들에 대한 기억의 현상학에 의해 쓰어진다. 또한 시는 사물들 자체의 기억 행위의 결과이기도 하다. 생명의 순간을 포착하여 그것을 존재의 오래된 기억으로 환치하는 시작법이 여기서 비롯된다. 이 또한 현실적 '시간'에서 벗어나 자신이 고유하게 체험하는 '시간'으로 귀환하려는 의지가 반영된 결과일 것이다. 따로 떨어져 있던 사물과 사물 사이에 연쇄적 연관성의 파동이 나타나는 것도 이러한 기억의 매개가 작용하기 때문일 것이다.

홍성란 시인에게 가장 감동적인 기억은 '아버지'에 대한 것이다. "아버지 그 너름새로 멧비둘기 너훌 가네"(「매봉 너름새」)라든지 "일 없는/환쟁이 아버지/산굽이 돌아/가셨단다"(「십일월」), "따뜻이 밥 지어 올릴 아버지도 가시고"(「가벼운 산」) 같은 기억의 편린들에서 그 기억은 일관된 정서적 깊이를 거느린다. "지리산 산동 마을 산수유꽃 천지 보면//울 엄마 열일곱 적 울아버지 열여덟 적//살짝이/얼음 풀린 냇가 소풍 온 게 보입니다"(「산수유꽃」) 같은 표현도 그 울림이 크다. 이러한 기억의 밀도는 다음 시편에서 한 절정을 보이고 있다.

가슴단추 여미게 하는 세찬 바람 부는 날

아버지, 나무가 자라는 게 아니라 산이 자란다는 걸 산에 와서 알았어요 산이 나무를 지키는 게 아니라 어버이나무 산을 지킨다는 걸 산길 가며 알았어요
매운 손 어버이뿌리 걸음마 놓는 대로 어린 산은 꽃뱀 같은 산허리 길을 내고 뾰족한 성깔 깎아내고 메마른 뺨 어버이뿌리 흙모래 마음 바윗돌 마음 단단히도 붙잡아 벼랑 아래 구르지 않고 센바람에 흔들리지 않고 나이 들어왔다는 걸 나는 이제 알았어요 뭇새들 감싸는 가지 어버이 벌린 두 팔 못나게도 닮아왔다는 걸 이제 나는 알았어요

불거진 아버지 심줄 같아 늙은 뿌리 밟지 못해요
— 「힘줄 — 그리운 아버지께」

화자는 바람 세차게 부는 날 산행을 통해 얻은 지혜를 들려준다. 가령 그 지혜는 "나무가 자라는 게 아니라 산이 자란다는" 것과 "산이 나무를 지키는 게 아니라 어버이나무 산을 지킨다는" 잠언箴言으로 모아진다. 산행에서 느낀 '아버지'에 대한 회한의 과정과 "세찬 바람"에도 "흔들리지

않고 나이 들어왔다는 걸" 느끼는 '산'과 '나'의 동일화 과정, 그리고 "어버이뿌리"가 "흙모래 마음 바윗돌 마음"을 단단히 붙잡았듯이 아버지가 '나'를 지켜주셨던 사랑의 과정을 단단히 결속하고 있다. 순간 화자는 아득한 시간 속에서 비로소 '아버지'의 굵은 '힘줄'을 보게 되는 것이다.

이 작품의 중장은 역동적인 연쇄적 호흡을 통해 그 같은 기억의 밀도를 높여준다. 시단에 잘 알려져 있는 일이지만, 홍성란 시학에서는 사설시조에 대한 매우 뚜렷하고 자각적인 방법적 일관성이 발견된다. 우리가 알고 있듯이, 사설시조의 특성은 정형 속의 가변성에 있는데, 이때 사설시조의 맛은 형상의 연쇄적 병치를 통해 말을 확장해가는 '엮음'의 재미에서 생겨난다. 이러한 사설시조의 미학적 속성을 살려 홍성란 시인은 시조의 의미론적, 형식 미학적 지평을 확대하고 있는 것이다.

5.

모든 시 창작의 근원적 동기가 자기 확인의 나르시시즘에 있다고 할지라도, 우리 시대의 시인들이 바라보고 있는 기울은 투명하지 않고 흐릿하고 더러는 깨진 경우가 많다. 그래서 시인들은 매혹과 몰입보다는 연민과 부정의 감각을 가져다주는 자신의 복합성의 얼굴에 대해 사유하고 표현한다. 이러한 모순과 갈등의 이중적 의미를 표현하는 양식이나 방법이 '아이러니(irony)'라고 할 때, 우리는 주체와 사물 사이의 날카로운 균열과 불화를 암시하는 '아이러니'가 우리 시대의 유력한 미학적 기둥이 되고 있음을 실감하게 된다. 하지만 홍성란 시인은 일방적으로 '동일성'이나 '아이러니'에 침잠하지 않고, 그것들 사이의 균형과 긴장을 구축해가는 우리 시대의 확연한 장인匠人이다. 그만큼 그녀에게는 낙관/비관, 진취/퇴행, 구심/원심, 조화/불화의 경계가 없고, 그 경계의 역동성이 구축하는 슬프고도 아름다운 존재론만 나타나는 것이다.

또한 홍성란 시인은 형식적 배려와 그것의 활달한 파격을 동시에 꿈꾸는 미학주의자이기도 하다. 우리가 람핑(D. Lamping)의 전언처럼 시행 발화가 일종의 심미적 기능을 지니고 있고 그것이 시적 발화를 전체적으로 변형하면서 율동적으로나 의미론적으로나 변화를 가져온다는 관점에서 보면, 홍성란 시인이 시도하는 다양한 시행 분절과 통합의 노력은 매우 중요하다. 아닌 게 아니라 그녀는 시행 발화로서의 고유성을 시조를 통해 발견하고 있고, 그것을 외적 규율이나 격식으로 받아들이지 않으면서 일종의 의미 요소로서 활용하고 있기도 하다. 시인 스스로 "시조 양식이 자유와 개성을 박탈한다는 생각은 편협한 것입니다. 3장 6구 12음보(사설시조의 경우는 마디)에 표현 못 할 사유는 없고 담아내지 못할 이야기는 없습니다."(「후기」, 홍성란 편, 『내가 좋아하는 현대시조 100선』, 책만드는집, 2006.)라고 한 바 있지 않은가. 그만큼 홍성란 시편이 구현하는 형식적, 양식적 다양성은 시조 시단에서도 귀한 사례이다. 연전에 나는 이러한 홍성란 시조 미학에 대해 다음과 같이 말한 바 있다.

홍성란 시인의 시세계는 이 같은 시조의 시조다움을 확장하고 다양화하는 데 적극적으로 기여하고 있다. 다시 말하면 시조 양식의 외연을 넓히면서 동시에 그 오래된 정체성을 지켜가는 창조적 긴장을 수행하고 있는 것이다. 현대시조가 그 특유의 율격적 장치를 지켜가면서 다양하게 변이되는 형식 자질들을 통하여 그 미래를 열어갈 것이라고 할 때, 홍성란 시학은 사물과 내면의 결합 그리고 다양한 형식에 대한 의지를 통해, 그리고 시조의 양식적 완결성과 가능성을 동시에 통합하면서 그만의 세계를 개척해갈 것이다. 그 세계 안에서 우리는 우리 현대시조의 미래를 넌지시 보게 된다.(「해설」, 홍성란, 『따뜻한 슬픔』, 책만드는집, 2003.)

그렇게 희망한 '현대시조의 미래'는 정말로 그녀 시편의 뚜렷한 진화를 통해 성취되어가고 있다. 그리고 시조 양식에 대한 메타적 적공積功과 그것의 다양하고도 너른 미학적 시도로 인해 그녀 시편은 우리 시조 시단의 중요한 지표가 되어가고 있다. 시인은 『따뜻한 슬픔』의 「시인의 말?에서 "나는 무엇보다 내 시를 읽어주는 이 없으면 어쩌나, 걱정하지 않는 시인이 되고 싶다."고 말했었는데, 이번 시선집으로 그녀는 그런 걱정이 필요 없는 이 나라 대표적 중견이 되었다. 이렇게 감각과 사유의 진화로 자신을 다독여온 홍성란 시인은, 이번 시선집으로 자신의 창작 여정의 확연한 중간 표지標識를 만든 것이다. 이를 귀한 자산으로 삼아 더욱 다채롭고 웅숭깊은 미학을 일구어가길 희원한다.(2009)

폐허 속의 보법步法, 현실과 서정의 결속
권갑하의 시세계

1.

우리는 이른바 '원초적 통일성'을 갖춘 '존재'(Sein)가 자신의 모습을 철저하게 숨겨버린 침묵과 폐허의 시대를 살고 있다. 또한 우리 시대는 인문학적 성찰에 기반을 둔 비전들이 무망해 보이는 가차없는 세속화의 시대이기도 하다. 최근 우리 사회에 나타나고 있는 여러 묵시록적 분위기들은, 우리 시대가 이렇게 존재론적 무력감과 한없이 반복되는 생의 비애로 채워져갈 것임을 암시적으로 중언한다. 이러한 폐허 속에서도 우리가 가장 미약하고 어수룩한 실천 행위일 수밖에 없는 '시'를 쓰고 읽는 일을 아직도 양보하지 않는 까닭은 무엇일까?

그것은 '시'야말로 근원적 감각을 잃어버린 채 나날의 건조한 삶을 살고 있는 현대인에게 아직도 '원초적 통일성'을 회복해줄 수 있는 가장 유력한 언어 형식이기 때문일 것이다. 여기서 '시'가 근원적으로 '원초적 통일성'을 회복한다는 것은, 주체와 세계가 분리되어 있는 경험으로부터 그것의 통합적 국면을 꾀하고자 하는 성격이 그 안에 있다는 것을 뜻한다. 말하자면 근원적 감각이나 정서를 회복하는 통로가 주체와 사물이 통합하고 결속하는 시적 언어 속에서 구현될 수 있다는 것이다.

　권갑하權甲河 시인은 시력詩歷 20년을 눈앞에 둔 우리 시조 시단의 중견이다. 그가 새로 펴내는 시집 『외등의 시간』은, 사물이 지니고 있는 현실적 맥락과 시인의 서정을 두루 결속하면서 펼쳐진다. 그 점에서, 그는 내면 토로나 사물 재현 혹은 고전적 감각 탐색으로 기울어진 우리 시조 시단에서 매우 이채로운 음역을 보여주는 시인이라 할 만하다. 그는 동시대同時代의 현실 감각을 놓치지 않고, 사물 이해를 기본으로 하면서도 인간의 근원적인 존재 조건에 대해서도 성찰을 게을리 하지 않는다.

　그래서 우리는 권갑하 시편들을 통해 나날의 건조한 삶을 살아가는 현대인의 초상을 만나볼 수 있으며, 그 안에 담긴 '원초적 통일성' 회복 의지를 선명하게 경험하게 된다. 그의 시편들은 우리 시대의 폐허를 가로지르는 개성적인 보법步法으로서, 현실과 서정의 확연한 결속을 수행하고 있는 것이다.

2.

　권갑하 시인은 현실 감각을 자신의 시편 안에 들여앉힘으로써 '서정'의 확장에 기여하면서도, 지속적인 자기 회귀의 열망을 드러내는 자기 동일성의 원리를 잊지 않는다. 말하자면 그는 타자에 대한 감각을 충실하게 복원하면서, 시간에 대한 시적 경험을 통해 인간의 궁극적 존재 형식에 대한 관심을 보여준다. 가령 그는 "상처도 곰삭으면 가슴 저며 눈 뜨는가//훈장처럼 드리운 옹이진 영혼의 무늬"(「눈동자」)라면서, '상처'야말로 시간이 지나면서 삶을 빛나게 하는 존재 형식이라고 노래한다. 상처가 빛이 되는 과정을 노래한 다음 시편도 읽어보자.

아찔한 날 선 삶을 온몸으로 껴안으며
낫을 갈 듯 살아오신 아버님의 팔순 생애
등 굽어 푹 패인 가슴 허연 뼈로 누웠다.

― 균형을 잘 잡아야 날이 안 넘는 거
갈무린 기도문인양 깃을 치며 솟는 햇살
하늘빛 흥건한 뼛가루 목숨인양 뜨겁다.

가슴 마구 들이치던 내 유년의 마른 바람
― 물을 자주 뿌려야 날이 안 상하는 거
촉촉한 귓전의 말씀 눈물 속에 날이 선다

―「숫돌」전문

아버지가 들려주는 상상적 말씀으로 구성된 이 시편은, '숫돌'을 매개로 하여 생의 궁극적 형식에 대한 균형 감각을 보여준다. 여기서 아버지는 "아찔한 날 선 삶을 온몸으로 껴안으며/낫을 갈 듯 살아오신" 분으로 등장한다. 하지만 그분은 이제 "등 굽어 푹 패인 가슴 허연 뼈로" 누우셨다. 그러니 그분의 말씀은 실제 이루어지고 있는 발화發話가 아니라, 화자의 환청幻聽으로 구성되는 어떤 것이다. 화자의 귀에 그렇게 환청처럼 들리는 것은, 균형을 잘 잡아야 날이 안 넘는다는 것과 물을 자주 뿌려야 날이 안 상한다는 순리順理의 말씀이다. 이 말씀이 뜨겁고 밝고 촉촉하게 새삼 전해져오는 날, 화자는 "가슴 마구 들이치던 내 유년의 마른 바람"을 느끼면서, 아버지의 말씀이 새삼 눈물 속에서 날을 세워가고 있음을 경험하고 있다.

결국 이 시편은 '숫돌'이라는 구체적 사물을 통해 아버지의 생을 재구

再構하면서도, '숫돌'에 날을 가는 원리를 삶의 어떤 순리로 은유하고 있다. 이러한 시각은 "다가가면 갈수록 멀어지는 생"(「遠視에 눈뜨다」)이라는 역설의 비유와, "상처도 매만지면 단풍보다 고운 문양"(「가을 그림자」)이 된다는 역설적 의지와 연결되면서, 상처가 빛이 되는 과정을 일관되게 보여주는 권갑하 시편의 균형 감각을 증언하고 있다 할 것이다.

울렁이는 욕망들이 굽은 등마다 흘러나오는

지워진 먼 길 끝에선 아우성도 몰려온다

허물을 덮어주려면 몰래 별도 띄워야겠지

은밀한 갈증들은 발만 동동 구르고

해진 상처 감추려 지친 바람 분주하지만

실직의 허기진 강은 눈물에도 젖지 않는다

안간힘으로 굴린 공은 어디로 굴러 갔나

홀로 깬 기다림은 파도소리로 훌쩍이는데

쓸쓸한 작별의 행방은 시치미를 떼고 있다

제 가슴 속 불을 밝혀 외따로 돌아가는

어둠을 건너는 외등의 경건한 고독이여

아득한 혼잣말처럼 문득 빗방울이 환하다

―「외등의 시간」 전문

　현대인의 실존적 피로와 고독을 아름답게 그린 이 시편은, '외등'이라는 감각적 소재를 시적으로 호명하여 사람들의 "울렁이는 욕망들"이 고독 속에 침잠해 들어가는 과정을 실감 있게 보여준다. 하지만 그 피로와 고독은 "갈증"과 "상처"를 가진 구체적인 것이기도 한데, 말하자면 그것은 살아가는 동안 마주치는 본질적인 것이기도 하면서 동시에 "실직의 허기진 강은 눈물에도 젖지 않는다"는 표현을 통해 구체적 연원을 가진 것으로 나타나고 있기도 하다. 그래서 "안간힘으로 굴린 공"도 사라지고 "쓸쓸한 작별의 행방"만 남은 외등의 시간은, "제 가슴 속 불을 밝혀" 외따롭게 돌아가는 화자의 발걸음과 "어둠을 건너는 외등의 경건한 고독" 속에서 환하고도 쓸쓸하게 빛나고 있는 것이다.

　이렇게 시인은 자신의 시편들을 통해 "수없이 무너져 내리는 그리움의 뼈를 세워"(「일천 삼백년만의 고백 ― 열암골에서」) 살아가는 우리들 생의 형식과, "닿지도/멎지도 못한/오랜 배회의 날들"(「길」)을 지나 "다 흘러 보내고 나면 여백으로 돋을 상처"(「가을비」)를 보듬고 사는 이들의 삶을 선명하게 보여준다. 이러한 구체적 현실성의 결합이 권갑하 시편으로 하여금, 타자에 대한 감각을 복원하면서도 시간에 대한 시적 경험을 통해 인간의 궁극적 존재 형식에 눈 뜨게 하고 있는 것이다.

3.

　권갑하 시인은 사물의 구체성과 그에 대한 시인의 개성적 해석을 적절하고도 참신한 유추 관계를 통해 보여주는 우리 시대의 대표적 장인匠人 가운데 한 사람이다. 그는 우리 시대를 살아가는 사람들의 외관과 내면을 두루 탐사하는 현실 감각을 일관되게 보여주면서도, 그것을 새로운 비유 형식으로 구성해 드러내주는 얼마 안 되는 실례에 속한다. 다음 시편은 이러한 현실과 서정의 결속을 보여주는 대표적 경우일 것이다.

　　다 닳은 지문 위를 종종걸음 치며 가는

　　오늘 이 미행은 어느 미망의 늪 속인가

　　수없이 따돌리면서 다시 좇는 이 조바심

　　가쁘게 헤매 돌다 순간 길을 놓쳐버린

　　엎드려 두 손을 벌린 기진한 눈빛 앞에서

　　황급히 등을 돌리는 이 무심은 또 무엇인가

　　문득 끊어진 길, 그 긴 아픔에 젖고 싶다

　　눈밭에 새겨 둔 내 영혼의 하얀 무늬

　　얼마나 뒤축이 닳으면 그대 앞에 별로 뜰까

쉼 없이 허공 속으로 문자를 띄워 보내는

은빛 그리움이여, 지워진 발자국이여

오롯이 어둠을 뚫고 달려오는 늑골 하나
ㅡ「발자국, 발자국들 ― 종로에서」 전문

    시집 안에 다수 담겨 있는 '종로에서' 연작을 통해 시인은, 도시에 삶의 근거를 둔 생활인의 피로와 활력을 이중적으로 선명하게 보여준다. 그는 도시 생활의 나날에 필연적으로 수반하게 마련인 실존적 피로를 보여주면서도, 생을 근원적으로 밀고 가는 사랑의 힘을 신뢰하기도 한다. 우리 사회를 지탱하는 고단한 노동 과정을 감각적으로 그려내면서도, 그것을 사회적 상상력으로 탄탄하게 승화시킨 결과라 할 것이다.
    여기서 "다 닳은 지문"은 도시 직장인들의 실존에 대한 감각적 표현일 것이다. 도심의 거리에서 종종걸음을 치는 이들의 발걸음은 "미망"의 조바심으로 가득하다. 그 숨 가쁘고 기진한 눈빛들 속에는 "문득 끊어진 길"이 가로놓여 있고 "긴 아픔"이 충만하다. 하지만 그들의 기억 속에도 "눈밭에 새겨 둔 내 영혼의 하얀 무늬"가 있기 때문에 그들은 안간힘을 다해 "그대 앞에 별로" 뜨려는 소망을 버리지 못한다. 그 "은빛 그리움"과 "지워진 발자국"이야말로 어둠으로 편재遍在해 있는 도심에서 시인으로 하여금 쓸쓸한 희망의 노래를 부르게 하는 힘이 되고 있다. "제 그림자만 쫓고 있는 오롯한 절대 고독"(「팽이 ― 종로에서」) 속에서도 "오롯이 어둠을 뚫고 달려오는 늑골 하나"를 상상하는 시인의 의지가 아름답고 쓸쓸하게 전해져오는 명품이 아닐 수 없다.

이 고독한 몰입이 혹 덫은 아닐까

자신도 모르게 어느새 익숙해져 버린

휘황한 거리의 불빛 쓸쓸한 회귀 같은

내키지 않은 미소로 또 하루를 버텼지만

혼마저 다 쏟아낸 지극히 형식적인

아내여 까맣게 젖은 이 빈 손을 보는가

스러질 듯 휘굽은 쓸쓸한 낙타의 여정

한순간 바스러져 자취 없이 사라지고 말

거대한 어둠의 음모 야금야금 들린다

— 「야근 — 종로에서」 전문

  도회에서 직장 생활을 하는 사람들의 "고독한 몰입"은, 생각해보면 그 야말로 치명적인 "덫"이 되고도 남을 것이다. 그것은 자신도 모르게 익숙해진 "쓸쓸한 회귀 같은" 것이기 때문이다. 하지만 화자는 비록 "내키지 않은 미소로 또 하루"를 버티면서도 "혼마저 다 쏟아낸" 자신의 생을 위안한다. 하지만 여전히 "까맣게 젖은 이 빈 손"은 존재의 결여 형식을 선명하게 보여준다. 이때 "스러질 듯 휘굽은 쓸쓸한 낙타의 여정"은 바로 화자의 생을 은유하고 있는 것이다. 도시가 가져다주는 이 "거대한 어둠의 음모"는 '야근'이라는 노동의 피로감과 함께 "길 잃고 돌아오는 만행의 끝"(「성자 앞에서 — 종로에서」)이라는 어떤 상황을 실감 있게 전해준다. 시인의 시선에 그들은 "서둘러 안부를 챙기는 처연한 발걸음들"(「막차를 보내고 — 종로에서」)로 나타나고 있기 때문이다.

우리가 뚜렷하게 경험하는 바이거니와, 현대시로 올수록 시인과 대상의 상호 융합보다는, 그 사이에 날카롭게 개재하는 균열의 양상이 많이 포착된다. 여기서 우리는, 시인이 대상에서 경험하는 복합적인 반응을 읽게 되며, 또한 그것을 표현하는 아이러니의 기법과 정신을 만나게 된다. 이는 최근 우리 사회의 중요한 속성들인 '사물화'라든가 '신성 상실' 같은 정황 때문에 비롯된 것이기도 한데, 우리 시대가 '비동일성'이 강화되는 이행기적 징후로 가득하다는 것을 말해주는 대목이기도 하다. 권갑하 시편은, '사물화'나 '신성 상실'로 특징지어지는 우리 시대의 폐허를 고독과 피로의 보법步法으로 관통하면서, 아이러니의 기법과 정신으로 현실과 서정의 결속을 일관되게 꾀하고 있다 할 것이다.

4.

이러한 속성을 가진 권갑하 시편들이, 일종의 '서사 지향성'을 보여주는 것은 어쩌면 당연한 것인지도 모른다. 하지만, 그가 시편 안에서 들려주는 내러티브는 선명한 줄거리를 가지고 있는 그런 것이 아니다. 오히려 그는 "가끔은 돌아서고 싶지만 돌아설 수 없는 길"(「물」)에 들어선 존재로서의 자신을 둘러싸고 있는, 혹은 자신의 존재 형식을 가능케 했던 이들에 대한 근원적 '기억'을 재구성하여 들려줄 뿐이다. 다음 단수들에서 그것이 느껴진다.

늦둥이 유복자
전쟁 통에 잃은 고모

밤이면 남몰래 언덕배기에 혼자 올라

가슴 속
훤한 달덩이
밤새 젖을 물렸다
―「달맞이꽃」 전문

史草의 손톱 밑으로 깊숙이 파고들어

못물로 갈앉은 역사 불꽃처럼 깨운다

분연히 어둠을 긋고 스러져 간 유성 하나
―「전봉준 ― 가시」 전문

  여기 형상화되어 있는 '고모'는 사적私的 기억의 대상이고, '전봉준'은 공적公的 기억의 대상이다. "늦둥이 유복자"를 "전쟁 통에 잃은 고모"는 밤마다 남몰래 언덕배기에 혼자 올라 훤한 달덩이에게 밤새 젖을 물렸다. 그 '고모'가 달맞이꽃이 되어 계시다. 이러한 비극성과 심미성의 낯선 결합은, 권갑하 시편의 내러티브가 서정의 원리에 의해 감싸여 있음을 알게 한다.
  그런가 하면 "史草의 손톱 밑으로 깊숙이 파고들어"서 "분연히 어둠을 긋고" 사라진 녹두 장군은, 역사를 불꽃처럼 깨우면서 스러져간 유성 하나로 비유되고 있다. '불꽃'의 이미지보다는 '유성'의 이미지가, 지금은 존재하지 않는 '전봉준'의 모습을 더 아련하게 하면서, 우리 시대가 무엇을 결여하고 있는지를 우회적으로 암시하고 있다.

가슴에 새긴 공적 하늘 바라 다 허물고
뿌리째 뽑아내려는 눈빛들도 외면한 채

없는 듯 솟은 그림자
긴 허망에 젖고 있다
지워도 다 못 사를 이승의 형벌인 듯
선 채로 사위어 가는 이끼 낀 절멸의 뼈

내 안에 세운 비 하나
소리 없이 허문다

―「오래된 碑」전문

여기서 '碑'는, 오랜 기억을 욕망하는 일종의 기념물(monument)이다. 하지만 그것은 긴 세월 속에서 "없는 듯 솟은 그림자"가 되어 "긴 허망에 젖고" 있다. 그러니 이제는 "선 채로 사위어 가는 이끼 낀 절멸의 뼈"가 되어갈 뿐이 아닌가. 그래서 화자는 "내 안에 세운 비 하나/소리 없이 허문다"고 고백하면서, 새롭게 '碑'를 세워가야 함을 암시적으로 전한다. 마치 "오래/걸어온 것들은//모가/닳아"(「인사동」) 있듯이, 여기서 "오래된 碑"는 새롭게 허물어지고 새롭게 세워져야 할 어떤 것을 비유한다 할 것이다. 그 점에서 「예각의 돌 ― 노무현」에서 시인이 "절벽의 바위들은 비수를 품고 있다//구르고 굴러//닳을 대로 닳은//생의//원전이다//부딪혀//깨어지는 순간/예각의 칼을 든다."라고 노래할 때, 그것은 일종의 참요讖謠적 속성을 견지하면서, 새롭게 세워져야 할 '碑'가 어떤 것인지를 암시하고 있기도 하다.

　우리가 잘 알듯이, 인간은 객관적이고 물리적인 시간의 한계 속에서 살지 않고, 저마다 자기만의 고유한 시간 속에서 실존을 영위한다. 그래서 시간은 선험적이고 객관적인 물리적 실체로서 우리에게 주어지는 것이 아니라, 각자의 경험과 의식 속에서 재구성되는 어떤 것이다. 이와 같은 탈바꿈이 분절적이고 직선적인 근대적 시간 의식에 대한 대항對抗 구도 속에서 나온 것임은 두 말할 나위없을 것이다.
　권갑하 시편들은 이러한 시간 감각을 통해, 우리 시대의 폐허와 그럼에도 불구하고 회복해야 할 '원초적 통일성'을 상상하고 표현한다. 상처가 빛이 되는 과정, 도시 생활의 피로와 쓸쓸한 희망, 기억의 힘, 새롭게 세워져야 할 가치 등등 권갑하 시편이 노래하는 권역은 풍요롭고 이채롭다. 그렇게 그는 남다른 현실 감각과 서정의 비의秘義를 결속함으로써, 이 폐허의 시대를 느릿느릿 걸어가고 있는 것이다.(2009)

정형 양식 안에 담긴 사유의 깊이

구중서의 시조 미학

1. 완미한 정형 미학

　구중서 제2시조집 『세족례』(고요아침, 2012)는, 그의 첫 시조집 『불면의 좋은 시간』(책만드는집, 2009) 이후 3년 만에 펴내는 산뜻한 결실이다. 이미 첫 시조집에서 시인은 정형 양식을 자신의 양도할 수 없는 언어적 조건으로 삼으면서 그 안에 다양하고도 심도 있는 시적 발화를 담아낸 바 있다. 이번 시조집에서도 "원래의 정형성은 복고적 구속이 아니고 민족 언어의 정서에 어울리는 리듬"(「작자의 말」)이라고 시인 스스로 말하고 있는 것처럼, 구중서 시학에서 '정형'은 어색한 강제적 굴레가 아니라 매우 맞춤하고도 미학적인 옷이라고 할 수 있을 것이다. 그만큼 그는 정격正格의 발화와 단정한 시상詩想을 견고하게 결속함으로써, 정형 양식이 자신의 시적 내용과 형식을 통합한 결실임을 충실하게 입증하고 있다. 물론 근대문학사에서 '정형'이란, 양식적 동일성을 꾸준히 유지해오면서도, 동시대성을 담아내기에는 여러 모로 낡은 것이라는 의구심을 받아온 것이 사실이다. 하지만 우리 시대처럼 근대의 극점과 황혼을 동시에 치르고 있는 때일수록, 정격의 발화와 단정한 시상을 근간으로 하는 정형 양식의 언어적 섬광은 긴요한 요청을 받게 되었다. 따라서 우리는 시조가 견지하고 있는 언어적 섬광이, 빠르고 길고 넘쳐나는 말 대신에 느릿하고 짧고 응축된 말로 우리 시대의 어떤 과잉성에 대해 저항하는 속성을 보여준다고 말할 수 있을 것이다. 이러한 완미한 정형 미학을 구중서 신작 시조집에서 간취한 결실이 이 길지 않은 글이다.

2. 안과 밖의 사유, 우연과 경이의 긍정

구중서 시학은 일차적으로 고전적인 생의 이법理法에 대한 탐색 의지에서 발원한다고 할 수 있다. 시인은 일상적으로 마주치는 상황이나 사물에 대한 참신한 감각을 통해 새삼 발견하는 인생론적 진실을 노래한다. 시를 통해 현실에서는 불가능한 존재 전환을 꿈꾸면서 일상적 현실을 벗어나 전혀 다른 차원으로의 상상적 상승을 꾀한다. 이때 이루어지는 시적 경험들은, 탄력 있는 상상력을 통해 숱한 사물로 그 언어의 권역을 넓혔다가 다시 자신으로 귀환하는 과정을 한결같이 밟는다. 시인은 이러한 자기 회귀성을 통해 세계와의 교섭과 궁극적 자기 발견을 욕망한다. 자신의 실존 안과 밖을 동시에 사유하고 있는 다음 시편을 읽어보자.

들떠서 대문 밖 나서는 하루가
돌아오는 밤이면 뉘우치기 일쑤다
덧없이 서성인 날이 스스로 허전하다

밖으로 나가는 하나의 길이 있다
그것은 안으로 들어가는 것이다

저절로 세상을 향해 문이 열릴 때까지

―「안으로 들어가기」 전문

시인의 정신적 반경은 '문'을 사이에 둔 안과 밖으로 구분되어 있다. 대문 '밖'의 들뜬 하루를 마치고 '안'으로 귀가할 때 시인을 감싸는 것은 뉘우침뿐이다. 그저 "덧없이 서성인 날"로서 하루를 보낸 것이 허전함으로 밀려온 것이다. 이때 시인은 "밖으로 나가는 하나의 길"은 대문으로의 외출이 아니라 자신의 "안으로 들어가는 것"이라는 자각에 도달한다. 이러한 존재론적 자각이 시인으로 하여금 "저절로 세상을 향해 문이 열릴 때까지" 자신의 '안'을 탐색하게끔 한다. 그 외로된 탐색과 기다림이야말로 자신의 상상적인 존재론적 전환을 가능케 하는 시인으로서의 둘도 없는 자세일 것이다. 이러한 깨달음을 바탕으로 시인은 시간의 "흐름에 한갓되이 몸을 맡겨/한 가지 일만을 하듯 쉬엄쉬엄 걸을"(「순서대로」) 생각을 한다. 그 쉬엄쉬엄 걷는 길 위에, 안과 밖을 동시적으로 사유하는 품이 놓여 있다.

출타하며 서재의 음악을 끄지 않네
산유화 은은한 가곡이 흘러나와
스스로 빈 공간에서 주인이 되게 하자

―「음악을 켜둔 채로」 전문

출타出他란 안에서 밖으로 나가는 행위인데, 그럴 경우 '안'에는 사람이 없게 되고 따라서 '밖'에서 보면 '안'은 부재중이 된다. 하지만 시인은 '밖'으로 나가면서도 자신의 흔적이 축적되어 있는 서재 '안'에 그대로 음악이 흘러나오게끔 한다. 그것은 "산유화 은은한 가곡"으로 하여금, 사람의 부재에도 불구하고 끝없이 흘러나와 빈 공간에서 스스로 '주인'

이 되게 하자는 것이다. 이때 음악은 인간을 위한 감상鑑賞의 대상에서, 스스로의 선율을 타고 서재 '안'을 감싸는 자재한 존재로 몸을 바꾼다. 이렇게 서재의 안과 밖을 구획하면서 효율성 위주로 사유하는 것이 아니라, 음악 그 자체의 존재적 아우라를 보듬어 안는 시인의 태도는 단연 빛을 뿌린다. 그야말로 안팎의 견고한 결속이 아닐 수 없다.

    서재에서 책을 찾다 정작으로 반가운 일
    오래 동안 못 찾던 책 우연히 보이는 것
    이런 일 종종 있어라 사는 보람 새롭게
                                            ― 「우연」 전문

    세상의 만물에 같은 것은 전혀 없어
    어느 것도 평범하다 말할 수 없어라
    그 자체 있는 그대로 경이의 모습이다
                                            ― 「경이」 전문

  이 단수 두 편은, 우리 삶의 날카로운 단면을 응시하고 반영한다. 앞 시편에서는 서재에서 책을 찾으려다 우연히 오랫동안 찾지 못했던 책을 발견했을 때의 반가움을 통해, 이러한 반가운 우연한 일이 삶에서 종종 있었으면 하는 소망을 노래하고 있다. 그래야만 "사는 보람 새롭게" 느낄 수 있으니까 말이다. 뒤 시편에서는 그 어느 하나도 동일하지 않은 세상 사물들을 통해 그것들 모두가 평범하지 않고 "그 자체 있는 그대로 경이의 모습"을 띠고 있음을 발견해간다. 사물에 인위적 시각을 덧입히지 않고 사물을 사물 자체로 보려는 시인의 시선이 반영된 결과일 것이다. 이처럼 이 단수 시편들은 삶의 우연한 발견과 경이로운 자각을 통해 우리가 누릴 수 있는 최대한의 삶의 보람을 노래하고 있다. 그때 우연과 경이는 서로의 몸을 빌려 우연한 경이나 경이로운 우연으로 우리 삶을 비추어준다.
　이렇듯 구중서 시조 미학의 근간은, 존재의 안과 밖을 동시적으로 사유하는 품과 함께, 삶의 소소한 계기들에서 우연과 경이의 순간을 발견하고 통찰하는 긍정의 마음으로 농울치고 있다. 고전적인 생의 이법理法에 대한 탐색 의지가 아닐 수 없다.

3. 호활한 품, 빛을 지향하는 종교적 상상력

　사실 정형 양식은 근대 자유시가 가지는 언어적, 형식적 자유를 한껏 누릴 수가 없다. 그래서 정형 양식의 존재론적 미덕은 엄격하게 형식을 지키면서 씌어지는 데 있고, 시조에 요청되는 현대성 역시 형식 확장보다는 사물 해석의 새로움과 세련된 의장意匠에서 찾아져야 한다. 특별히 시조 중장에서 의미를 확장했다가 종장에서 시상을 수렴해들이는 기율은 섬세하게 지켜져야 한다. 이는 근대 자유시가 율격을 등한시하면서 시조로 하여금 대안적 가치를 지니게 한 것과 맥을 같이 한다. 따라서 열린 구조로 존재하는 자유시의 대극적 위치에서 시조는 양식적 구심을 한층 더 유지해야 한다. 독자의 입장에서 시조를 읽을 때도, 근대 자유시가 지워버린 어떤 것들 예컨대 정격에 충실하면서도 다양하게 변용된 율격, 시상의 견고한 안정성, 우리 것에 대한 새삼스런 발견 등을 시조가 회복해주기를 바랄 것이다. 이러한 독자들의 기대 지평 충족을 위해서도 현대인의 삶을 내용으로 하되 시상의 완결성과 율격을 지키면서 시조만의 역할을 수행해야 한다. 구중서 시학은 이러한 양식적 독자성을 지키면서 자신이 걸어온 삶을 잔잔하게 성찰하는 특징을 보여준다. 그의 시조에서 사설시조나 율격 확장을 시도한 작품군群이 눈에 띠지 않는 까닭도 바로 여기에 있을 것이다. 그는, 참으로 일관되게, 정격의 형식에 호활한 품을 넣어 그만의 시적 상상력을 보여준다.

> 냇물이 맑으면 갓끈을 씻어라
> 그 물이 흐리면 발이나 씻어라
> 그 누가 물을 가리켜 가려서 말했던가
>
> 최후의 만찬에서 대야에 물을 떠서
> 예수는 제자들의 발을 씻어 주었네
> 스승이 제자의 발을 씻어주고 있다니
>
> 북한산 계곡에는 맑은 물이 흐른다
> 물가에 앉은 내게 그 무슨 뜻으로
> 흐르는 물살이 굳이 내 발을 씻어주네
>
> ―「세족례」 전문

세족례는 세족식이라고도 하며 가톨릭교회에서 성聖목요일 저녁 미사 때 행하는 의식儀式이다. 12제자의 발을 씻긴 그리스도를 본받아 거행하는 예절로서 열두 명의 어른이나 어린이를 뽑아 그들의 발을 씻긴 뒤 닦아주는 형식이다. 가톨릭 신자인 구중서 시인은 이러한 의식의 상징을 따라 그동안 고단하게 걸어온 자신의 '발'을 성찰한다. 먼저 그는 맑은 물에 갓끈을 씻고 흐린 물에 발을 씻으라던 전언이 물의 청탁淸濁을 가리는 것 같아 이치에 합당하지 않다고 한다. 그것은 물을 가리지 않고 최후의 만찬 때 제자들의 발을 씻어준 예수의 일화를 상기했기 때문이다. 시인은 스승이 제자의 발을 씻어준 상징적 장면을 떠올리면서, 섬김의 도道를 보여준 그리스도의 행동을 따라 자신도 세족례를 행하고자 한다. 물론 스스로 수행하는 의식인 만큼, 시인은 "그 무슨 뜻으로" 흐르는 물살로 발을 씻는 장면에서 그 '뜻'을 암시적으로 헤아리는 품을 보여준다. 그 맑은 물살은, 세차게 흐르는 세상의 격류가 아니라 조찰히 흐르는 내면의 물임에 틀림없을 것이다. 그 잔잔한 냇물에서 시인은 다음 시편도 쓴다.

> 임옥상 화백의 그림이 보여준다
> 냇물이 일어서면 나무의 모습이고
> 나무가 누우면 바로 냇물의 줄기구나
>
> 이 가운데 누웠다 일어섰다 하는 사람
> 냇물과 나무와 다른 몸이 아니구나
> 천지에 자유로운 이 무언들 못되겠나
>
> ―「냇가에서」 전문

임옥상은 불모지나 다름없던 한국 민중 미술에 천착하여 그곳에 독자적 뿌리를 내린 유명 화백이다. 그의 그림이 시인에게 준 암시가 특별하다. 그 그림은 '냇물'과 '나무'로 구성되었는데, 거기에는 '냇물'과 '나무'가 일어섬과 누움을 교차하고 반복하는 한 몸이라는 전언이 담겨 있다는 것이다. 그런데 그러한 전언에 시인은 사람도 한 몸임을 얹는다. "누웠다 일어섰다 하는 사람"도 냇물이나 나무와 다른 몸이 아니기 때문이다. 그러니 자연스럽게 "천지에 자유로운 이"는 무엇인들 다 되고도 남는 것이다. 이렇게 냇가에서 터득하는 만유萬有 소통의 상상력이 천지에 자유로운 몸으로서의 시인의 호활浩闊하고도 넉넉한 품을 선연하게 알려준다.

> 내 마음이 진리를 사랑한다 하는가
> 그 진리 빛을 향해 나아가지 않으면
> 거기엔 생명이 없어 아무것도 아니네

세상엔 태초부터 어둠이 이어와
종말의 날까지 빛을 시샘하거니
참으며 걸어야 할 길 빛을 향해 가는 길

―「빛」 전문

구중서 시인의 이러한 호활한 품은, 종교적 진리의 표상을 따라간다. 진리는 성서적 형상으로 보면 '빛'의 모습을 하고 있다. 그래서 진리를 사랑한다고 하면서 빛을 향해 나아가지 않으면, 거기엔 생명이 없게 되고, 결국 아무것도 아닌 텅 빈 존재가 되고 만다. 비록 태초부터 있었던 어둠이 종말의 날까지 빛을 시샘하기는 하지만, 우리가 참으며 걸어야 할 길이 바로 "빛을 향해 가는 길"이라는 것이 시인의 종교적 상상력이 빚어낸 궁극적 전언이다. 결국 구중서 시인은 정결한 세족례를 통해, 그리고 빛의 추구를 통해 종교적 상상력의 정점을 진중하게 들려준 것이다. 이 점 우리 시조의 역사에서 매우 독자적인 음역音域이라 할 것이다.

4. 시간의 깊이, 예술가적 자의식

다음으로 구중서 시학이 겨냥하는 목표는 '시간의 깊이'에 있다. 그의 시학은 우리가 일상의 눈으로 지나칠 수 있는 어떤 잃어버린 '근원'에 대한 끝없는 추구를 보여준다. 그 점에서 그의 시편들은 우주론적 실재를 선명하게 보여주면서도, 우리가 근원에서부터 잃어버리고 있는 가치의 속성을 들여다보게끔 하는 힘을 지니고 있다. 사실 오랜 시간의 깊이에 대한 기억은 서정시의 제일의적 수원水源이라 할 터인데, 구중서 시인이 경험적 구체성을 통해 그러한 시간의 깊이에 대한 강렬한 기억을 노래하는 모습은 서정시의 가장 원초적인 존재론을 보여주는 것이다.

    파도가 절벽처럼 선 채로 다가와
    해변에 누우며 뒹구는 물소리
    하늘로 날아오르는 집채만한 고래들

    동해의 장생포는 고래들의 고향이다
    그 바다 흘러드는 태화강 바위벽에
    고래와 더불어 뛰는 알타이 사람 숨결

                                      — 「반구대 암각화」 전문

'반구대 암각화'는 울주 대곡천 중류 암벽에 위치해 있다. 신석기 시대까지 우리의 감각을 거슬러오르게 하는 이 신화적 현장에는, 옛 사람들이 육지와 바다의 여러 동물들을 사냥하는 모습이 아로새겨져 있다. 거기에는 사람들과 함께 다양한 종류의 고래나 거북, 바다사자 등이 새겨져 있는데, 그 오랜 풍경을 두고 시인은 언어로써 또 한 번의 사생寫生을 시도한다. 파도가 절벽처럼 서서 다가와 해변에 눕고, 물소리와 함께 솟구쳐 오르는 고래들이 있다. 그때 시인의 상상력은 고래들의 고향인 동해 장생포로 달려간다. 장생포 바다와 만나는 강 바위벽에서 "고래와 더불어 뛰는 알타이 사람 숨결"을 읽고 있는 시인은 반구대 암각화가 퇴적해온 오랜 시간의 깊이를 상상하고 긍정하고 있는 것이다. 시간의 깊이를 내장한 예술적 표상 앞에서 자신의 예술가로서의 존재를 상상하고 있는 것이다. 다음 시편도 그러한 시간의 깊이와 예술가적 자의식에서 우러나온 결실이다.

    나 비록 탐라섬의 귀양살이 몸이다만

한때는 대륙 만리 청나라에 가고 오고
벗들이 펼치던 실학 사람답게 살자는 것

살기와 죽기를 운명에 맡길 수야
사람이 세운 뜻은 스러질 수 없는 것을
소나무 잣나무 가지 겨울에도 푸르듯이

—「세한도 — 추사 생각」전문

추사 김정희의 세한도라면, 많은 시인 묵객들이 흠모하고 대상代償해온 예술적 걸작으로 우리의 기억 속에 있다. 이 시편은 그러한 추사에 대한 흠모를 바탕으로 하여, 그가 비록 귀양을 와 있지만 대륙 만리를 오가고 실학사상을 펼쳐왔음을 증언한다. 그리고 삶과 죽음의 행로를 운명에 맡기지 말고, 사람이 세운 뜻을 소나무 잣나무 가지가 겨울에도 푸르듯 스러지지 않게 살자는 자기 권면을 수행한다. 사실 추사의 세한도는 그의 기나긴 유배 생활 때 그려진 것으로서, 역관 이상적이 귀한 책들을 구해 주면서 세상 소식을 전해준 데 대해 추사가 고마운 마음을 담아 그린 그림이다. 젊고 힘찬 소나무기 집과 노송을 받쳐주고 있고, 집 왼편 떨어진 곳에 두 그루의 곧은 잣나무가 배치된 이 그림의 유래와 화법畵法과 견결한 아우라가 구중서 시인이 수행하는 사유의 준거가 된 것이다. 이렇게 시인은 오랜 시간의 깊이를 통해 예술가적 자의식을 추구하고 있다.

만권의 책을 읽고 만리의 길을 가라
시 쓰는 비결을 두보가 말했다
오늘은 버스를 타고 동해안을 가며 본다

끝없는 검은 바다 땅 위에 떠 있네

저 물이 어이해 덮쳐오지 않고 있나
새로운 천지가 과연 길 위에 있구나

― 「만리 길」 전문

중국 시성詩聖 두보가 말해준 시 쓰는 비결은 "만권의 책을 읽고 만리의 길을 가라"는 것이었다. 그러나 시인은 동해안을 달리면서 끝없는 바다가 땅 위에 떠 있고 그 물이 덮쳐오지 않으니 과연 "새로운 천지"가 길 위에 있음을 발견한다. 그가 걸어야 할 '시인의 길'이 만권의 책보다는 저 바다와 땅이 보여주는 큰 스케일에 있다는 것을 말하는 것이다. 순간 시인은 오랫동안 거기 그렇게 있었던 사물들의 질서를 통해 시간의 깊이를 헤아리면서 동시에 시 쓰는 이로서의 예술적 태도를 구성해간다. 이렇게 구중서 시인은 오랜 '시간의 깊이' 속에서 시인으로서의 예술가적 자의식을 발견해가고 있다. 반구대 암각화와 세한도와 만리 길이 그 시간과 자의식의 은유적 등가물이 된 것이다.

5. 현실 감각과 저항 의지

마지막으로 우리가 살필 구중서 시편의 중요한 영역은 구체적 삶을 향한 남다른 열도熱度에 있다. 그것은 일종의 '현실 감각'이라고 부를 수 있는 것으로서, 서정의 동일성에서 발화하면서도 동시에 복잡한 현실에 관심을 가지는 태도를 말한다. 그만큼 그의 시조 미학은 서정성뿐만 아니라 깊이 있는 현실 감각과 저항 의지를 두루 보여줌으로써, 현대시조의 권역을 넓혀가고 있다. 이러한 면모가 시인으로 하여금 속악한 현실을 넘어서는 정신적 기율을 견지하게 하고 있는 것이다.

저항이란 한 마디 말 불온하기 그지없어
버겁고 불안해 듣기도 싫어라
하지만 끝끝내 이 말이 지니는 순정이여

그대는 평생에 한번쯤 무엇에
저항해 본 적이 그 언제 있었는지
없으면 이 점이 문득 부끄러울 때도 있다

손으로 돌멩이 던지지 않았어도
좀처럼 앞장을 서지는 않았어도
죄인이 될 수는 없다 입장을 밝힌 저항

—「저항」전문

　원래 '저항抵抗'의 참뜻은 자신의 존재 가치를 훼손하는 억압과 폭력을 거절하는 일체의 자기 존중 행위라고 할 수 있다. 시인은 그 '저항'이 비록 불온하고 버겁고 불안해 보일지라도, 끝끝내 그 말이 지니는 순정의 속성을 승인하고 있다. 그리고 인생에서 단 한 번이라도 무엇에 저항해본 적이 있는지 자괴감을 일깨운다. 비록 돌멩이를 던지지 않고 앞장서지 않아도, "죄인이 될 수는 없다"고 입장을 밝히는 저항도 있다는 것이 시인의 감각이다. 이러한 저항 의지가 그로 하여금 우리 현실을 바라보게 하는 정신적 기율이 되고 있고, 시인은 이러한 발견을 통해 "다시금 새 사람들을 챙기라는 뜻"(「분실」)을 알아가는 것이다.

좋은 신문 아닌 신문 두 가지 다 보아야지
안 좋은 신문은 거짓을 꾸며내네
그래도 그 어떤 잘못 그것대로 보아야지

좋은 신문 미처 못 봐 늦게라도 볼 때면
지나칠 기사가 거의 없다 싶구나
거짓이 없다는 것은 끝없이 넓은 세상

— 「넓은 세상」 전문

　구중서 시인은 신문이라는 근대 미디어를 '좋은 신문'과 '아닌 신문'으로 나누어, 그것들을 두루 개관해야 거짓은 거짓대로 잘못은 잘못대로 볼 수 있음을 말한다. 그래서 좋은 신문을 늦게라도 볼 때면 거기서 끝없이 넓은 세상을 본다고 고백한다. 그러니 신문 기사들을 통해 시인은 지나칠 수 없게 끝없이 넓은 세상을 느끼고 있는 것이다. 일찍이 멕시코 시인 파스(O. Paz)는 "시는 역사를 발가벗기는 것"이라고 말한 바 있다. 다시 말해 시는 역사의 추상성과 폭력성을 폭로하고 그야말로 맨 얼굴로 만나게 해준다는 뜻이다. 구중서 시학의 한 기율이 시를 통해 발가벗겨진 역사의 맨 얼굴을 만나는 데 있다는 점은 매우 중요하다. 이 점 시인의 필력이 더해가면서 더욱 구체적인 육체를 가져갈 것이다.

6. 두텁고 넉넉한 뜻의 시조

　원래 시조 미학은 고전적인 것이자 민족적인 것이다. 최근 씌어지고 있는 시조들 역시 이러한 고전적이고 민족적인 동일성 원리에 기대고 있다. 물론 이는 시조가 고전적인 정형 양식이라는 점에서 쉽게 이해되는 대목이다. 그렇다 하더라도 우리 시대에 빈번하게 발견되는 주체와 대상 사이의 균열에 눈을 돌리지 않음으로써 일정하게 인식의 불구성을 드러내고 있다는 점은 시조의 단점으로 지적될 만하다. 이는 우리 시대의 시조가 치르고 있는 존재론적 명암明暗일 것이다.

 그 점에서 구중서 시인이 동일성 원리를 적극 추인하면서도 실로 다양한 서정의 계기들을 마련하고 있다는 점은 매우 주목할 만하다. 시인은 사물의 외관을 묘사하면서 거기에 자신의 삶의 태도를 덧입히고, 오랜 시간을 탐구하면서 근원을 상상하고, 사물의 안팎에 새겨져 있는 기억의 흔적들을 거스르는 방법을 통해 다양한 서정을 생성해낸다. 그야말로 "시어는 마땅히 은은하게 다듬지만/으뜸으로 치는 것은 슬기로운 뜻이려니/따스함 부드러움에 두텁고 넉넉한 뜻"(「시론」)을 구현하고 있는 것이다. 하지만 그는 "내가 쓴 글이 누구를 울렸는가"(「팔꿈치」)라면서 반성적으로 자문하고 있다. 여전히 자신의 글이 세상을 따뜻한 감동으로 안아 들이길 희망하고 있다. 그래서 우리도, 광산廣山 선생이 보여주는 두텁고도 넉넉한 뜻의 시조 미학이, 정형 양식 안에 담긴 사유의 깊이가, 그의 혼연한 예술가적 자의식과 함께 더 크게 번져가기를 소망해보는 것이다.(2012)

제5부

감각·시간·기억
현대시조에 나타난 '서정'의 양상과 계기들

1.

　우리가 잘 알고 있듯이, '서정시'의 가장 근원적인 형상화 원리는, 대상과의 상호 작용을 통한 주체의 정서 발현 과정 곧 '서정抒情'에 있다. '서사'가 일정한 시간의 흐름에 의해 규정되는 사물의 연속성에 관심을 두는 것이라면, '서정'은 낱낱의 사물들에서 주체가 겪는 순간적 경험에 일차적인 관심을 가지며, 거기서 비롯되는 주체의 인식이나 정서적 반응에 가장 직접적인 자기 근거를 둔다. 따라서, 우리가 서정시를 통해 경험할 수 있는 가장 우선적인 것은, 사물의 외관이 갖는 미세한 특성에 대한 섬세한 지각은 물론, 그것을 해석하고 판단하는 주체의 정서적 반응을 읽는 일이다. 이때 주체는 세계로부터 소외되거나 초월하지 않고, 생의 순간적 파악을 통해 세계에 참여한다. 이를 두고, 주체와 대상의 상호 융합을 토대로 한 이른바 '동일성'의 원리라고 부르는 관행은 제법 오래된 것이다.
　그러나 현대시로 올수록, 주체와 대상의 상호 융합보다는, 그 사이에 날카롭게 개재하는 불화나 균열의 양상이 많이 포착되고 있다. 여기서 우리가 읽게 되는 것은, 주체가 대상에서 경험하는 상반되고도 복합적인 반응이며, 또한 그것을 표현하는 '아이러니'의 시정신이다. 이는 최근 우리 사회의 중요한 속성들인 '사물화'라든가 인식의 '파편성' 그리고 '신성의 상실' 같은 내외적 정황 때문에 비롯된 것이기도 하다. 우리 시대가 이른바 '비동일성'이 강화되는 이행기적 징후로 가득하다고 보는 시각은 이와 같은 현대시의 복합적 성격에서 말미암는다. 이처럼 우리가 흔히 말하는 '서정'과 '반反서정' 곧 동일성과 비동일성의 원리는, 제각각 현대 사회의 중요한 양면적 속성들을 대변하면서 상호 보완적인 서정시의 존재 원리가 되고 있다.

그런데 우리 시대의 시조시인들은 '서정'의 계기들을, 사물의 외관을 감각적으로 묘사하면서 거기에 자신의 정서를 덧입히는 방법, 근대적 시간 의식을 뛰어넘으면서 신화적·역사적·체험적 시간을 재구성하는 방법, 사물의 안팎에 흔적으로 새겨져 있는 기억의 흔적들을 거슬러올라가는 작법 등을 통해 찾고 있다. 이 글에서는 2001년 한 해 발표된 몇몇 작품들을 대상으로 하여, 이와 같은 서정의 양상과 계기들 곧 감각·시간·기억의 단층斷層에서 피어오르는 줄기들을 검토해보려고 한다.

2.

원래 '묘사'는 사물의 외관을 감각적으로 생생하게 재현하는 행위를 일컫는 개념이다. 따라서 묘사를 통해 우리는 사물의 가장 감각적인 직접성과 만나게 된다. 그러나 '묘사'가 건조하고 사실적인 렌즈를 통한 감각적 재현에만 그친다면, 그러한 서경敍景 편향의 소품은 주체의 개입이 최소화되면서 한 편의 산뜻한 풍경첩에 머물게 된다. 따라서 '묘사'와 함께 그 안에 주체의 세계 해석이나 판단이 자연스럽게 덧입혀지는 것이, 우리가 한 편의 시 안에서 주객간의 대화를 경험할 수 있는 방편이 될 것이다.

다음 시편들은 한결같이, 사물의 외관이나 속성을 감각적으로 재현하되 거기에 주체의 해석과 반응을 덧보탬으로써 부드러운 정경교융情景交融의 한 장면을 연출하고 있다.

그리움 문턱쯤에//고개를//내밀고서//뒤척이는 나를 보자//흠칫 놀라//돌아서네//눈물을 다 쏟아 내고//눈썹만 남은//내 사랑
— 김강호,「초생달」

그리움을 건너기란/왜 그리 힘이 들던지//긴 편지를 쓰는 대신/집을 한 채 지었습니다//사흘만/머물다 떠날/저/눈부신/寂滅의 집.
— 민병도,「목련」

선인장은 안간힘으로 그림자를 가진다/잎새가 되지 못한 저 가시의 공격성/바람을 상처내면서 제 존재를 묻는다//아무도 모래 위에 집을 짓지 않지만/척추를 곧추세운 사나운 직립의 꿈/햇살을 등지고 서서 생명들을 키운다//그늘에선 전갈이 덧난 종기를 삭히고/사막을 건너와 온 몸으로 수액을 빨던/개미의 휘어진 등뼈 새순 틔워 덮는다
— 이달균,「선인장」

모든 사물의 외적 인상은 그 자체로 이미 감각적 실재이다. 그러나 서정시는 어떤 일정한 문맥 속에서만 이루어지는 발화이기 때문에, 그 '감각적 실재'는 주체의 세계 해석 여하에 따라 한 편의 시 안에서 재再문맥화된다. 김강호의「초생달」과 민병도의「목련」은 공히 '그리움'의 정서를

자연 사물에 덧입히는 작법을 택하고 있는데, 이때 사물의 외관은 철저하게 주체의 윤색에 의해 새롭게 해석되고 있다.

먼저 「초생달」은 '눈썹'과 '초생달'을 등가적으로 이어놓는 전통적인 상상력에 바탕을 두고 있다. 미당의 절편絶篇인 「동천」의 발상과 맥을 같이 하고 있는 이 작품은, 대상에 대한 한없는 사랑과 그리움의 정조를 주제로 담고 있다. 시인이 보기에 초생달의 영상은 "그리움의 문턱"에 고개를 들이민 채, 뒤척이는 나를 보고는 돌아서 눈물짓는 여인상과 고스란히 겹쳐진다. 그 여인의 이미지가 '눈썹'이라는 가장 감각적이고 관능적인 대상으로 은유되면서, 이 시는 그 여인에 대한 사랑과 그리움의 의미를 증폭시키고 있는 것이다. "눈물을 다 쏟아 내고//눈썹만 남은//내 사랑"은 바로 여인의 모습을 감각적으로 재현한 묘사적 이미지이다.

「목련」 역시 '그리움'이라는 정서를, 목련이라는 "집 한 채"에 덧입히고 있는 작품이다. 개화와 낙화 사이에 있는 짧은 시간을 "사흘만/머물다 떠날/눈부신/寂滅"로 표현하는 대목은, 이 시인의 초월적이고 심미적인 정서적 반응을 일러주는 데 모자람이 없다. 그리움의 편지를 쓰는 대신 스스로 그리움의 집채가 되어버린 '목련'의 화려한 외관을 세밀하게 그리지 않고, 시인은 그로 인한 자신의 정서적 반응과 세계 해석을 좀 더 강조함으로써, 이 작품을 감각 편향에서 건져내 정서적 반응의 시편으로 바꿔놓고 있다.

반면 「선인장」은, '선인장'이라는 비교적 특수한 소재를 다루면서, 주체과 대상과의 온전한 융합을 순간적으로 가로막는 이미지를 형성하고 있는 작품이다. 원래 '선인장'이 사막의 이미지를 그 배경으로 거느리고 있다거나, '가시' 같은 날카로운 공격성의 외양을 띠고 있다거나 하는 것이 그와 같은 '단절'의 이미지를 부추기고 있다. 그러나 시인이 보기에 "선인장은 안간힘으로 그림자를 가진다". 그리고 "잎새가 되지 못한 저 가시의 공격성"으로 "바람을 상처내면서 제 존재를 묻"고 있는 존재일 뿐이다. 존재에 대한 성찰과 저기 존재 형식을 안간힘으로 지키고 있는 '선인장'은 "척추를 곧추세운 사나운 직립의 꿈"으로 "생명들을 키"우면서 그 단절의 이미지를 극복한다. 시의 후경後景으로 등장하는 "전갈"이나 "종기" 혹은 "사막", "개미" 같은 불모의 연쇄적 이미지가, "새순 틔워 덮는다"는 긍정의 시선 앞에 소진하고 있는 것이다.

이처럼 우리 시대의 시인들은 자연 사물(달, 목련, 선인장)에 자신의 경험이나 정서적 반응을 투사하면서 아름답고 서늘한 풍경과 그 풍경 뒤에 움츠리고 있는 주체의 심미안과 세계 해석을 담고 있다. 아주 오래된, 서정시의 낯익은 풍광들이다.

3.

인간은 '시간'이라는 물리적 실체 속에서만 자신의 존재 형식을 생성하고 유지할 수 있다. 모든 생명의 생성과 소멸의 과정이 모두 '시간'의 개념 위에서만 가능한 까닭이다. 그래서 초超시간성이라는 것은, 인간이 상상하는 불가능한 꿈의 개념적 잔영일 뿐이다. 이렇듯 인간은 철저하게 시간적 존재이다.

그런데 인간은 객관적이고 물리적인 시간의 한계 속에서 살지 않고, 저마다 자기만의 고유한 시간 속에서 실존을 영위한다. 그래서 시간은 선험적이고 객관적인 물리적 실체로서 우리에게 주어지는 것이 아니라, 각자의 경험과 의식 속에서 재구성되는 어떤 것이다. 이와 같은 탈바꿈이 분절적이고 직선적인 근대적 시간 의식에 대한 대항對抗 구도 속에서 나온 것임은 두 말할 나위없다.

깊은 암벽 두드리자 숨은 모닥불 일어서고//날 선 돌작살에 끌려 온 선사의 바다//겨울밤/내 꿈하늘 가른다/우우우우 고래떼.

― 송선영,「겨울 암각화 ― 반구대」

　나무로 깎아 만든 고려사가 저렇던가/6백 년 그 세월을 가부좌로 앉았다가/대장경 어느 구절에 글자로써 세운 집//배흘림 기둥으로 층층이 불을 밝혀/화엄인가 극락인가 말씀의 구중궁궐/오늘도 청동빛 물살 헤엄치는 풍경소리//지도엔 없는 나라 여기에 있었구나/만지면 부서질 듯 햇빛도 고려 햇빛/돌에도 피가 도는가 부석사 무량수전

― 유재영,「지도엔 없는 나라 ― 부석사 무량수전」

　「암각화」는, 반구대의 암각화에서 고고학적 열정을 기울이고 있던 시인이 겪는 신비로운 시간 경험을 담고 있다. 차가운 겨울, 암각화에서 "숨은 모닥불"을 연상해내는 '냉/온' 대조 기법(촉각)이나, "선사의 바다"에서 고래떼의 함성을 환청(청각)으로 듣는 것이나, 날 선 돌작살의 이미지(시각)를 그리고 있는 것 등이 어우러지면서 이 작품은 매우 복합적인 감각을 담고 있다. 이는 그 안에 오래된 시간의 격절을 넘나드는 시인의 신화적 시간 인식이 개입하고 있기 때문이다. 원래 '신화'라는 것은, 오래 전 인간들이 따듯한 감성으로 세계를 이해했던 방식을 이야기에 담은 것이다. 그래서 누구는 "사실事實은 달빛에 물들면 신화神話가 되고, 햇빛에 바래면 역사歷史가 된다"고 말한 것이 아닌가. 이 작품은 그 달빛에 물든 "겨울밤"에 예민한 시인이 풍부하게 느끼고(촉각) 듣고(청각) 보는(시각) 신화적 시간의 기록이다.

　「지도엔 없는 나라」는, '신화'가 아니라 '역사'가 되어버린 시간에 대한 성찰의 흔적을 담고 있는 작품이다. "부석사 무량수전"이라는 수백 년을 건너온 사물에서, 시인이 발견하고 있는 것은, "햇빛도 고려 햇빛"이고 "돌에도 피가 도는" 시간 자체의 무화無化이다. 그러니 그 같은 '시간'

이 지도 안에 담길 리가 없지 않은가. 원래 '지도地圖'라는 것은, 가시적이고 물리적인 약호적 체재이다. 그러니 그 지도에는 없는 은폐된 혹은 가라앉아 있는 것이 얼마나 많을 것인가. 서정시는 바로 그 불가시적·비물질적인 본질과 비의를 탐색하는 운명을 띠고 있는 양식이다.

이처럼 시인들은 '신화'와 '역사'라는 시간 형식들을 시 속으로 끌어들여, 우리의 현재를 구성하고 있는 오랜 지층을 탐색하고 있다. 그런가 하면, 개별화된 자연인의 삶 속에서 체험되는 '시간'도 있다.

어디쯤 삭고 있을까, 손때 절은 사다리/삐걱대며 오르면 거기 한 우주와 놀던/시간이 풍화를 딛고 고서처럼 쌓인 방/먼지 낀 갈피마다 길 속의 길 찾느라/내 영혼 까치발이 티눈 박힌 창 너머/별들도 눈이 붉은 채 숲을 오래 걸었다//구불텅한 길들 모두 곧게만 닫는 지금/그 골방 옛 섶에 누에처럼 들고 싶다/곰삭은 달빛 한 자락 품고/비단길 짜고 싶다
— 정수자, 「다락방」

난 한 측 벌고 있는 소액환 창구에서/얼어 터져 피가 나는 투박한 손을 본다./"이셋 폼 대신 써 주소, 글을 씀 수 없어예."/꼬깃꼬깃 접혀진 세종대왕 얼굴 위로/검게 젖은 빗물이 고랑이 되어 흐른다/"애비는 그냥 저냥 잘 있다. 에미 말 잘 들어라."/갯벌 매립 공사장, 왼종일 등짐을 져다 나르다/식은 빵 한 조각 콩나물 국밥 한 술 속으로/밤새운 만장의 그리움, 강물로 뒤척인다./새우잠 자는 부러진 스치로폼 사이에/철 이른 냉이꽃이 하얗게 피고 있다/울커덩 붉어지는 눈시울,/끝나지 않은 삶의 고리
— 하순희, 「비, 우체국」

「다락방」은, 고옥古屋의 구조에서 우리가 흔히 보아온 지상과 지붕의 중간 지점에 있는 '다락방'을 소재로 한 작품이다. 고층 아파트가 보편화

되어버린 "구불텅한 길들 모두 곧게만 닫는 지금"에는, 기억 속에만 존재하는 낡은 풍경이 아닐 수 없다. 그런데 그 낡은 '다락방'이 시인에게는, "손때 절은 사다리"나 "내 영혼 까치발이 티눈 박힌 창"으로 구성된 물리적 실체이자, "한 우주와 놀던" 그리고 "시간이/풍화를 딛고 고서처럼 쌓인 방"이라는 형이상학적 공간인 것이다. 또한 시인은 '다락방'을 책(고서)으로 비유한 후, 그 갈피에서 "길 속의 길"을 찾았다고 말한다. 또한 그 순간에 "별들도 눈이 붉은 채 숲을 돌아다녔다"고 회상한다. 이처럼 온 우주가 화창和唱하는 고요의 공간에서 시인은 다시 누에가 되고자 한다. 그래서 거기서 "곰삭은 달빛 한 자락 품고/비단길"을 짤 수만 있다면, 하고 불가능한 시간의 가역성可逆性을 꿈꾼다. 이 시편은, 아득한 시간의 격절 속에서 그 시간을 건너온 시인의 형이상학적 사고와 우주적 상상력이 아름답게 채색되어 있는 작품이다.

「비, 우체국」은, 우리가 흘깃 지나치기 쉬운 풍경을 형상화하는 시인의 남다른 예민함이 빛나는 작품이다. 비 내리는 우체국 안에서 오랜 시간을 가족과 떨어져 살고 있는 사내가 아들에게 짤막한 소식을 전하려고 한다. 그는 "얼어 터져 피가 나는 투박한 손"으로 글씨를 쓸 수 없기 때문에, 다른 이에게 부탁하여 자신의 안녕과 "밤새운 만장의 그리움"을 전하는, "갯벌 매립 공사장" 인부이다. "식은 빵/콩나물 국밥/새우잠/스치로품/붉어지는 눈시울" 등의 연쇄적 소재가 일러주듯, 그는 노동의 고단함과 떠나온 혈육에 대한 그리움으로 충일하다. 그 정서적 상태가 비 내리는 늦겨울, 우체국의 분위기를 따듯하게 데우고 있다. 이 또한 노동에 몸을 맡긴 한 개인이 온몸으로 감당하는 '시간'의 무게가 녹아 있는 작품이다.

이같이 집단화된 '신화'나 '역사' 같은 시간 경험이든, 개인화된 시간 경험이든, 근대적 시간 의식을 부정하면서 씌어진 시편들은 하나같이 이 시대의 물질 편향이나 최상의 수행성을 강조하는 운산運算들에 대한 우회적인 비판을 담고 있다고 할 수 있다.

4.

　서정시는 기본적으로 '사물'들에 대한 주체의 기억의 현상학이다. 그런가 하면, 서정시는 또한 사물들 자체의 기억 행위의 결과이기도 하다. 생명의 순간을 포착하여 그것을 존재의 오래된 '기억'으로 환치하는 서정시의 작법이 여기서 비롯된다. 이 또한 현실적 시간 의식에서 벗어나 자신이 고유하게 체험하는 시간으로 귀환하려는 주체의 의지가 반영된 결과이다. 외따로 떨어져 있던 사물과 사물 사이에 연쇄적인 연관성의 파동이 나타나는 것도 이와 같은 '기억'의 매개가 작용하기 때문이다.

　1/칼끝/닿을 때마다/찢어지는 먼 데 하늘//체액처럼 피는 끈적한 과즙 향기//둥글게/갇히어 떨던/바람 소리 시리다//2/상한 부위를 곧장/파내어 버리듯//모질지 않으면/영영 도려내지 못할//제 속에/도사린 상처/불 밝혀 다스리듯//3/칼끝/닿을 때마다/찢어지는 바람 소리//저물녘 못물 위로/산그늘 사위어 들 듯//둥글게/깎이는 허공/붉게 흩어지고 있다
— 이정환,「과수밭에서」

　길 잘라내며 넘치는 붉덩물 붉덩물 속에/나는 벗어던지네/전족纏足의 신짝들//당신의 에피소드로 만족했던 발의 기억들//무두질 잘된 추억으로 감싼 길을 버린 후/새신 아직 얻지 못해 얼어 터진 붉은 맨발//아무도 가둘 수 없네/씩씩하게 자라네
— 서연정,「장마」

　수레바퀴 자국에도 마음 패이는 진흙길에/기침처럼 쏟아지는 하얗게 질

린 벚꽃/고단한 그림자들은 해에까지 뻗어 있다//보이지 않는 창마다 노을이 퍼지고/돌아오는 지상의 모든 길에 매달려/꺼질 듯 꺼지지 않고 깜박이는 등불 하나//저녁의 젖은 손들이 땅 아래로 내려올 때/산비둘기 울음으로 뜨는 벚꽃 몇 송이/허공에 떨리고 있는 따뜻한 길을 본다

— 박권숙, 「숨은 길」

「과수밭에서」와 「장마」는, '과일'과 '장마' 같은 자연 사물과 현상조차, 알고 보면 여러 사물들끼리 혹은 사물과 주체의 능동적 교섭 속에서 이루어지는 것임을 말해주는, 말하자면 사물들 사이의 내적 연관성을 상징적으로 보여주는 작품들이다.

「과수밭에서」는, 사물들의 현존이 녹녹치 않은 상호 내적 연관을 통해 이루어지고 있는 것임을 암시하는 작품이다. "칼끝"이 닿고 있는 것은 과일이겠지만, 그와 동시에 시인은 "먼 데 하늘"의 찢어지는 소리를 듣는다. 또한 과일의 향기에서 "둥글게/갇히어 떨던/바람 소리"와 "찢어시는 바람 소리"도 함께 듣는다. "제 속에/도사린 상처"를 다스리면서 "칼끝/닿을 때마다///저물녘 못물 위로/산그늘 사위어 들 듯//둥글게/깎이는 허공" 역시 과일의 불그레한 색채를 물들이면서 "붉게 흩어지고 있"다. 그러니 '과일―하늘―바람―산그늘―허공'이 모두 무심히 떨어져 있는 사물들이 아니라 시인의 상상력 속에서 '원인―결과'도 되고 '안―밖'도 되며 동시적 현존을 구성하는 '동전의 양면'이 되기도 한다. 물론 과일 속에 담긴 하늘과 바람과 허공의 흔적은 모두 사물 자체의 기억이기도 하다.

「장마」는 호탕하게 흘러내리는 홍수 속에 "전족纏足의 신짝들//당신의 에피소드로 만족했던 발의 기억들"을 벗어던지는 시인의 단호함이 잘 묻어나는 작품이다. "무두질 잘된 추억으로 감싼 길을 버린 후/새신 아직 얻지 못해 얼어 터진 붉은 맨발"은 이 붉게 흘러가는 도도한 흐름 속에서

자유롭게 그야말로 흥에 겨워 되살아난다. 이제 아무도 그를 구속하거나 전족으로 붙잡아매거나 할 수 없을 것이다. 이제 전족은 "씩씩하게 자라"서 아름다운 여인의 발이 되리라. 기억 속에 담겨 있는 타자로서의 억압에 저항하는 이 같은 시편이 의도하는 것은, 이제 "에피소드"의 삶이 아닌 자기 플롯을 갖는 주체적 삶에 대한 강렬한 선언이다. 그것이 타자로서의 기억을 되불러, 그것을 벗어버리는 "전족의 신짝들"의 형식으로 짜여져 있는 것이 이채롭다.

「숨은 길」은, "수레바퀴 자국" 질펀한 "진흙길"과 그 주위에 피어난 벚꽃들의 "고단한 그림자들"을 보면서 귀가하던 시인의 기억을 시의 내질(內質)로 삼고 있다. "보이지 않는 창마다 노을이 퍼지고/돌아오는 지상의 모든 길에 매달려/꺼질 듯 꺼지지 않고 깜박이는 등불 하나"는 그 고단한 귀갓길에 비친 가녀린 빛의 이미지들이다. 거기서 시인이 보고 있는 "벚꽃 몇 송이"는 자신이 놓칠 수 없는(이제까지 놓치고 살아온) "허공에 떨리고 있는 따뜻한 길"이다. 그것을 시인은 "숨은 길"로 표현하고 있다. 이처럼 숨어 있던 존재가 자신을 드러내고 있는 것은 시인의 끈질긴 "바라봄"의 행위 때문이다.

사물과 사물 사이에 끼인 기억을 찾아 올라가 그것들 사이의 내적 연관성을 강조하는 이 같은 시각은, 가령 "사람 말 다 듣고 섰는 나무에게 미안"(정일근, 「나무에게 미안하다」)하다는 표현이나, "내가 그의 가슴에 말뚝을 박는 순간 그는 내 발목에 자물통을 덜컥 채"(이종문, 「관계」)우는 인연 같은 것을 강조하는 작품들에서도 그대로 이어지고 있다.

올 한 해에 씌어진 시조 몇 편을 스케치하는 과정에서 우리는, 많은 현대시조들이 '감각'의 충실성과 '시간'에 대한 인식 그리고 사물의 '기억'에 대한 자각 등에 의해 씌어지고 있음을 알 수 있었다. 이들은 모두 주체의 유니크한 체험들이, 대상과 평등 관계를 형성하면서, 둘 사이의 자연스런 교감으로 구체화되는 과정에서 완성되고 있는 것이다.(2001)

서정抒情과 우의寓意의 균형 감각

1.

옛 한시漢詩의 구성 원리 가운데 사람들에게 가장 널리 알려진 것으로 '선경후정先景後情'이 있다. 그것은 대상에 대한 즉물적 묘사를 작품의 앞부분에 배치한 후, 거기서 비롯되는 서정적 주체의 심리적·인지적 반응을 뒷부분에 붙여 완성하는 한시 특유의 형식적 기율을 말한다. 이때 작품의 전면에 배치되는 '경景'은, 서정적 주체의 관념에 의해 재구성된 인위적 '전경前景'이 아니라, 사물의 실재적 외관이 최대한 개괄된 순수한 '풍경風景'일 경우가 많다. 그리고 그 '풍경'에 대한 서정적 주체의 해석과 반응[情]이 후반부에 덧붙여짐으로써, 한 편의 작품은 자신의 전언傳言을 완성하는 것이다.

비록 한시를 일례로 들기는 했지만, 이러한 정경 교착의 방식은 많은 서정시에서 쉽게 목도할 수 있다. 이때 서정적 주체에 의해서 행해지는 해석과 반응은, 사물이나 풍경 자체의 독립적인 성격을 드러내기보다는, 그것을 인지하고 받아들이는 주체의 경험이나 관념을 대리 표상하는 쪽으로 기능하게 된다. 그 표상의 방법에는 크게 두 가지가 있을 것인데, 하나가 사물에 대한 주체의 정서적 반응을 폭넓게 드러내는 '서정抒情'의 방법이라면, 다른 하나는 주체의 이념이나 경험을 사물의 특성에 덧입혀 둘 사이에 유추적 관계를 형성하는 이른바 '우의寓意'의 방법이라고 할 수 있다. 전자(물론 이때의 '서정'은 동일성의 원리를 기저로 하는 협의의 '서정'이다)가 발화자와 수신자의 정서적 공감을 목표로 하는 데 비해서, 후자는 발화자의 전언 의지가 직접화되어 나타날 경우가 많다. 또한 전자가 수신자의 경험 유형에 따라 다양한 수용 가능성이 존재하는 데 비해, 후자는 수신자의 경험 양상과 크게 관계없이 비교적 단일하고 명료한 의미망으로 수렴되는 경향이 강하다. 따라서 한 편의 작품에서 '서정'의 원리보다 '우의'가 우세하게 될 때는, 주체의 도덕적 · 계몽적 의지가 앞설 개연성이 크기 마련이다. 그러므로 우의적 상상력이 작품의 주된 형상화 원리로 기능할 때는, 서정적 주체의 관념이나 생각이 얼마나 적절하게 수용자의 심리적 · 인지적 공감을 충족시키는가에 그 성패가 달리게 되고, 사물의 구체성과 주체의 해석 및 표현이 적절하고도 참신한 유추 관계를 형성해야만 한다. 이러한 까닭으로 서정 장르에서 '우의'가 성공적으로 기능하기는 수월치 않은 것이다.

  지난 달 『현대시』 지면을 통해 발표된 시조 작품들은 이러한 서정과 우의의 균형 감각이 얼마나 시적 성취에 중요한가를 알려주는 지표가 될 만하다. 그리고 또 한편으로는, 우의가 서정의 풍부한 매개를 거치지 않고 관념 자체로 노출될 때, 시적 감동이나 성취가 얼마나 제약될 수 있는가에 대한 실물로도 읽을 만하다.

2.

윤현자의 「모과」는, 서정적 주체의 기억 속에 깊이 각인되어 있는 한 존재와 '모과'라는 사물의 특징적 외관을 긴밀하게 유추시키면서, 기억 속의 존재와 '모과'를 상상적 등가물로 노래하고 있는 작품이다.

장식장 한 귀퉁이/제멋대로 앉힌 모과//투박한 생김생김/누군가를 꼭 닮았다//뉘일까/더듬어 봐도/선뜻 떠오르지 않는.//한 번쯤/어디선가/스친 듯 낯익은 모습//말없이/선한 눈으로/그저 내려다만 본다//아버지/팍팍한 제 뜰에/향기 빚으러 오셨군요.

— 윤현자 「모과」 전문

이 작품이 전달하는 내용은 단순하고 명료하다. "장식장 한 귀퉁이"에 놓여 있는 '모과' 하나. 그 생김새나 분위기는 '투박함/낯익음/말없음/선함/향기로움'으로 집약된다. 서정적 주체는 이러한 모과의 특징적 세부들을 지속적으로 나열하는 과정에서 그것이 누군가를 닮았다는 데 생각이 미친다. 마지막 종장에서 그 누군가는 '아버지(돌아가신 아버지라야 격에 맞는다)'로 적시되면서 작품은 끝을 맺는다. 결국 '모과'는 기억 속의 아버지와 유추적 상동성을 띠고 있었던 것이다. 그래서 우리는 '모과'라는 매재를 통해서 평범하고, 선하고, 엷은 향기 빚으며 생을 일구어간 한 범부凡夫의 생애를 상상할 수 있게 된다. 결국 서정적 주체에 의해 행해지는 아버지에 대한 상상적 재현 과정이 "팍팍한 제 뜰"을 향기롭게 하고 있는 것이 이 작품의 궁극적 전언이다. 아버지에 대한 깊은 기억이, 힘겹고 지칠 수밖에 없는 "팍팍한" 삶에 항체抗體 역할을 하고 있는 것이다.

이 작품에 많은 이들이 공감하기는 어렵지 않을 것이다. 아버지에 대한 기억이 남다른 독자가 있다면, 모과의 은은한 특성과 아버지의 그것을 연결시키는 데 무리가 없다고 동의할 것이다. 그러나 문제는 바로 그것이 이 작품의 명료한 특성이자 단점이 된다는 데 있다. '모과'는 그 스스로의 특성보다는 '아버지에 대한 기억'을 유추시키는, 다시 말해서 서정적 주체에 의해 재구성된 관념의 등가적 제재로만 나타나고 있다. 여기서 우리는 사물에 대한 새로운 해석보다는 주체의 경험과 기억을 익숙한 사물의 특징에 포개면서, 관념에 의해 사물의 존재 형식을 압도하고 있는 한 현상과 마주치게 된다. 그래서 '모과'의 투박한 생김새와 은은한 향기를 아버지에 기억과 유비 관계로 놓은 것은 비록 매우 적절한 보편성을 띠고 있지만, 반대로 참신하지는 않다.

여기서 우리는 사물을 사물 자체의 속성으로 그리는, 다시 말해서 사물 스스로 언어의 주체가 되는 작품이 더 깊은 정서적 충격과 새로운 전언을 줄 수 있다고 말할 수 있다. 의인화된 관념으로서의 '우의'적 기법과 상상력은 참신한 서정과 결합되지 않을 경우, 보편적 공감에는 쉽게 들 수 있으나, 개성적 흡인력에서는 떨어지게 되니까 말이다. 다음 시조는 '우의적 상상력'이 더 깊이 개입하고 있는 경우이다.

밤길이 닿는 곳이면 아늑한 고향이다/비좁은 틈서리든 눅눅한 시궁창이든/우리는 제국의 건설에 탐닉하지 않는다.//고생대의 후예로서 아낌없는 잡식성이며/하루 해 질 무렵부터 역사役事를 시작하지만/어둠 속 어둠을 먹고 어둠의 자식을 낳는.//병든 자 썩은 자 때문은 자는 오라/비릿한 신물 내는 놈 그 놈 집 술을 청해/한 무리 둥글게 이뤄 눈 뜬 자를 조심하라.

— 최영효「바퀴벌레」전문

이 작품의 근간에는, '바퀴벌레'라는 대상이 가지는 생리를 통해서, 우리 시대의 어떤 특징을 풍자하고 비판적으로 조감하려는 시인의 의지가 담겨 있다. 작품의 표면에 나타나는 '바퀴벌레'의 특성은, 여러 차례 "어둠"이 반복되는 데서 알 수 있듯이, 음성적이고 방외인(outsider)적이며 자기 소외적인 존재를 우의적으로 함의한다. "고생대의 후예"이면서 "잡식성"인 이 음지의 생물은, 사물 자체의 속성으로 나타나 있지 않고, 철저하게 의물화된 관념으로서만 말하고 행동한다.

그는 어디나 고향처럼 누비면서도 제국을 이루려는 야심을 가지고 있지는 않는데, "고향"과 "제국"이 이루는 대위(對位)는 별로 설득력이 없어 보인다. 더구나 "병든 자 썩은 자 때문은 자"로 직접 지칭되는 비판과 풍자의 대상과 "우리(화자)"로 설정되어 있는 '바퀴벌레'가 구별이 어려워지면서 이 시의 주제는 모호해진다. 마지막 종장에서 나타나는 "한 무리 둥글게 이뤄 눈 뜬 자"는 과연 누구이며, 그것을 조심하라고 하는 이는 누구이며, 조심하라는 말을 듣는 자는 누구인가. 이 삼자(三者)가 얽히고 설키면서 더욱 음습한 분위기는 이루고는 있지만 대상의 불분명함이 시의 핵심적 전언을 가로막고 있다. 따라서 이 작품의 우의는 '바퀴벌레'라는 혐오의 대상을 화자로 설정하는 참신성을 보였지만, 비판과 풍자의 적절성에서는 성공을 거두지 못했다.

그리고 이 작품에는 독자로서 한 가지 의아한 것이 있다. 둘째 연 종장의 율격이 그 연 안에서 내적 완결성을 띠지 않고 다음 연으로 율격이 부자연스럽게 이월되고 있다는 점이다. 혹은 다르게 읽으면, 앞의 연에 대한 수식어로 기능하기도 한다. 우리가 현대시조의 율독적 효용성을 인정하는 한, 이 같은 종장 율격의 미완결성은 심각한 문제를 야기한다고 할 수 있다. 왜냐하면 시조가 지켜내야 할 것은, 문법적 휴지나 기계적인 분절적 음량보다는, 율독의 효율성과 자기 완결성을 보장해주는 '율격'이기 때문이다.

이상 윤현자와 최영효의 시조들은 특정 사물에 주체의 경험과 관념을 대입하여 완성하는 우의적 상상력에 의해 발원되고 완성된 작품들이다. 우리가 여기서 느끼게 되는 것은, 사물이나 풍경에서 비롯된 주체의 정서적·인지적 반응이 적절하고 참신한 유비 관계를 형성해야만 시적 성취를 배가할 수 있다는 평범한 사실이다.
　이제는 창작 이력이 그 나름으로 축적된 두 중견 시인의 세계를 살펴보자.

　샌드백에 부딪치는 복싱 선수나 되어/뜨거운 피를 다해 부서지고픈 퇴근길/누군가 백랍의 알몸을 관절마다 끊는다/유리창에 빛나는 건 죽어 있는 대머리/떨어뜨린 손톱마다 핏물이 말라 있고/두 발은 달아나다가 허공 중에 걸리었다/사람모양 사는 것이 이것밖에 안되랴/그늘 진 속눈썹에 고여 있던 눈물이/광장의 어둠 속으로 流星이듯 흐른다
　　　　　　　　　　　　　　　　— 김일연 「마네킹」 전문

　이 작품에 나타나고 있는 핵심적인 제재는 쇼윈도에 유폐되어 있는 인조물人造物 "마네킹"이다. 이는 대부분 자본주의의 비인간성이나 메마른 세태를 풍자하는 데 알맞은 사물이다. 이를테면 저 1930년대의 시인 김기림金起林의 눈에 비친 "쇼—윈도우의 마네킹 인형은 홑옷을 벗기우고서/셀룰로이드의 눈동자기 이슬과 같이 슬픕니다"(「가을의 태양은 플라티나의 연미복을 입고」)에 나타나는 '마네킹'의 이미지는, 식민지 근대를 장식하고 있는 자본주의 문명의 상징적 세부로서의 이미지를 구현하고 있다. 그런데 김기림이 느꼈던 "이슬과 같은 슬"픈 마네킹의 모습은, 김일연에 와서는 스스로 "눈물"을 흘리는 존재로 몸을 바꾼다.
　지친 "복싱 선수"로 살아가는 샐러리맨은 퇴근길에 우연히 누군가를 "백랍의 알몸을 관절마다 끊는" 장면을 목격하게 된다. 그 마네킹은 "대머리"이고 "손톱마다 핏물이 말라 있고/두 발은 달아나다가 허공 중에 걸리"어 있다. 이 해체된(혹은 해체 직전의) 쓸쓸한 마네킹을 보고 서정적 주체는 그의 긴 "속눈썹"에 언뜻 비치는 눈물을 읽어낸다. 그 눈물은

곧 화자의 그것이기도 하면서, 유성流星처럼 정처없이, 긴 꼬리를 남기며 어둠 속으로 흩어질 뿐이다.

'마네킹'을 통해서 우리가 살아가는 삶의 고독하고 쓸쓸하고 남루한 한 단면을 응시하려는 우의적 상상력의 결과가 바로 이 작품이다. 그러나 우리가 읽었듯이, 마네킹을 대하는 서정적 주체의 심리적?인지적 반응이 익숙한 관습적 범주를 못 벗어남으로써, 참신함에서 멀어지고 있다. 그 까닭은 '마네킹'으로 집약되는 우의적 상상력이 앞선 데 비해, 사물에 대하여 정서적 풍요로움을 일구는 서정은 빈곤하기 때문이다. 반면 다음 작품은 서정의 과잉이라고 불러야 할 요령부득이 숨어 있다.

> 좁쌀 쏟아지는 그런 소리 같은/소슬바람 불어오는 창 밖에 서 있으면/그 누가 켜 놓았을까, 서쪽 하늘 외등 하나.//너 나를 비워내듯 내 너를 비워둔 날/낯선 별이 하나 목젖에 매달려서/아릿한 울림의 몸짓, 사시나무 한 그루.//흔들리지 않기 위해 나 잠시 흔들린다/바람으로 대신하는 언약의 언 강가에/삿대를 던져 버린다, 이제 길을 지운다
>
> — 이승은 「그날 이후」 전문

이 작품은 우의와는 다른 서정의 방법을 취하고는 있으나, 시적 논리(logic)가 잘 안 서는 게 흠이라고 할 수 있다. 작품의 화자는 창 밖에 서 있다. 거기서 시인이 맞고 있는 풍경의 세목은 "소슬바람/외등/별/사시나무" 등이다. 그 풍경들이 이루는 화음은 "비움/낯섦/아릿함/흔들림/던짐/지움" 등의 술어와 결합하여 나타나는데, 그것들은 제목에 나오는 "그날" 혹은 "그날 이후"라는 시간성을 향해 수렴되어야 논리적으로 맞다. 그런데 "그날"의 함의도 모호한 데다, 다양한 자연 세목들이 "그날 이후"와 어떤 심층적 연관을 가지는지를 알 수가 없다. 그래서인지 "나 잠시 흔들린다"는 절실한 고백이, 그리고 "언약의 강"이라는 성서적 상상력

이, 그리고 안쓰럽게 지워지는 "길"이 무엇인지는 더욱 안개 지수指數를 높여갈 뿐이다. 결국 이 작품은 자연 사물을 대하고 그에 반응하는 서정적 주체의 경험과 생각이 적절한 유추적 상상력을 발휘하지 못하고 내적 관념이 투박하고 모호하게 진술된 경우이다.

우리는 이를 통해 사물 스스로의 논리나 외관이 서정적 주체의 생각이나 관념과 얼마나 적절하고 참신한 유비 관계 속에 놓이어야만 하는지에 대한 실증을 만나게 되는 것이다.

3.

지난 달 『현대시』에 발표된 시조 작품들에 대해 일정하게 지청구를 늘어놓은 느낌이 든다. '비평'의 원래 뜻이 작품에 대한 언어적 평결評決에 있다는 점을 감안한다면, 평자 나름의 기준을 두고 이러저러한 비평적 제언을 한 셈이라고 생각하면 무방할 것이다.

우리가 읽은 현대시조의 많은 경우는, 서정과 우의에서 매우 비대칭적이다. 거기서 현저하게 결핍되어 있는 부분이 바로 대상 스스로 주체가 되게 하는 어법일 것이다. 그리고 그것을 해석하고 반영하는 서정적 주체의 육성을 적절하고 참신하게 담아내는 서정의 다양한 방법론일 것이다.

이제 우리 현대시조는 일정한 양식적 구속에도 불구하고 매우 다양한 심층적 전언을 요청받고 있다. 그것은 서정抒情과 우의寓意의 균형 감각을 통해, 근대 자유시가 이루어 놓은 방사적放射的 상상력에 일정한 구심력을 주면서 자신의 미학을 이루어갈 것이다.(2002)

'정형의 꽃'으로서의 단수 미학

1. '완벽한 노래' 이거나 '다른 목소리' 이거나

우리가 수많은 시편 가운데 특별하게 몇몇을 기억하는 까닭은, 그 시편이 보여주는 어떤 속성이 우리로 하여금 '기억'에 대한 욕망을 갖게 하기 때문일 것이다. 그 어떤 속성이라는 것이 한두 가지는 아닐 테지만, 크게 두 가지를 생각해볼 수 있지 않을까 한다.

하나는 그 시편이 가장 잘 불려진 '완벽한 노래'일 때, 우리는 그것을 선명하게 기억하고 그대로 재현해내기를 즐겨한다. 가령 소월의 「山有花」, 목월의 「나그네」, 미당의 「푸르른 날」의 경우, 우리는 이 시편들이 가장 완벽하게 잘 짜여진 한 편의 노래라는 점을 쉽게 수긍하게 된다. 그 노래로서의 속성이 우리의 기억의 편의를 돕고 종내에는 토씨 하나 틀리지 않게 그것들을 기억하고 향수하게끔 하는 힘이 되는 것이다.

또 다른 하나는 그것이 일종의 '다른 목소리(the other voice)'를 들려줄 때이다. 가령 시 안에서 사물에 대한 전혀 새로운 해석과 명명을 경험할 때, 우리의 기억의 촉수는 활발하게 움직인다. 그와 동시에 매우 참신한 심미적 표현에도 우리의 시선은 한동안 머무르게 된다. 예컨대 미당의 절편「국화 옆에서」를 읽고 우리는 '국화'라는 낯익은 사물의 심층을 새롭게 보게 된다. 또한 최근 새롭게 주목을 받고 있는 김신용이 "새의 날개가 유목의 천막인 열매/새의 깃털이 꿈의 들것인 열매"(「도장골 시편 — 營實」)라고 표현했을 때, 우리의 기억은 순한 백지처럼 그것들을 선명한 육체로 받아들이게 된다. 이로써 새로운 발견을 통해 기억이 자극되고, 선명한 기억을 통해 시편이 재생되는 구조가 이루어지게 된다.

이처럼 우리의 기억은 하나의 시편이 잘 불려진 '완벽한 노래'이거나 새로운 해석과 감각을 부여하는 '다른 목소리'일 경우 확고한 육체를 갖는다. 그 점에서 역사적으로 가장 오래되었고 또 현저한 외적 제약 아래 놓여 있는 시조 양식은 '기억'의 욕망을 충족시킬 수 있는 역설적 조건을 구비하고 있다 할 것이다. 말하자면 정형 율격을 묵수墨守하면서 자기 세계를 고집스럽게 지켜온 현대시조에 이러한 '기억'의 원리가 적용됨직하다는 것이다. 왜냐하면 시조는 말 그대로 '노래'이고, 거기에 사물에 대한 '다른 목소리'가 부가될 경우, 우리는 그 시조 작품을 기억하게 되고 그 작품은 우리의 반복적 향수를 감당해내게 될 것이기 때문이다.

우리가 잘 알듯이, 현대시조는 율독律讀을 통해 정형 양식을 느낄 수 있다. 그래서 현대시조는 율격적 측면에서 정해진 형식적 제약을 감내해야 하고, 한편으로는 새롭고도 기억할 만한 해석과 명명 그리고 감각을 보여주어야 한다. 이러한 과제에 가장 잘 부응할 수 있는 양식은 아마도 '단수'라고 할 수 있을 것이다. 왜냐하면 잘 쓰어진 단수의 경우, 삶의 전체상에 부합하는 스케일을 보여주기는 어렵겠지만, 삶의 단면이나 정서의 '충만한 현재형'을 통해 '노래'로서의 시적 감동을 경험할 수 있게 하기 때문이다. 이 글에서는, '정형의 꽃'이라 할 수 있는 이러한 단수 미학에 대한 감상을 통해 우리 시대에 쓰어지고 있는 현대시조의 위의威儀를 경험해보고자 한다.

2. 삶의 궁극적 이치

　먼저 우리가 우리 시대의 단수 미학에서 간취할 수 있는 제1요소는, 삶의 궁극적 이치를 직관하고 해석하는 힘과 연관된다. 물론 단수는 소소한 인생 세목細目까지 담아내기에는 부적절한 양식이다. 그릇이 작기 때문이다. 하지만 단수는 삶의 원리나 이치를 직관으로 포착하여 해석함으로써 새로운 사유의 지경地境을 암시하는 데 충실할 수 있다. 물론 그 직관적 깨달음은 일종의 돈오頓悟에 가깝게 되어, 그러한 깨달음까지의 구체적 과정이나 계기는 생략되고 은폐되게 마련이다. 따라서 그러한 생략과 은폐를 통한 직관의 단호함이야말로, 단수 미학이 가질 법한 촌철살인의 장치임을 우리는 다음 시편들에서 보게 된다.

　　마을 사람들은 해 떠오르는 쪽으로
　　중僧들은 해 지는 쪽으로
　　죽자사자 걸어만 간다

　　한 걸음
　　안 되는 한뉘
　　가도가도 제자리
　　걸음인데
　　　　　　― 조오현 「제자리걸음」 전문(『시와 시학』 2007. 여름.)

　일출과 일몰, 그것은 각각 신생과 소멸을 함의하는 오래된 시적 은유이다. 세상의 장삼이사들은 당연히 신생의 징후를 찾아 몰려든다. 하지만 구도의 생을 사는 이들은 소멸의 흔적을 찾아 발걸음을 옮긴다. 그렇다면 화자는 어느 편의 손을 들어줄 것인가. 그는 그저 "한 걸음/안 되는 한 뉘"를 사는 동안 행하는 모든 발걸음이 그저 "제자리/걸음"이라고 해석할 뿐이다. 그래서 이 시편은 생성의 질서보다 소멸의 질서를 옹호하는 역리逆理에서 한발 더 나아가, 생의 본질적이고 근원적인 허무를 깊이 있게 들려준다. 우리 역시 그 허무의 힘으로 "한 걸음/안 되는 한뉘"를 건너가고 있다.

내 평생 많은 사람 만났다고 여겼는데
외로워서 돌아보니 세상은 적막강산
무너진 가슴을 안고 홀로 넘는 등성이
　　　　　　　　　— 유자효 「여적」 전문(『시조세계』 2007. 여름.)

이 시편에서 화자는, 한뉘를 살아가며 수많은 사람과 만남을 가졌지만, 궁극적 단독자로서의 속성을 '적막강산'의 세상에서 느끼고 있다. 그러한 소회와 깨달음을 촉발시킨 것은 '외로움'과 '되돌아봄'이다. 이때 "무너진 가슴을 안고 홀로 넘는 등성이"가 시인이 노래하는 생의 마지막 여적餘滴이 되는 셈이다. 이처럼 이 시편은 고독과 적막을 안고 홀로 건너는 노경老境의 등성이를 생의 여적으로 비유함으로써, 우리로 하여금 그 완만하고 고요한 등성이를 따라 넘게 하고 있다. '적막'과 '홀로'라는 키워드가 생의 여적으로 번져오는 작품이라 할 것이다.

3. '말'의 자의식

시인이란, 비유하자면 '말(언어)'의 사제司祭이다. 그들이 항상 의식하는 것은 시적 대상이 아니라 오히려 그 대상을 선택하고 배제하고 배열하고 구성하는 '말(언어)' 자체이다. 그 점에서 '말'이라는 새로운 사물에 대한 깊은 자의식이야말로 시인의 제일의적 존재 조건이 아닐 수 없다. 가령 다음 시편들은 시인들의 '말'에 대한 예리한 자의식을 보여주는 구체적 실례이다.

'서다'라는 동사를
명사화하면 '섬'이 된다

뭍에서 멀리 떨어져,
마냥 뭍을 그리는 섬

사람은
혼자 서는 그 때부터
섬이 되는 것이다.
　　　　ー 문무학 「낱말 새로 읽기 · 7 ー 섬」 전문(『현대시학』 2007. 5.)

'섬'은 원래 고립된 형상을 하고 있다. 그 고립성은 홀로 서 있는 인간의 실존을 거듭 환기한다. 시인은 '섬'이라는 명사와 '서다'라는 동사를 유추하여 그 양자를 '시적인 것'으로 결속하고 있다. "뭍에서 멀리 떨어져,/마냥 뭍을 그리는 섬"이 마치 세상에 나와 홀로 서서 살아가는 사람들의 모습과 닮아 있기 때문이다. 그래서 시인은 "사람은/혼자 서는 그 때부터/섬"이 된다고 한다. 일종의 언어유희(pun)를 동반하고 있는 이 같은 '말'에 대한 깊은 자의식으로 시인들은 자신의 '섬' 같은 생을 견디고 있는 것이다.

날 듯
날 듯
터지지 않아
속 태우는
재채기다

혀끝에
매달린 침묵
안타까이 곱씹으며

기억의 미로를 헤매는 참 낱말의 보물찾기.
— 신필영 「詩 보채기」 전문(『시조세계』 2007. 여름.)

시인은 '詩'를 보채면서 마치 그것이 "터지지 않아/속 태우는/재채기"라고 이야기한다. 나올 듯 나올 듯 나오지 않는 그것, 언어가 되기 직전의 절정이 바로 "혀끝에/매달린 침묵"이라면, 시인은 그것을 곱씹으면서 "기억의 미로"를 헤맬 수밖에 없을 것이다. 그리고 그 침묵과 기억 사이를 오가면서 수행하는 "참 낱말의 보물찾기"가 바로 시업詩業이 되는 것이다. 그렇게 속 태우다 곱씹어서 발화하는 "참 낱말"들이, 시인이 열망하는 '말' 곧 '시'가 되는 것이고, 그러한 '말(시)'에 대한 깊은 자의식의 세계가 바로 이 시편의 핵심을 가로지르고 있는 것이다.

4. 풍경과 내면의 등가적 결합

서정시의 일반화된 보편적 작법 가운데 하나는 풍경과 내면의 등가적 결합에 있다. 사물의 어떤 속성에 내면의 어떤 움직임을 등가적으로 투사(projection)하는 방식이 그것이다. 이때 우리는 시인의 시선이 가 닿는 풍경이 시인의 내면이 투영된 '해석된 풍경'임을 경험하게 된다. 그 해석 과정에 동참함으로써 우리는 낯익은 풍경을 새롭게 바라보게 되고, 역으로 그 풍경은 새로운 의미를 덧입게 된다. 가령 다음 작품은 그러한 원리를 심미적 표상으로 담아낸 적절한 사례일 것이다.

　　울타리를 타고 올라 시들은 저 나팔꽃
　　온종일 귀를 열고 무슨 소식 기다렸나
　　영嶺 너머 초록별 하나 돋아나는 인기척

　　　　　　　― 오세영 「저물녘」 전문(『유심』 2007. 여름.)

울타리를 감고 피어 있던 나팔꽃이 저녁에 시들었는데, 시인은 그 이울어간 생명이 온종일 쫑긋 귀를 열고 무슨 소식을 기다리면서 소진해간 것으로 읽고 있다. 그런데 종내 소식은 오지 않고 꽃은 시들어버렸다. 그 저물녘에 새록새록 돋아나는 고개 너머의 초록별은 이제야 그 무슨 소식을 가지고 나타난 인기척으로 읽혀진다. 그래서 이 시편은 하루 종일 어떤 소식을 기다리다 지친 화자의 내면이, 영 너머 고개를 내미는 별빛에서 비로소 인기척을 느끼게 되는 과정을 쓸쓸하고도 아름답게 담고 있는 것이다. 오지 않는 소식과 비로소 나타난 인기척 사이를 채우고 있는 저물녘의 풍경이 화자의 내면을 잘 얹고 있는 것이다.

　　허름한
　　구멍가게 안
　　졸고 있는 한 노인네

굽은 어깨에 얹혀 우는 쓰르라미 매운 울음

저며 둔
내 속의 어둠
천천히 풀려 나온다
　　－ 윤경희「느티나무 그늘의 저녁」전문(『나래시조』 2007. 여름.)

시인이 응시하고 있는 풍경은 한적한 시골 저물녘의 느티나무이다. 인기척 없는 구멍가게 안에서 졸고 있는 노인의 풍경과 쓰르라미의 울음소리가 그 위에 겹쳐지면서 시인이 바라보는 '느티나무 그늘의 저녁'은 완성된다. 그때 비로소 화자의 내면 곧 "저며 둔/내 속의 어둠"도 천천히 풀려 나오는 게 아닌가. 이처럼 저녁 풍경에서 인화되는 '내 속의 어둠'은 느티나무의 그늘과 겹쳐지면서 세상 밖으로 천천히 풀려나온다. 그 그늘과 어둠 속에, 이 시편을 읽은 이들의 그늘과 어둠도 같이 섞여든다.

5. 적요 혹은 고요

대개 시조 양식이 노래하는 것은 격렬한 파열음이 아니라 완결성 있는 어떤 화음의 세계이다. 그 점에서 거칠고 가파르고 시끄러운 것보다는 부드럽고 완만하고 고요한 세계가 단연 시조 미학의 정수 권역으로 채택된다. 그래서인지 시인들은 '적요' 혹은 '고요'의 세계를 즐겨 발견하고 구성한다. 이때 시 안에 단정하게 들어앉아 있는 사물들은 소리를 내지 않고, 그것을 안으로 웅크린 채 고요하게 출렁이고 있을 뿐이다.

마애석불

홀로 앉은
도솔암 댓돌 위에

흰 고무신 한 켤레 누구를 기다리나

그리움
뒷짐지고서
눈만 내리 감은 날

— 김민정 「도솔암 적요」 전문(『나래시조』 2007. 여름.)

마애석불만이 홀로 앉아 있는 도솔암 댓돌 위에는 소리 하나 없이 "흰 고무신 한 켤레"가 누군가를 기다리고 있다. 아니 그냥 그저 그렇게 있을 뿐이다. 자태를 드리내고 있는 마애석불과 그저 한 켤레 신발로 은폐된 채 비유되고 있는 어떤 사람의 대조를 통해, 시인은 "그리움/뒷짐지고서/눈만 내리 감은 날"의 그 선명한 적요를 구성해낸다. 뭇 사물들은 숨죽인 채 그 적요에 모두 동참하고 있을 뿐이다. 그 순간 그 침묵을 비집고 뒷짐진 '그리움'은 소리를 철저하게 안으로 숨긴 채 침묵으로 역동하고 있는 것이다.

뙤약볕이
그늘을 끌고
골목길
돌아간 뒤

메아리처럼

굽이치는
능소화
담장 아래

암늑대
주린 눈으로
고요가
일고 있다

— 박명숙 「고요」 전문(『다층』 2007. 여름.)

뙤약볕과 그늘, 메아리와 고요, 암늑대와 능소화, 굽이침과 주림 등의 대립쌍들이 이토록 짧은 시 안에 주밀하게 배치되어 있다. 따라서 이 시편의 '고요'는 단순한 소리없음의 세계가 아니라, 역동적인 움직임이 활달하게 운동하기 직전의 어떤 절정을 암시한다. 그래서 온통 정태적인 풍경으로 그득할 것 같은 제목 아래, '끌고 돌아가고 굽이치고 주리고 일고' 하는 동사군群들이 긴밀하게 얽혀 있을 수 있는 것이다. 그래서 마지막의 "암늑대/주린 눈"에 일고 있는 '고요'는, 소리를 내지 않는 소리이고, 소리를 안으로 끌어들인 시적 아우라의 언어적 표상인 것이다.

6. 꿈과 사랑

우리가 다음에 살필 시적 권역은 문학의 오랜 주제 가운데 하나인 '꿈'과 '사랑'에 관한 것이다. '꿈'과 '사랑'은 한결같이 이 비루한 세상을 견디게 하고 그것을 심미화할 수 있는 정신과 몸의 운동이다. 그래서 그것들은 모두 강렬한 에너지를 안쪽에 가지고 있다. 하지만 동시에 그 에너지의 이면에는 말할 수 없는 쓸쓸함이 웅크리고 있다. '꿈'과 '사랑'은 그만큼 우리에게 불가피한 자양이지만, 그것들이 있음으로써 우리는 근원적 결핍이 우리 삶의 양도할 수 없는 조건임을 알게 되기도 한다.

구름 한 채씩을 온몸에 휘감고
구름 한 채씩의 꿈을 가질 일이다

세상을
환하게 밝힐
책을 펼칠 일이다
― 이정환 「벚꽃 속에서」 전문(『쿨투라』 2007. 여름.)

시인은 환하게 핀 벚꽃 속에서 '구름' 한 채와 '책' 한 권을 상상적으로 불러온다. "구름 한 채씩"만큼 꿈을 가지라는 말은 아마도 시인이 벚꽃과 구름의 형태적 상관성에서 유추한 표현일지도 모른다. 거기서 "세상을/환하게 밝힐/책"을 펼치는 일 또한 환하게 핀 꽃더미에서 유추한 것일 터이다. 이처럼 "구름/책/꽃"의 연쇄 속에서 우리는 환하게 피어 있는 꽃, 구름처럼 피어오르는 꿈, 그 꿈을 펼쳐나갈 책의 선명한 생성의 리듬을 한꺼번에 보게 된다. 하지만 그 속에서 우리는 꽃의 시듦, 구름의 사라짐, 책의 낡음이라는 분명한 소멸의 흔적을 동시에 읽게 되니, 그것이 곧 '꿈'이 가지는 양가적 속성일 것이다.

그저
물이었으나
바위인 당신 만나

일말 주저도 없이
물안개로 부서지며

당신을 감싸 안으면
그 물도
꽃입니다.
　　　　　　－ 김일연 「여울꽃」 전문(『서정과 현실』 2007. 상반기.)

　'물'과 '바위'의 상호작용, 예컨대 '물'은 '바위'를 만나 부딪쳐 부서지고 결국 바위를 감싸 안고 흐른다. 이때 부서지기 직전의 '물'은 "그저 /물"이었으나 '바위'를 만나 주저 없이 부서져 흩어지는 '물안개'는 사랑의 에너지를 안은 '꽃'으로 몸을 바꾼다. 하지만 이 '꽃'도 사랑의 에너지인 만큼 언젠가 소진될 것이다. 그 점에서 비록 "물안개로 부서지며" 사라질지라도 '꽃'으로 전신轉身한 '물'은 단연 심미적인 것이다. "불완전을 양식으로 살아가는 우리 삶은 어디서 사는 의미를 찾을 것인가. 구워낸 도자기를 부수고 또 부수고…, 붓을 댄 화선지를 버리고 또 버리고…. 그러므로 시조는 영원한 미완성이다."(「여향餘香」, 『서정과 현실』 2007. 상반기.)라고 스스로 말한 바처럼, 그 부서지는 일은 시인에게 곧 시조를 쓰는 일이기도 할 것이다.

7. 단수 미학의 한계와 가능성

　'정형'이라는 현저한 외적 제약에도 불구하고, 최근 씌어지고 있는 단수들은 일종의 '원초적 통일성'을 회복하려는 서정 양식의 본래적 지향을 이처럼 풍부하게 구현하고 있다. 그것은 시적 형식의 단호한 절제에서 오는 효과이기도 하다. 그 점에서 최근 단형 시조 내에서 율격적 자질을 확장하려는 시도는, 그것이 불가피하게 필요한지 깊이 자성해보아야 할 현상이 아닐 수 없다. 그래서 우리는 정형 율격을 섬세하게 지키면서 다양한 삶의 양상을 반영하는 일이 앞으로의 시조 양식에 부여된 과제라고 생각하게 된다.

물론 단수 미학의 원천적 제약에 대해서는 반드시 부가적인 언급이 있어야겠다. 가령 단수는 구체적인 사람살이의 모습을 담아내기 어렵다. 또한 정형이라는 요건을 최소한도로 충족한 채, 여러 변격變格을 시도하기에 물리적으로 비좁다. 그래서 단수는 안정되고 직관적이고 고요한 세계에 대한 편향으로 흐를 개연성을 가진다. 그리고 일정한 서사(narrative)를 내장한 이야기 지향 형식을 취하기 어렵다는 것도 단수 미학의 본원적 한계라고 해야 할 것이다. 그 밖에도 단수의 양식적 제약은 여러 가지가 있을 것이다.

그럼에도 불구하고 단수는 '완벽한 노래' 로서의 가능성과 '다른 목소리' 일 가능성을 크게 갖고 있다. 그래서 잘 씌어진 단수는 기억의 편의를 돕고, 잘 씌어진 단수의 해석과 감각은 기억에 선명한 흔적으로 남는다. 이러한 다양한 문양들이 우리 시조단의 목소리를 풍부하고 다채롭게 구성해가기를 소망해본다.(2007)

율律을 지킨 감각과 사유의 운행

1.

정형시와 자유시 사이에 개재하는 가장 주된 차이는, 우리가 잘 알고 있듯이, 율격의 원리에 있다. 가령 지금 우리가 유일하게 경험하고 있는 정형 양식인 '현대시조'의 경우, 그것에는 일종의 선험적 율격 원리가 주어진다. 그것을 충족하지 않으면 '시조'가 될 수 없는 최소 요건이 있는 것이다. 반면 현대 자유시의 경우에는 그 어떤 선험적 원리도 주어지지 않고, 시인 스스로의 내적 호흡에 따른 자유로운 율격이 따르게 된다. 물론 자유시에는 자유로운 율격이 있는 것이지 율격이 없는 것이 아니다. 그런데 최근 우리 자유시는 줄글 형식의 산문시 지향이 범람하는 데다가 최소한의 내적 호흡에 즉卽한 운율마저 사상捨象되는 경우가 많아, 현대 자유시의 율격적 이념에도 합치되지 않는 율격 훼손의 한 극점을 노정하는 경우가 적지 않다. 그 점에서 자유시의 이념을 기반으로 펼쳐진 현대시의 역사는, '율격'을 중심으로 볼 때, 자기 소진의 징후를 강하게 드러내고 있다 할 것이다. 이때 우리가 정형 양식인 '현대시조'를 메타적으로 성찰하는 일은 매우 중요한 의미를 띤다.

 그런데 최근 우리가 경험하는 정형 양식 안에는, 정형 특유의 양식적 구속을 최대한 벗어나 정형 안에서의 일탈적 호흡을 누리려는 각양의 지향이 나타나고 있다. 시조의 오랜 정형적 틀을 벗어나 정형 안에서 다양한 율격적 실험을 하고 있는 것이다. 하지만 우수한 정형 시편의 경우, 그것은 대개 섬세한 '율律'을 지키면서 그 안에서 중요로운 감각과 사유를 보여주게 마련이다. 그래서 그것들은 한결같이 이 첨단의 해체 시대에 왜 정형 양식이 굳이 필요한가를 증언해주고 있는 것이다.

 그렇다면 현대 사회의 복합적 특성과 시조의 안정적이고 화해로운 양식적 특성은 어떻게 결합될 수 있을까. 물론 우리는 어떤 언어 양식이 '시조'의 육체를 입는 한, 그것이 율격적 안정성과 구심력을 섬세하게 지켜야 한다고 본다. 시조를 쓰면서 시조 고유의 율격을 해체하고 이완하는 작업은 일종의 자기 모순에 가깝기 때문이다. 그래서 현대시조의 새로운 미학적 활로는, 말할 것도 없이, 전통적 형식과 현대적 감각을 결합하여 새로운 시대적 요청에 다가서는 데 달려 있다. 그래서 우리는 구심력 있는 '율律'을 지키면서 동시에 탄력 있는 감각과 사유를 보여준 가편佳篇들을 통해 정형 양식의 정수를 경험하게 되는 것이다.

2.

 인간의 감각 가운데 가장 주체 중심적인 것은 아마도 '시각'일 것이다. 가령 눈을 감았을 때 우리의 눈에는 아무 것도 보이지 않는다. 이때 눈을 감아 대상과의 감각적 소통을 단절하는 것은 철저하게 주체의 선택 과정에 의해 일어난다. 하지만 '시각'을 제외한 여타의 감각은 주체의 일방적인 단절로 차단되지 않는 일종의 타자 교섭적인 속성을 지닌다. 예컨대 청각이나 촉각, 후각, 미각 등은 주체 쪽에서 소통을 단절한다 하더라도 대상들이 닿아옴으로써 지각 가능한 감각들이다. 특별히 사물이 내지르는 근원적인 '소리'들을 민활하게 채집하는 청각의 경우, 그것은 주체 중심의 시각과는 달리 가장 근원적인 존재의 심연을 탐색하려는 의지를 보여주는 경우가 많다. 그럼으로써 그 시편들은 현대시조가 가장 근원적인 감각과 사유를 드러내는 양식임을 일러주고 있는 것이다.

우리 집 좁은 뜨란을 지켜 섰는 늙은 감나무
주먹 같은 굵은 먹감이 주렁주렁 열렸는데요
내 귀도 먹감이 열렸나 세상만사가 먹먹합니다.

그래도 여름이 떠나고 가을빛이 찾아들면
볕바른 우리 집 장독대 익어가는 장맛하며
내 귀엔 감 익은 소리가 뚝뚝하고 들리겠지요.
　　　　　　― 정완영「내 귀에는」(『시와 시학』 2007. 겨울.)

우리 시조단의 거목 백수白水 선생의 완미한 시편들은 아직도 우리에게 새로운 감각과 사유의 자료를 제공해준다. 이 시편 역시 '귀'의 민활한 감각을 통해 삶의 궁극적 이치를 깨닫게 되는 과정을 보여준다. 가령 시의 화자는 좁은 뜨란을 지켜 서 있던 "늙은 감나무"가 열매를 풍성하게 달자 자신의 귀도 먹감이 열렸는지 "세상만사가 먹먹"하다고 고백한다. 여기서 '먹감'과 '먹먹' 사이의 언어유희(pun)가 세상 이치에 가 닿는 과정을 돕고 있다. 나아가 화자는 "여름이 떠나고 가을빛이 찾아들면" 찾아오는 "볕바른 우리 집 장독대 익어가는 장맛"과 함께 귀에 들리는 "감 익은 소리"를 상상하고 있다.

여기서 우리는 백수 시학의 한 절정, 곧 고요한 일상 풍경에서 비롯되는 "뚝뚝" 하는 사물의 소리들을 채집하는 모습을 만나게 된다. 오로지 고요하게 귀를 기울이면서 사물들의 익어가는 소리와 이울어가는 소리를 함께 듣고 있는 노시인老詩人의 격과 품이 느껴지는 시편이 아닐 수 없다.

>사유도 접은 산정에서 당신을 불러본다.
>분절되는 소리의 층계 너머 열려오는
>비정의 저 절대공간에 숨을 멈춘 시간들.
>
>능선은 무한이 겨워 계절 따라 기우는가
>혼이 서린 억새들도 서로 몸을 부추기며
>명상에 바랜 머리칼을 흩날리고 있나니.
>
>깊은 잠의 블랙홀 그 극점을 넘어서서
>두루마리 하늘을 펼쳐 비문으로 빛을 새긴
>정연한 성좌의 은유를 판독하는 바람소리.
>
>벼랑에 선 문명사가 우리 삶을 죄어올 때
>꽃으로 핀 행성들이 율을 지켜 운행하는
>광활한 마음을 찾아 저 리듬을 살리고자.
>
>― 정해송 「산정에 부는 바람 소리」(『유심』 2007. 겨울.)

이 시편은, 선이 굵은 정통 화법을 줄곧 보여온 정해송 시학의 한 원형을 보여주는 사례이다. 시의 화자는 지금 "사유도 접은 산정"에 서 있다. 사유도 접은 채 산정에서 불러보는 "당신"의 이름은, 그 "분절되는 소리"에도 불구하고 "비정의 저 절대공간에 숨을 멈춘 시간들"을 화자에게 전해준다. 이때 그것은 비록 '바람 소리'의 외관을 취하고는 있지만, "하늘을 펼쳐 비문으로 빛을 새긴" 별들의 은유隱喩를 읽어내는 기운으로 화함으로써 그 자체로 우주의 어떤 근원을 암시하는 기능을 하게 된다.

결국 시의 화자는 "벼랑에 선 문명사"가 우리의 삶을 억압해온 과정을 성찰하면서, "꽃으로 핀 행성들이 율을 지켜 운행하는/광활한 마음"을 찾아 "리듬을 살리고자" 한다. 이때 '율律'을 지켜 운행하는 행성들의 리듬이야말로, 벼랑에 몰린 문명사의 대척점에 피어난 정형 양식에 대한 선명한 은유일 것이다. 정형 양식의 견고함을 지켜온 정해송 시학의 깊이가 다시 한번 빛을 발하는 순간이다.

옥수숫대 마른 잎이 바람 뒤적이는 소리

양지바른 데 물기 다 내려놓은 이파리 서로를 섞어가며 나찰귀 숨은 적막에 혼자 들어도 하나 무섭지 않은 소리들 채웁니다 꽃술도 하얗게 고개 꺾고 내려다보는 잎자루 길게 흐느적이는 건 어느 고전의 몸짓보다 쓸쓸하여 잠풍 다시 불어오길 기다리고 풀리는 몸채 바람의 비단 옷자락 끊일 듯 끊이지 않아 가직이 푸드덕거리는 멧비둘기 노래도 잠시 지나고 내 귀는 아주 가고 없는 소리 오는 소리 뒤따라 멀리 오는 소리 오래오래 봅니다.

무어라 받아 적을 수 없는 소리 사라락 토각, 사라집니다
— 홍성란 「오래된 버릇」(『시조월드』 2007. 하반기.)

홍성란 시인은 최근 중장을 길게 늘이는 일종의 사설시조 형식 실험을 꾸준히 축적해가고 있다. 이때 그의 시편은 줄글 형식이 가지는 율격 침해를 거뜬히 넘어서는 양식적 자각을 완미하게 보여주는 사례로 거론됨 직하다. 말하자면 줄글로 늘어뜨린 중장에서도 깊이 배려된 정형 율격의

정수를 우리는 경험하게 되는 것이다.

  시의 화자는 지금 "옥수숫대 마른 잎이 바람 뒤적이는 소리"를 듣고 있다. 그 바람 소리를 들으면서 화자는 그 소리가 가지는 물질성을 빠른 호흡으로 구현해 보여준다. 그래서 중장에서 우리가 정작 중요하게 읽어야 하는 것은, 의미론적 해석보다 언어의 물질성이 흘러가는 속도감이다. 그 소리를 듣고 있는 자신의 모습을 '오래된 버릇'이라고 명명하고 있는 화자는 중장에서 두 개의 문장을 이어놓고 있는데, 그 문장들은 이파리들이 서로를 섞이면서 내는 소리들로 채워지는 풍경과 자연 사물의 소리들을 오래도록 바라보는 화자의 풍경으로 이루어져 있다. 이때 화자는 자신의 귀가 "아주 가고 없는 소리 오는 소리 뒤따라 멀리 오는 소리"를 오래도록 바라보고 있다고 고백한다. 소리들을 오래도록 바라본다는 이 공감각의 표현이 바로 화자의 '오래된 버릇'을 입체적으로 드러내준다. 그래서 화자가 바라본 소리들은 "무어라 받아 적을 수 없는 소리"이고 서서히 "사라락 토각" 사라지는 어떤 것이 된다. 어떤 신성한 존재의 입김처럼, 그 소리들은 채워졌다가 그렇게 사라져간다.

  이처럼 우리 시대의 시인들은 "감 익은 소리"와 "산정에 부는 바람 소리"와 "옥수숫대 마른 잎이 바람 뒤적이는 소리" 등을 통해 가장 근원적인 생의 이법理法과 존재의 심연을 성찰하고 있다. 그 안에는, 정형 양식의 '율律'을 지키면서 심미적인 감각과 사유의 운행으로 가 닿은 지경地境이 아득하게 펼쳐져 있다.

3.

  원래 율격은 시에서 가독성을 증진하는 외형적 표지標識에 멈추는 것이 아니다. 그것이 없다면 낱낱 말들은 마치 관절이 없는 뼈들처럼 혼돈의 양상을 보일 것이기 때문이다. 그만큼 물질적 교차와 반복의 형식인 율격은, 말들의 정련된 조직과 함께 언어가 비유해내는 생의 원리를 우리에게 선사한다. 말할 것도 없이, 이러한 속성을 가장 전형적으로 충족시키는 양식이 바로 현대시조가 아닌가 한다. 그만큼 우리는 정형 양식이 섬세하게 '율'을 지켜가면서 선보이는 사물에 대한 새로운 감각과 표현을 주목하게 된다. 이는 삶의 심층적 국면에 대한 활달하고도 깊은 반응을 담은 경우인데, 섬세한 율에 담긴 새로운 비유와 참신한 시상詩想의 결속을 통해 우리는 정형 양식만이 가지는 고유성을 경험하게 되는 것이다.

    사는 일 힘겨울 땐 동그라미를 그려보자
    아직은 아무도 가지 않은 길이 있어
    비워서 저를 채우는 빈들을 만날 것이다

    못다 부른 노래도, 끓는 피도 재워야 하리
    물소리에 길을 묻고 지는 꽃에 때를 물어
    마침내 처음 그 자리 홀로 돌아오는 길

    세상은 안과 밖으로 제 몸을 나누지만
    먼 길을 돌아올수록 넓어지는 영토여,
    사는 일 힘에 부치면 낯선 길을 떠나보자

                    ― 민병도 「동그라미」(『유심』 2007. 겨울.)

'동그라미'는 일종의 완성된 상태를 함의하는 원형 상징의 형상이다. 거기에는 어떤 봉합의 흔적이 없고 무봉無縫의 한 몸만 있다. 또한 그것은 원만구족圓滿具足한 모습을 한 채, 모나고 날카롭고 파열된 우리들 생을 위무하고 치유하는 비유적 형상으로 다가오기도 한다. 그래서인지 시의 화자는 "사는 일 힘겨울 땐 동그라미를 그려보자"고 제언한다. 그때 우리는 "아직은 아무도 가지 않은 길"에서 "저를 채우는 빈들"을 만나게 될 것이다. '동그라미' 안에는 비워서 스스로를 채우는 '빈들'의 형상이 있기 때문이다.

또한 우리는 "못다 부른 노래"와 "끓는 피"도 잠재우면서 오래도록 돌고 돌아 결국 제자리로 귀환하는 "마침내 처음 그 자리 홀로 돌아오는 길"을 원주圓周에서 경험하기도 한다. 끝내 화자는 "세상은 안과 밖으로 제 몸을 나누지만" 동그라미는 "먼 길을 돌아올수록 넓어지는 영토"가 됨으로써 더욱 근원에 가까이 다가가는 '낯선 길'이 되고 있음을 웅변하고 있다. 민병도 시학의 특징이기도 한 생의 형이상학에 대한 천착이 환하게 드러나는 순간이 아닐 수 없다.

눈이 왔다, 여기는 다시 눈부신 폐허

저 희고 광막한 고요
그 사무침으로

일어나
쌓인 눈덩이를
한 삽씩
퍼내야겠다

— 김일연 「겨울 아침」(『현대시학』 2008. 1)

눈이 내린 적막한 공간, 그 "다시 눈부신 폐허"에서 시의 화자는 "저 희고 광막한 고요"를 바라본다. 눈부시고 광막한 폐허의 고요에서 우리가 맞는 것은, 단수 미학이 정제된 시상으로 응축한 투명하고도 맑은 어떤 풍경이다. 물론 그 풍경은 외적인 것이 아니라 내면의 것이다.

하지만 고요한 것이 그저 아무런 움직임도 없는 진공의 공간은 아니다. 오히려 그 안에는 양도할 수 없는 "사무침"이 있다. 화자는 그 사무침으로 일어나서 "쌓인 눈덩이를/한 삽씩/퍼내야겠다"고 말하지 않는가. 여기서 우리는 김일연 시인의 단정하고도 섬세한 율격, 예컨대 '눈[眼]'과 '눈[雪]'의 교차, 쌓임과 퍼냄의 교차, 고요함과 역동성의 반복적 교차 속에서 우주적 율동의 재현을 경험하게 된다.

  입동 녘을 지나면서 그림자조차 설핏해진다
  땅바닥을 배후로 하여 일어서는 나무들
  가슴을 쓸어내리면
  자국 하나 만져진다.

  싸늘한 바람 속에 내면으로 몰리는 언어
  뒷모습을 지우며 어둠이 번져가고
  잎새가 허공을 흔들며
  적막 하나 띄운다.

  아문 상처 돋아나서 뚜렷하게 만져진다
  그대 홀로 떠난 길에 발자국 돋아나면서
  슬픔이 돋을새김 하듯
  어깨를 들먹인다.
       ― 염창권 「적막 속으로」(『열린시학』 2007. 겨울)

시인은 적막의 절대성으로 몸을 들여놓는다. 가령 그림자조차 설핏해지는 초겨울, "땅바닥을 배후"로 하여 나무들이 일어서고 시의 화자는 가슴 속에 남아 있는 자국 하나를 만지고 있다. 이 상처의 자각과 치유의 과정이 '적막' 속에서 이루어지는 것이 이 시편의 상황이다. 싸늘하게 바람 불고 화자는 이제 "내면으로 몰리는 언어"에 귀를 기울인다. 바깥 풍경은 뒷모습을 지우며 이울어가는 반면 내면은 "적막 하나" 속에서 깊어간다. 그 과정에서 "아문 상처"가 다시 돋아나 뚜렷하게 만져지는 순간, 화자는 "그대 홀로 떠난 길"에 남아 있을 발자국을 연상하면서 "슬픔이 돋을새김"하는 순간을 적막 속에서 경험하고 있다.

이렇듯 염창권 시인의 이 시편은 초겨울의 적막하고 쓸쓸한 풍경 속에서 떠난 자의 뒷모습을 지우면서 상처를 어루만지는 과정을 담고 있다. 그 과정에서 우리는 단단한 율 속에 담겨 있는 시인의 깊이 있는 삶의 태도를 엿보게 된다.

> 몸에 난 깊은 상처 앙당그려 추스르고
> 속으로만 울더니 큰 딱지가 앉았네
> 아픔을
> 이겨내고서
> 받아든 슬픈 상장.
>
> 꺾이고 뒤틀리는 수많은 고비마다
> 날 세운 편견으로 박혔을 내 옹이여
>
> 잉걸불
> 환하게 지펴
> 그대에게 올린다.
>
> — 정용국 「옹이에게 바침」(『다층』 2007. 겨울)

원래 '옹이'란 나무에 박힌 가지의 그루터기를 뜻한다. 그래서 그것은 상처 같기도 하고 생명의 존재 증명 같기도 하다. 시의 화자는 '옹이'를 두고, "몸에 난 깊은 상처"를 추슬러 속으로 울음 운 결과 생긴 딱지로 비유하고 있다. 그 결과 '옹이'는 "아픔을/이겨내고서/받아든 슬픈 상장"으로 거듭 변모한다. 그래서 이제는 "꺾이고 뒤틀리는 수많은 고비"를 겪으면서 "날 세운 편견으로 박혔을 내 옹이"에게, "잉걸불/환하게 지펴" 위로와 눈물의 악수를 건네고 있다. 여기서 정용국 시인이 발화發話하는 '그대'라는 이인칭이야말로 자신의 내면을 투사한 존재인 셈이고, 그에게 올리는 '잉걸불'은 스스로 주고받는 자기 치유의 한 과정적 매재媒材가 되는 것이다.

이처럼 우리 시대의 시인들은 '동그라미'와 '눈발'이 그려내는 '적막' 속에서 '옹이'와도 같은 단단한 시적 성찰과 인식을 지속적으로 보여준다. 그 점에서 우리는, 정형 양식이 파열음이나 불화不和의 목소리보다는 궁극적 질서로 수렴되려는 강한 열망이 투사된 양식임을, 그리고 정형만이 지닐 수 있는 감각과 사유의 결을 통해 생의 가장 긍정적인 원형에 도달할 수 있음을 알게 되는 것이다.

4.

정형 양식으로서 '시조'는 본래 가지고 있는 선험적 규정들을 충실히 지켜가야 한다. 최근의 실험 양식 중에는 단형시조 내에서 율격을 확장하려는 시도가 활발하게 보인다. 하지만 그러한 시도가 불가피하게 필요한 것인지에 대해서는 깊이 자성해보아야 할 시점이 아닌가 한다. 왜냐하면 시조는 율격을 섬세하게 지키면서 다양한 삶의 양상을 반영하는 일, 즉 사람살이의 구체적 문제를 도입하여 근본적 고민을 형상화하려는 노력을 보여야 하기 때문이다. 그만큼 시조는 시조가 가지는 형식적 제약을 받으면서도 다양한 현실적 고민을 다양하게 담아내야 하는 과제에 등돌릴 수 없는 것이다. 그 동안 시조 작품들이 균형 있게 그러한 것들을 보여주었지만, 더욱 깊이 이러한 속성들을 천착하여 작품에 반영하도록 해야 할 것이다.

  결국 우리 시대의 유일한 정형 양식인 현대시조는, 다양하기 그지없는 삶의 결과 깊이를 아울러 보여주고 있다. 가장 범람하는 주류 감각인 시각보다는 청각 지향의 근원적 모습을 보인다든지, 사물의 풍경이 은폐하고 있는 배면背面의 모습을 투시하는 상상력으로 그 깊이와 높이는 나타난다. 그 점에서 정형시는 여전히, 구속 안에서의 자유로움을 만끽하고 있는 셈이다.(2008)

반反근대성으로서의 정형 미학

1.

현대시조의 미학은 도저한 반反근대성을 가장 근원적인 토대로 삼는다. 말할 것도 없이 그것은 근대의 핵심적 표징인 속도와 팽창 그리고 과부하된 자본의 효율성에 미학적으로 저항한다. 그리고 그 효율성이 구축해온 폭력성과 허구성을 폭로하면서, 그 속도와 팽창에 따라 점점 소멸해가는 어떤 근원적 가치들을 적극적으로 옹호하고 강조한다. 물론 현대 사회의 중층성과 복합성을 반영하고 생성해내는 예각성에서 현대시조는 그 기동력이 현저하게 떨어진다. 하지만 그것은 역설적으로, 그러한 기동성에 대한 반反명제로 창작되고 소통된다는 점에서, 특유의 반근대성을 첨예하게 드러내는 양식으로 거듭나는 것이다.

그래서 우리가 현대시조에서 기대하는 것은 오래된 가치의 변함없음에 대한 미적 옹호요 그것의 심미적 형상화이다. 그러한 미학적 지향이 '정형'이라는 가장 오래되고 기억 친화적인 형식을 통해 소통되고 있는 것이다. 이번 계절에 읽은 우리 시대의 현대시조 작품들 역시 이러한 낡고 오래된, 하지만 우리가 속도와 팽창 앞에서 망각하고 있는 아스라한 흔적들을 발견하고 형상화해온 것들이다. 우리는 그것들이 일관되게 지향해온 반근대의 속성들을 새삼 구체적인 실물로 경험하는 셈이다.

2.

우리가 현대시조 작품들에서 발견하고 확인하게 되는 가장 중요한 요소는, 시인들이 내밀하게 견지해온 그들만의 경험과 기억의 몫이다. 우리가 잘 알거니와, 한 편의 작품 속에 구현된 시간은 물리적 재현에 의해 살아난 그 자체로서의 시간이 아니라, 시인의 상상력과 시 형식의 내적 요구에 의해 재구성된 작품 내적 시간이다. 우리가 '기억'이라고 부르는 것 역시 시인의 마음 속에 보존되어 상상적으로 구성된 하나의 재구성된 표지標識일 뿐이다. 그래서 시인들은 마치 고고학자의 시선처럼 의식의 건너편에 있는 기억들을 호출하면서 우리에게 그 세계를 상상적으로 경험시킨다. 그것이 바로 소멸해가는 어떤 가치들에 대한 매혹적이고도 아득한 경험을 가져다주게 되는 것이다.

행行 밖에서 잠시 머물다 떠나가는 우수憂愁 같은

육십을 갓 넘긴 나이의 스산한 그림자 같은

아직도 그리워하기에 늦지 않다는 무안無顔 같은

나머지 사연事緣들마저
지우고 있는 땅거미와

가지 끝에 매달린
애잔한 햇빛의 잔해殘骸

무얼까,
발걸음 더욱 재촉하는 저 흔들림은,

— 박시교 「저물녘 바람」(『문학의 문학』 2008년 봄호)

　화자는 어둑해질 무렵의 '바람'을 안고 거기서 "행行 밖에서 잠시 머물다 떠나가는 우수憂愁 같은" 어떤 것을 느낀다. 행과 행 사이에 숨겨진 의미를 찾는 것이 삶의 은유라면, 화자는 아예 행 밖을 사유한다. 그 바깥에서 잠시 머물다 떠나는 우수야말로 초로初老에 접어든 화자의 마음을 가장 정직하게 환기하고 있는 것이다. 그런가 하면 화자는 "육십을 갓 넘긴 나이의 스산한 그림자" 같은 것이 거기에 어른거리고 "아직도 그리워하기에 늦지 않다는 무안無顔 같은" 마음도 거기에 엄연히 존재함을 말한다. 그만큼 '바람'은 화자에게 우수와 스산함을 안겨주고 그럼에도 불구하고 항구적 기억으로 남아 있는 어떤 그리움의 힘을 선사한다. 이제 남겨진 사연事緣들을 하나하나 지우면서 짙어가는 땅거미와 애잔하게 남겨진 "햇빛의 잔해殘骸"를 흔들면서 발걸음을 재촉하는 '바람'은, 그렇게 화자로 하여금 고단하고 쓸쓸하지만 여전히 그리움에 감싸인 삶을 이어가게 하는 감각적 매개가 되고 있는 것이다.
　근본적으로 시로 대표되는 서정 양식은 '시간(성)'에 대한 독자적 경험 형식으로 씌어지고 읽혀진다. 그만큼 시는 시간에 대한 '기억'의 재구성이라는 양식적 특성을 지닌다. 이러한 '기억'의 원리를 오랫동안 구현해온 박시교 시학은, 이번 시편에서도 '기억'과 '그리움'을 통한 존재 성찰을 아름답게 보여주고 있다. 물론 이러한 특성들은 오랜 시간 동안 축적해온 그만의 시적 안목의 남다른 깊이를 말해주는 유력한 지표指標라 할 것이다. 일찍이 멕시코의 유명한 시인 파스(O. Paz)는 "일상적인 개념에서 시간은 미래를 지향하는 현재이지만 숙명적으로 과거에 닻을 내리는 미래가 된다."(「활과 리라」)라는 역설을 들려준 바 있는데, 박시교의 '기억'은 그렇게 "과거에 닻을 내리는 미래"로 가고 있다 할 것이다.

이륙 즉시 주저앉은 비행기의 몰골 같다

이 섬 겨드랑이에
돋았다가 꺾여진

대물린
한恨이 낳은 꿈
가득 실린 날개 같다.

이리 큰 상처는 섬 나고 처음이란다.

깨어진 유리창 속은
주야가 따로 없어

울타리
동백나무들이
등을 끄지 못한다.
     — 서우승 「폐교를 보고」(『서정과 현실』 2008년 상반기)

'폐교廢校'가 가지고 있는 시적 아우라는, 한때는 매우 활달한 역동성으로 가득했을 한 공간이 이제는 근대의 힘에 의해 밀려나고 그 안에 두터운 시간의 더께만 남아 있다는 데 있다. 한때 아이들은 이곳에서 뛰놀고 공부하고 아득한 미래를 꿈꾸었을 것이다. 그러한 아이들의 꿈을 화자는 '비행기'의 비상 의지로 등가화한다. 그러니 '폐교'는 "이륙 즉시 주저앉은 비행기"와 연관된다. 산뜻한 이륙과 동시에 비행을 멈춰버린, 그래서 쓸모를 잃어버린 '비행기'가 '폐교'와 비유적 상동성相同性을 구성한 것이다. 이어서 화자는 자신이 살아온 섬에서 대를 물려 이어져온 "한恨이 낳은 꿈"을 가득 실은 날개로 폐교를 읽어낸다. 그렇게 커다란 상처를 안고 '폐교'는 "깨어진 유리창" 속에 시간을 가득 담아가고 있다. 그런데 어찌된 일인가. 학교를 둘러싼 "울타리/동백나무들"은 등을 끄지 못한다. 오래 전부터 그곳에서 일고 무너졌던 시간들을 밤이 늦도록 동백나무들이 지켜 바라보고 있는 것이다. 화자의 깊은 눈은 봄밤에 펼쳐지는 그러한 시간의 부피들을 읽고 있다.

말할 것도 없이, 모든 사물은 소멸 직전의 순간에 존재의 가장 순수한 외관을 드러낸다. 그 점에서 사물의 '영원성(eternity)'은 현실에는 불가능한 것이고, 사라져가는 것들의 어떤 흔적을 '기억'하고자 하는 주체들의 안간힘에 의해 상상되고 구성된 것이다. 그렇기 때문에 모든 사물은 사라짐으로써만 자신의 운명이 부여받은 시간성을 충실히 살아내게 되고, 그것을 기억하는 혹은 기억하고자 하는 이들의 언어에 의해 사후적事後的으로 영원성을 획득하는 것이다. 서우승 시인의 깊은 시선은, 소멸함으로써 영원성을 만들어가는 기억의 풍경을 남다르게 보여주는 사례에 속한다 할 것이다.

    만장처럼 젖은 글발이 하늘에 펄럭인다

    저 횡서의 상형문자를 달빛에 비춰보면

잊은 듯 가려두었던

　　내 유년이 처연하다
　　　　　　　　　　　— 이우걸 「기러기」(『쿨투라』 2008년 봄호)

　원래 시인의 '원체험原體驗'은 가장 오래된 기억 속에 머물면서 강렬한 어떤 반응에 의해 지속적으로 주체의 행위나 의식에 영향을 주게 마련이다. 그만큼 모든 시인은 자신의 '원체험'을 부단히 변형하여 '기억'을 통해 자기동일성을 점진적으로 획득해간다. 이우걸 시인은 창공을 날아가는 '기러기'의 형상을 통해 자신의 원체험과 기억을 펼치고 있다. 흡사 만장輓章처럼 펄럭이는 "젖은 글발"의 형상으로 '기러기'들이 날아간다. 그 같은 '기러기'의 형상은 화자로 하여금 잊혀진 듯 사라진 듯 가려두었던 '유년'의 기억을 치연하게 환기한다. 그 기억의 세목細目이 정확하게 어떤 것인지 이 짧은 시편은 이야기하지 않는다. 다만 '기러기'들이 만들어내는 "횡서의 상형문자"가 달빛에 비쳐지면서 새삼 처연하게 그때의 '기억'이 전前언어의 속성으로 와 닿는 순간을 인화해내고 있는 것이다.
　우리가 잘 알듯이, 이우걸은 서정과 인식의 균형을 누구보다도 잘 지켜온 시인이다. 이 작품은, 비록 소품小品으로서의 속성이 강한 편이지만, 특유의 '서정'에 시적 본령을 두고 단형 형식 안에 기억의 밀도를 핍진하게 담고 있다. 이렇게 현재의 처연한 감각에 의해 선택되고 재배열된 '유년'의 기억을 노래함으로써 이우걸 시인은 우리 시대가 가지는 폭력적인 속도와 팽창의 관성을 미적으로 비판하고 있고, 생의 불가피한 고단함과 그것을 뛰어넘는 강인한 의지를 동시에 표상하고 있는 것이다.
　이처럼 우리 시대의 시인들은, 그것이 역사를 복원하는 서사 차원이든, 유년을 추억하는 내밀한 서정 차원이든, 시간 자체의 매혹을 궁구하는 메타 차원이든, '기억'을 둘러싼 경험과 감각을 지속적으로 형상화하고 있다. 물론 이 같은 현상에는, 직선적이고 분절적인 '근대'의 시간관(觀)에 대한 자기 반성의 요소가 담겨 있다. 그것은 우수에 차 있는 '바람'으로, 시간만 웅성대는 '폐교'로, 하늘을 나는 처연한 '기러기'의 형상으로 나타난다. 그 사물들이 반근대의 속성을 형상적으로 증언하고 있는 것이다.

3.

우리가 속도와 팽창의 시대에 시를 읽는 것은, 독자들의 열망이 그 안에 투사投射되어 시인의 언어와 조우하면서 생기는 창조적 흔적 때문일 것이다. 사실 시의 존재 방식은, 그 안으로 들어가 언어와의 일체를 꿈꾸는 독자들의 욕망에서 실현되는 것이다. 또한 시는 우리의 일상에 편재遍在해 있는 불모성을 치유하고 새로운 소통의 가능성을 꿈꿀 수 있는 기능을 가져다주기도 한다. 그 가운데 우리 시대의 시편들이 가장 빈곤하게 가 닿고 있는 권역이 아마도 일종의 '역사 감각'이라고 할 수 있을 것이다. 따라서 우리는 교환가치가 지배하는 근대 자본주의의 일상을 살며 망각하고 있는 가치 가운데 우리가 살아왔고 지금도 그렇게 살고 있는 생활적 구체성의 목록들을 현대시조가 더욱 폭 넓게 담아내야 한다고 말할 수 있다. 그 점에서, 오랫동안 개성적인 표현 속에 사람살이의 구체성을 담아왔던 김영재 시인의 역사 감각은 그 첨예한 한 사례를 보여준다.

임진각 기차역에 어둡도록 내리는 눈

슬픔 없이 잠이 들 사랑 찾아 날린다

오래된 먹물을 풀어 그리는 그림처럼

빈들에 눈이 내려 땅과 하늘 한몸이다

너와 내가 밟는 발자국도 하나이다

박봉우朴鳳宇〈휴전선休戰線〉시비詩碑 누구, 기다리고 있다
— 김영재 「임진각 기차역」(『유심』 2008년 봄호)

'임진각臨津閣'은, 휴전선에서 남쪽으로 약 7km 떨어진 지점에 있으면서, '분단'이라는 비극적 현실을 상징하는 공간이다. 이곳은 민간인의 출입이 제한되는 북쪽 한계선으로 남북을 관통하는 지리적 특수성 때문에 국방상의 요지이며 실향민들이 자주 찾는 곳이기도 하다. 화자는 그 임진각 기차역에 어두워질 때까지 내리는 눈을 바라본다. 마치 그 눈은 "슬픔 없이 잠이 들 사랑"을 찾아 떠도는 임진각의 속성을 닮았다. 그런데 내리는 눈으로 하여 단절된 하늘과 땅은 "오래된 먹물을 풀어 그리는 그림처럼" 한몸으로 결속한다. 그렇게 "너와 내가 밟는 발자국도 하나"가 되는 것이다. 순간 화자의 시선에 "박봉우朴鳳宇〈휴전선休戰線〉시비詩碑"가 들어오고, 화자는 그 시비조차 누군가를 기다리고 있음을 발견한다.

주지하듯 박봉우는 "산과 산이 마주 향하고 믿음이 없는 얼굴과 얼굴이 마주 향한 항시 어두움 속에서 꼭 한 번은 천동 같은 화산이 일어날 것을 알면서 요런 자세로 꽃이 되어야 쓰는가."라는 절창絶唱「휴전선」을 1950년대라는 반공反共의 시대에 쓴 시인이다. 그의 「휴전선」은, 민족 통합을 결정적으로 가로막고 있는 물리적 상징인 휴전선에 대한 새로운 접근으로 사람들의 시선을 모은 작품이다. 당시로서는 외적·내적으로 터부시되어왔던 이러한 주제를 형상화한 박봉우는 민족사의 비극을 자조적

냉소나 이념 편향의 강한 부정성으로 표출하지 않고, '꽃'과 '바람' 그리고 '별'과 '하늘'의 은유적 방법을 통해 한결 민족사의 실상에 다가간 것이다. 김영재 시인의 역사 감각은, 이 잊혀진 시인을 되살려 우리가 아직도 분단 체제에 살고 있음을 그리고 누군가를 하염없이 기다리고 있는 그리움의 존재들임을 알려준다.

> 따깃돌 톡톡 튀는 기억 속 신작로를
> 입술에 단내 물고 헛방귀 픽픽 피며
> 퇴역한 봉수대 달고 목탄차가 달린다
>
> 막 연기 퍼 올려도 기척 없는 북녘하늘
> 중심에서 밀려난 갈 데 없는 걸음들이
> 보국대 짐칸에 실려 목탄이나 캐러 간다
>
> 탄광의 검은 눈물 어둠만이 살길이라
> 초병의 눈을 피해 풀숲에 숨어들고
> 피안을 눈앞에 두고 사맥질만 하는가
>
> 탄가루 한줌 먹고 헛배 부른 하룻길을
> 귀로는 또 왜 그리 멀고도 가까운지
> 오늘도 탈선치 못한 목탄차가 달린다
> — 박구하 「목탄차 — 북방시편·16」(『시조월드』 2008년 상반기)

박구하 시인이 공들여 창작하고 있는 '북방시편' 연작 가운데 하나인 이 시편은, 북방에서 바라본 사람들의 생활적 구체성을 담아내고 있다. 시의 화자는 자신의 기억 속으로 "따깃돌 톡톡 튀는" 신작로와 봉수대와

목탄차를 호명한다. 그래서 그 외지고 낡은 풍경이 "연기 퍼 올려도 기척 없는 북녘하늘" 아래서 재현된다. 그리고 화자는 "중심에서 밀려난 갈 데 없는 걸음들"을 바라보면서 '보국대'니 '탄광'이니 '초병'이니 하는 북방 특유의 기호들을 재현한다. 화자의 눈에 그것은 "피안을 눈앞에 두고 자맥질만" 하는 것으로 비친다. 그리고 화자는 그들의 '귀로歸路'가 그만큼 멀고 "탈선치 못한 목탄차"가 오늘도 제 속도를 내지 못한 채 달리고 있음을 안타깝고 처연하게 바라본다. 북방 지역에서 지금도 펼쳐지고 있는 가난과 힘겨운 삶에 대해 화자의 시선이 연민으로 가 닿고 있다.

이는 중국의 해림시 조선족 실험소학교를 취재했던「북방시편·3」에서처럼 "바람만 길을 내는 북녘의 북녘에서/고뿔 든 바람결에 목을 다친 모국어"를 듣는 감각으로 이어지는데, 그것은 우리 공동체의 뿌리에 대한 가없는 애정에 바탕을 둔 상상력이 아닐 수 없다. 이처럼 박구하 시인은, 우리의 신산했던 역사의 줄기를 상상하거나 지금도 펼쳐지고 있는 생활적 고단함을 바라보면서 근대의 폭력성이 망각시킨 오래된 열망들을 되새기고 있다.

4.

또한 우리는 일종의 '여성적 감수성'에 바탕을 둔 생태적 감각과 우주적 감각이 바로 반근대의 세목임을 경험하게 된다. 이때 '여성적인 것'은, 생명의 순환적 질서, 오랜 억압과 차별 속에서 전개된 여성의 역사, 수단으로 격하되어 자신의 독자적 목소리를 차단 당해왔던 여성적 몸, 이성 과잉에 의해 묻혀왔던 섬세한 감성, 역사주의적 시각에 의해 경시되어 왔던 일상에 대한 관심 등으로 다양하게 나타나고 있다. 그래서 우리 사회에 촘촘하게 걸쳐져 있는 미세한 억압의 그물망을 '여성'의 눈을 통해 바라보고 치유하고 재구성하려는 구상이 나타난 것이다. 물론 딱히 여성시의 권역에 가둘 필요는 없지만, 다음과 같은 시편들은 그러한 속성에 값하는 가편佳篇들이라 할 것이다.

> 발자국이 찍힌다, 화양들판 빈 가슴
> 발자국이 찍힌다, 하고 싶은 말 분분
> 발자국 찍히려 할 때,
> 별사 같은 눈 온다
>
> 까마귀가 아픈 사람 혼을 데려간다고
> 애태워 바라보던 딸네 지붕 기와 밟고
> 할머니 마흔두 해 전
> 찍고 가신 그 눈발
>
> — 박권숙 「하얀 안부」(『유심』 2008년 봄호)

박권숙 시인은 내리는 '눈'에 각별한 기억을 얹어, 안부 형식으로 대상에 대한 그리움을 표현한다. 내리는 눈 때문에 찍히는 발자국은, "화양들판 빈 가슴" 속에서 "하고 싶은 말"이 되어 분분하게 날린다. 또 다시 발자국이 찍히려 할 때 화자는 그 눈이 꼭 "별사 같은" 모습을 하고 있다고 상상한다. '별사別辭'는 "까마귀가 아픈 사람 혼을 데려간다고" 애태워하시며 할머니가 바라보던 "딸네 지붕 기와"에 내리던 눈발처럼 화자의 쓸쓸한 마음을 환기한다. 그 "마흔두 해 전/찍고 가신" 눈발이 이렇게 현재형으로 생생하게 살아와 분분 내리고 있는 것이다. 오랜 시간을 격한 아득한 거리에서 눈을 맞으며 눈 속으로 걸음을 내딛는 화자의 그리움이 눈처럼 '하얀 안부'가 되어 넉넉한 우주적 결속으로 다가온다.

이처럼 박권숙 시편은 인간과 자연이 호혜적으로 공존하는 풍경을 묘사하면서, 자신의 몸 속에서 일어나는 시간의 움직임을 포착하고 그것을 그리움의 힘으로 전화轉化한다. 또한 우리는 시인의 섬세하고도 단아한 시상과 발화發話를 통해, 우리 시대의 외곽과 주변에 가장 풍요로운 실재로 살아 있는 '기억'의 위의威儀를 농밀하게 경험하게 된다.

흰 새가 옥수숫대에 잠깐 앉았다 갔다
흰 새는 빈 가지란 걸 금방 눈치 챘다
흔들린 잎사귀 하나
툭, 떨어져 내렸다

나는 그 아래 앉아 고구마를 빼냈다
불처럼 활활 잘 익은 붉은 덩이 덩이들
늘 비던 우리 집 밥솥
뜨겁게 달궈 줄 것들

파헤친 흙더미 속 남루한 두더지 집
아뿔싸! 모두가 다 내 밥은 아니었다
서둘러 굵은 것 몇 골라
다시 묻어 주었다

— 강현덕 「밥」(『문학·선』 2008년 봄호)

'밥'은 우리의 생명을 가능케 하는 원형적 양식이다. 그래서 그것은, 독점적 소유보다는 나누어 갖는 모습에 의해 더욱 풍요롭게 생성된다. 화자는 일종의 생태 감각을 통해 그 일용할 양식을 뭇 생명과 나누어 갖는 아름다운 모습을 상상하고 실천한다.
흰 새가 옥수숫대에 잠깐 앉았다 가자 잎사귀 하나가 지상으로 떨어진다. 그때 지상의 화자는 "불처럼 활활 잘 익은" 고구마 덩이를 흙 속에서 빼낸다. 그 '고구마'는 화자의 기억에 "늘 비던 우리 집 밥솥/뜨겁게 달궈 줄 것들"이었다. 그런데 이 '고구마'가 화자만의 양식은 아니었던 것이, "파헤친 흙더미 속 남루한 두더지 집"으로 보아 그것은 두더지에게도 일용할 양식이었던 것이다. 순간 화자는 "모두가 다 내 밥은 아니었다"는 깨달음 속에서 조용히 굵은 고구마 몇을 흙 속으로 되돌려준다. 그때 하늘로 날아간 '흰 새'와 지상의 화자와 흙 속의 '고구마'는 모두 하나의 네트워크 속으로 들어온다. 물론 강현덕 시인의 이러한 생태 감각에는 기법의 새로움보다는 인식의 깊이가 작용한다. 마찬가지로 상상적 자연 친화보다는 어머니?대지로서의 자연의 근원성이 더욱 강조된다. 이러한 근원적 조화의 세계가 인간의 궁극적 윤리를 완성할 수 있다는 점에서, 강현덕 시인이 보여준 생태적 네트워크는 매우 진중한 경험을 우리에게 선사한다. 이 모두가 반근대의 열정과 매개되는 것임은 굳이 췌언을 필요로 하지 않는다.

5.

우리 시대의 시인들은 자신의 시편 안에서 자기 매혹에 탐닉하기보다는 일정한 미적·반성적 거리를 통해 자기 모순과 맞서고 있는 모습을 사유하고 표현한다. 그리고 그것은 또한 우리를 감싸고 있는 근대의 부정적 현상들을 반성하고 견디고 치유하는 궁극적 힘을 상상적으로 암시하기도 한다. 그 점에서 우리 시대의 현대시조들은 그 같은 반성과 치유의 역동적 힘을 지속적으로 발화하고 있는 우리의 고유한 정형 양식이라고 할 수 있을 것이다.

최근 우리는 궁극적인 가치보다는 물리적이고 감각적인 표상을 더욱 중시하는 근대의 절정이자 황혼을 살고 있다. 흔히 '디지털 시대'라고 명명되는 이러한 후기 근대의 기율은 이제 우리의 육체와 정신 속으로 깊숙이 내면화되었다. 그렇게 우리 시대는 개인적 삶의 오랜 정체성을 파괴하고 동시에 오래된 가치에 대한 혼란을 드러내고 있다. 이때 이러한 가치의 균열을 치유하고 극복하려는 시적 전망(vision)이 필요하게 되는데, 우리 시대의 현대시조들은 바로 이러한 치유와 극복의 언어를 들려주며, 나아가 반근대적 에너지를 단아한 정형 안에 표현하고 있다. 그것은 이를테면 근원적인 일종의 '기원(origin)'을 추구하는 언어로 나아갈 개연성을 내포하는데, 그 점에서 감각적 실재를 넘어 어떤 궁극적 기원을 상상하는 이들의 시적 욕망은 종요로운 시적 경험을 발원케 하는 중요한 수원水源이 아닐 수 없다. 우리가 읽어온 박시교, 서우승, 이우걸, 김영재, 박구하, 박권숙, 강현덕 시인이 보여준 이 같은 정형 미학은 반反근대성으로서의 의지와 감각을 심미적 형상으로 구현한 대표적 사례라 할 것이다.(2008)